高等学校经管类专业仿真综合实习丛书

生产运作管理
仿真综合实习教程

吴金椿 张 明 编著

SHENGCHAN YUNZUO GUANLI
FANGZHEN ZONGHE SHIXI JIAOCHENG

经济科学出版社
Economic Science Press

图书在版编目（CIP）数据

生产运作管理仿真综合实习教程／吴金椿，张明编著．
—北京：经济科学出版社，2010.6
（高等学校经管类专业仿真综合实习丛书）
ISBN 978 - 7 -5058 - 9306 - 1

Ⅰ.①生…　Ⅱ.①吴…　②张…　Ⅲ.①企业管理：生产
管理 - 高等学校 - 教材　Ⅳ.①F273

中国版本图书馆 CIP 数据核字（2010）第 075392 号

责任编辑：赵　敏　段小青
责任校对：王苗苗
版式设计：代小卫
技术编辑：邱　天

生产运作管理仿真综合实习教程
吴金椿　张　明　编著
经济科学出版社出版、发行　新华书店经销
社址：北京市海淀区阜成路甲 28 号　邮编：100142
总编部电话：88191217　发行部电话：88191540
网址：www. esp. com. cn
电子邮件：esp@ esp. com. cn
北京汉德鼎印刷厂印刷
永胜装订厂装订
787 × 1092　16 开　17 印张　270000 字
2010 年 6 月第 1 版　2010 年 6 月第 1 次印刷
印数：0001—3000 册
ISBN 978 - 7 - 5058 - 9306 - 1　定价：27.00 元

高等学校经管类专业仿真
综合实习丛书编委会

总　　序

新旧世纪之交，我国高等教育面临两大挑战：一是知识经济大潮在世界各地涌动，这一大潮对我国也产生了强烈的冲击，体现在高等教育领域，便是对创新型人才需求量的迅速增长；二是我国高等教育从精英教育阶段迅速向大众化教育阶段转化，高校的人才培养重心下移，越来越多的高校毕业生走向企业，走向基层，走向社会经济工作的第一线，也就是说，应用型人才在高校所培养的人才中所占比重越来越大。顺应这一变化，我校以跨专业综合实验教学、校内仿真实习、校内创新创业实践为主要着力点，不断深化实验实践教学改革，在经管类应用型本科人才培养模式创新方面进行了卓有成效的探索，从而大大提升了我校经管类本科人才的培养质量，形成了我校的办学优势与特色。

一、实验实践教学改革要践行先进教育教学理念

理念是行为之魂。没有先进的理念，就没有先进的实践。实验实践教学改革的过程，也就是践行先进教育教学理念的过程。实验实践教学改革的成果，也就是践行先进教育教学理念的结晶。教育教学理念偏离了正确的轨道，实验实践教学改革也会步入歧途。

(一) 实验实践教学必须坚持与理论教学相结合

理论教学有一个如何与实践相结合的问题，实验实践教学也有一个如何与理论教学相结合的问题。理论与实践相结合作为一个普遍性原则，既贯穿于理论教学过程中，也贯穿在实验实践教学过程中。有的同志将实验实践教学目的仅仅归结为增强学生的实践能力，这种认识无疑是理论教学与实践教学脱节问题的另一种表现。实验实践教学固然要增强学生的实践能力，但也是理论教学在实践领域的继续，承

担着加深学生对理论的消化、理解，实现从理性的抽象向理性的具体转化和知识意义建构的任务。实验实践教学内容必须体现理论对实际的指导，必须有助于学生获得丰富的理论启示，必须合乎增强学生的知识运用能力特别是知识综合运用能力的要求。简言之，实验实践教学内容必须具有理论性，理论性的强弱则因教学目标要求的差异而异。

（二）实验实践教学必须坚持知识、能力教育与素质教育相结合

实验实践教学既是传授知识和开发锻炼学生能力的过程，也是提升学生综合素质的过程。实验实践教学必须充分体现思想、心理、道德教育的要求，不能见物不见人，见智商教育不见情商教育。知识、能力教育与素质教育相结合不仅要贯穿在教学内容中，也要贯穿在实验室文化环境建设和课外活动中，还要贯穿在教师的指导、点评中，通过实验实践教学，使学生获得全面提升自身素质的机会。

（三）实验实践教学必须坚持学生主体作用与教师主导作用相结合

在现代信息技术广泛运用于教育教学领域以前，学生获取知识的主要媒介是教师，由此形成"教为中心，而不是学为中心"、"教师为主体，而不是学生为主体"的传统教育教学模式。而在现代信息技术广泛运用于教育教学领域的今天，知识获取途径多元化，学生的主体地位已经显现，传统教育教学模式被"学生为主体，教师为主导"的教育教学模式所取代成为历史的必然。与其相应，教师的任务不仅是向学生传授知识，而且要搭建一个使学生能够多渠道地获取知识、多渠道地开发锻炼学生的能力、最大限度地展现学生创造力与才华的平台。

（四）实验实践教学必须坚持三大课堂相结合

教育教学活动按空间属性的不同可划分为三大课堂：第一课堂是指按照教学计划的要求，学生在教师的组织下与预定的时空内所进行的一种程序化的教育教学活动；第二课堂是指学生根据自身的兴趣、爱好，独立地或在教师的引导或指导下自主开展的一种非程序化的校内教育教学活动；第三课堂是指按照教学计划或在教学计划之外由教师组织或学生自主开展的一种校外教育教学活动。第一课堂是学生获取知识、增强能力、提高素质的主渠道。第二、第三课堂是第一课堂

的必要延伸、辅助与补充。人才培养不能只靠第一课堂，也需要第二、第三课堂，必须树立全方位、立体化的育人观念，强化三大课堂的整合意识。

传统技术基础上的三大课堂整合，无一例外都是在三维实体空间内进行的。现代网络信息技术基础上的三大课堂整合不仅在四维实体时空内进行，也在网络虚拟时空内进行。正是虚拟课堂、虚拟实验室、虚拟经济组织、虚拟市场、虚拟学生社团等的出现，三大课堂才能够突破有限时空的限制，得以在更大的时空尺度内展开。故此，在继续发挥传统技术对三大课堂整合积极作用的同时，必须高度关注与充分发挥现代信息技术对三大课堂整合的支撑作用，在传统技术与现代技术有机结合的基础上将三大课堂整合提升到一个新的高度。

二、经管类应用型本科人才培养目标与实验实践教学功能定位

进行实验实践教学改革不仅要践行先进的教育教学理念，还要进行与人才培养目标相吻合的功能目标定位。实验实践教学的功能目标定位不准确、不清晰，非但难以提升人才培养质量，反而可能降低人才培养质量。在进行经管类应用型本科专业实验实践教学功能定位时，我们特别强调以下两点：

（一）实验实践教学改革必须充分体现应用型本科人才培养要求

有的同志认为，应用型人才仅需具备应用、实操能力，无须具备创新、研究能力。在笔者看来，该种认识的片面性在于把外延十分丰富的"创新"仅仅理解为"知识创新"或"理论创新"。实际上，创新既可以从知识、理论层面去把握，也可以从手段、工具层面去把握，还可以从实际操作层面去把握。就知识、理论层面而言，创新包括基础知识或基础理论创新、应用知识或应用理论创新；就手段、工具层面而言，创新包括技术、手段、工具和方法创新；就实际操作层面而言，创新包括操作技艺和操作技巧创新。研究不必然导致创新，但创新必离不开研究。基础理论创新的前提是基础理论研究，应用理论创新的前提是应用理论研究，技术手段、工具、方法创新的前提是技术手段、工具、方法研究，操作技艺、技巧创新的前提是操作技艺、技巧研究。对"创新"的狭隘理解必然导致对"研究"的狭隘理

解。不少同志将研究能力视为研究型人才的专有能力，将研究能力的培养视为研究型人才培养的特殊要求。鉴于对"研究"、"创新"的全方位审视，不难得出以下结论：研究型人才抑或应用型人才都必须具备研究、创新能力，研究型人才培养抑或应用型人才培养都必须有增强其研究、创新能力的要求。

当然，这丝毫不意味着可以忽略不同类型人才研究、创新能力的差异。基础理论研究型人才侧重具有的是基础研究创新能力，应用理论研究型人才侧重具有的是应用理论研究创新能力，本科应用型人才侧重具有的是应用技术、手段、工具、方法研究创新能力，高职高专应用型人才侧重具有的是操作技艺、技巧研究创新能力。我院作为一所以培养应用型本科人才为主的地方院校，无疑应侧重开发学生的应用技术、手段、工具、方法的研究创新能力，辅以开发学生的应用理论研究创新能力。

（二）实验实践教学改革必须体现经管类本科应用型人才培养的要求

经管类本科应用型人才作为本科应用型人才的特类，不仅应具备本科应用型人才一般的知识、能力与素质结构，而且应具备经管类本科应用型人才特殊的知识、能力与素质结构。既然如此，实验实践教学改革就不仅要满足本科应用型人才一般的知识、能力、素质结构完善的要求，还要满足经管类本科应用型人才特殊的知识、能力、素质结构完善的要求。

基于以上考虑，我院经管类专业本科实验实践教学的功能目标被界定为：使学生具有较强的知识整合与应用能力，较强的综合决策与执行能力，较强的技术、手段、工具、方法的开发创新能力与创业能力，具有较高的专业素质与道德素质，有助于学生循序渐进地实现向职业岗位角色的转换。该功能目标具有以下几层涵义：

第一，实验实践教学要建构的是融会专业知识与相关专业知识的复合型知识结构，而不是只对应于某专业的单一型知识结构。

第二，实验实践教学要重点增强的不是专业实际操作技能，而是能够灵活运用专业理论知识与相关专业理论知识科学地进行经济管理决策，妥善处理复杂动态的经济管理问题，综合驾驭经济活动运行的能力。

第三，实验实践教学要重点开发的不是基础理论与应用理论研究能力，而是应用研究与应用技术开发能力。

前两点是经管类应用型本科人才培养区别于高职高专人才培养的特殊规定性，后一点是经管类本科应用型人才培养区别于研究型人才培养的特殊规定性。

三、我校经管类专业实验实践教学改革探索与实践

2001 年以来，依循先进教育教学理念，为实现上述功能目标，我校着重从以下方面展开了经管类实验实践教学改革：

（一）科学构建实验实践教学内容体系

针对经管类本科应用型人才实践能力特别是综合实践能力、创新创业能力不强的问题，我校构建了一套涵盖课程单项型实验、课程综合型实验、专业综合型实验、跨专业综合型实验、创新创业实践五个层面，贯穿实训、实验、社会调研、专业实习、综合实习（毕业实习）、毕业论文（设计）六个环节，包括公共基础课实验、学科基础课实验、专业课实验、专业拓展课实验四个模块，与理论教学紧密衔接，面向我校所有经管类本科专业开设的四年不断线的实验实践教学内容体系。

在构建实验实践教学内容体系时，我们十分重视基于现代信息技术的模拟或仿真实验项目的开发，十分重视综合型实验项目，尤其是跨专业综合型实验项目、校内仿真实习项目和校内创新创业实践项目的开发，以充分发挥现代信息技术对实验实践教学的支撑作用，突破经管类本科应用型人才综合实践能力、创新创业能力不强的"瓶颈"。迄今，我校面向经管类本科专业开出必修实验实践项目（不含校外）总计 1 087 个，其中公共基础课 41 个、学科基础课 63 个、专业课 463 个、专业拓展课 520 个。包括单项型实验项目 228 个和综合型实验实践项目 859 个。在所开设的 859 个综合型实验实践项目中，课程综合型实验 171 个、专业综合型实验 168 个、跨专业综合型实验 58 个、校内仿真实习项目 452 个、校内创新创业实践项目 10 个。为了激发学生自主学习的热情，满足学生个性化发展的需要，还开出了 34 个选修型

实验实践项目。为了使理论教学在实验实践教学中得到深化，除开设一系列研究设计型实验实践项目外，还在校内仿真实习的各个单元开辟"思考与研究"栏目，实施实习基地学生科研立项制度，引导组织学生对仿真实习中接触到的大量经济与管理现象自觉地进行理论研究和创新探索。

（二）系统搭建实验实践教学平台

为确保经管类专业本科实验实践教学内容体系有效实施，一方面我们切实加强经济与管理实验教学中心的软硬件环境建设，形成了一个由系列专业实验室、ERP软件技能实训室、沙盘推演室、商务活动模拟中心、具有微格技术特点的体验室、创新创业实践室组成的现代化经管类实训实验室体系，和能够满足经管类专业实验教学与跨专业综合实验教学需要的软件体系；另一方面我们狠抓实验实践教学相关条件建设，包括自行开发模拟企业运作的实物沙盘与电子沙盘、沙盘教学系列方案、沙盘对抗演练综合评价系统软件包，采集企业案例资料并进行教学化处理，设计企业模拟业务流程，制作企业模拟业务表格和单证，创设企业模拟文化环境，开发学习网站和教学资源库，开辟网上论坛，建设网络实验课程与网络辅助实验课程，进行多种教学技术手段的组合建设和校内实习基地与校外实习基地的整合建设等，从而搭建起一个专业实验室与跨专业综合实验室相互衔接、软硬件与相关教学条件互相匹配、课内与课外相互补充、校内与校外紧密结合、融入先进教育教学理念、具有较高技术含量和鲜明特色的经管类实验实践教学平台。

（三）大胆创新实验教学组织形式与方法

在实验实践教学的组织形式方面，为了进行跨专业综合实验教学，我们打破自然班界限，将不同专业的学生混合编组，学生按专业背景进行角色分工，组成模拟公司或市场组织。在实验教学活动中，学生既是模拟市场环境的创设者，又是模拟企业的行为人；既是学习的主体，又是学习活动的组织者。

我们突破按专业或课程设置教研室的例行做法，由来自不同教学单位、不同专业的教师组成虚拟教研室或项目工作室，并建设了一支由实验教学中心专职教师、教学院系专业教师、外聘教师与学生助教组成的实验教师队伍。实验教学中心的专职教师主要负责跨专业综合实验项目、校内仿真实习项目、校内创新创业实践项目的总体设计与建设；教学院系的专业教师主要负责专业实验教学项目、校内仿真实习的分项设计与建设；外聘教师的主要任务是结合企业实际与现实经济运行开设专题讲座或报告；学生助教的主要任务是配合教师对实习活动进行组织和辅导。我校还成立了主管教学副校长任组长，教务处、人事处、资产设备管理处主要负责人和各二级学院教学副院长参加的领导小组，对跨专业综合实验教学、校内仿真综合实习进行统筹与协调。

在实验实践教学方法方面，我们将沙盘演练法、博弈对抗法、团队学习法、项目驱动法、自主互动法、网上答疑法、专题讨论法、点评法等多种方法引入实验实践教学过程，既极大地激发了学生的学习热情，大幅提高了实验实践教学效率，也使师生关系发生了显著变化。教师从讲授知识为主转变为策划教学内容、创设学习情境、配置学习资源、引导学习方向、解答学习疑难、监控学习过程、评估学习效果为主；学生从知识的被动接受者转变为知识的积极探究者，其学习的内容不仅来自课堂和教师，还来自图书馆、网络和团队其他成员。

（四）着力抓好实验实践教学三大环节

顺应经管类本科应用型人才需要具备复合知识结构、综合决策与执行能力、创新创业能力的要求，我们在抓好其他实验实践教学环节的同时，着力抓好跨专业综合实验教学、校内仿真综合实习和校内创新创业实践三大环节，并取得显著成效。

跨专业综合实验教学重在拓展学生的专业知识面，开发、训练学生综合运用本专业及相关专业的基本理论、基本方法解决实际问题的能力。为实现这一目标，我们设置了由"ERP软件操作"和"企业行为模拟"组成的必修课模块，使学生得以在ERP软件这一共同管理与技术平台上融会主修专业知识和相关专业知识，在相关专业互动过程中强化自身的主修专业能力。

校内仿真综合实习重在开发、训练学生从事经济管理的综合决策与执行能力。为实现这一目标，首先，我们以生产制造业务链为中心设计了一系列经济组织及其业务流程、业务规则，深入企业采集大量业务数据进行教学化改造和匹配，设计开发了一个涵盖企业、市场、资本运作各个方面，供、产、销各个环节，微观、中观、宏观各个层面，贴近社会经济现实，合乎教学规律的仿真综合实习内容体系，并依托经济与管理实验教学中心打造了一个仿真综合实习平台。然后，把来自十余个专业的数千余名实习生按其专业背景配置到仿真生产企业、仿真商业企业、仿真物流企业、仿真租赁公司、仿真金融机构、仿真工商管理局、仿真税务局、仿真人才交流中心、仿真会计师事务所、仿真信息处理与发布中心等百余个经济组织的不同管理岗位上，组织他们在仿真市场环境下进行企业经营仿真运作。虽然只有短短的6周，学生们却进行了系统的业务处理，经历了完整的业务流程，实践了多种经营决策，撰写了丰富的工作文书。仅以 2008 年下半年仿真实习运作情况为例，2 055 名实习生处理的业务单据多达 40 余万份；撰写各种计划、方案、报告、总结计 12 652 份；编制各类管理制度累计 870 个；形成的文字材料高达 4 250 余万字。

校内创新创业实践重在强化学生的创新创业能力。校内创新创业实践包括读、看、思、评、演、试、做七个环节。"读"，要求学生阅读 150～180 个企业家的创业故事；"看"，组织学生到若干企业进行实地考察；"思"，要求学生撰写"生产——市场——资本运作"三个阶段的纪实性心得；"评"，要求以小组为单位对被考察企业经营的成败得失进行评论；"演"，要求各小组模仿三个企业案例进行创业演练；"试"，要求各小组策划一个创业项目并试运作；"做"，要求各小组实操一个创业项目以积累创业经验。2004～2008 年，我校学生利用校内创新创业实践平台撰写市场调查策划书 198 份，完成创业设计 125 项，编制商业策划书 48 份（其中已被校外公司采用 28 份），提交学术科技作品 225 件。

目前，我校经管类实验实践教学改革正沿着以下路径继续拓展与深化：一是进一步丰富仿真流通企业和仿真金融机构的业务种类，加速仿真资本运作环境建设，将以生产制造业务链为中心的仿真综合实习内容体系拓展为生产业务链、流通业务链、资本运作业务链相互交织、高度整合的网络状仿真实习内容体系，使其更接近于现实，在校内搭建起一个可以覆盖所有经管类专业的仿真综合实习平台；二是开发建设一批学术含量或创新创业含量较高的精品实验项目，以强化实验实践的理论教育与创新创业教育功能，实现教学功能目标、科研功能目标与创新创业功能目标的高度统一。

本丛书既凝结着我们五年多来在经管类专业校内仿真综合实习领域孜孜以求的收获与体会，也深含着我们对实验实践教学特别是经管类本科人才培养模式创新的理解与认识；既是对我校开展经管类专业仿真综合实习探索的历史总结，也是对我校经管类专业仿真综合实习的现实安排。我们热切期待着基于现代信息技术平台的仿真实习这一新鲜的实践教学形式能及早长成一棵枝繁叶茂的参天大树，也热切期待着读者们不吝赐教，指出本丛书的疏漏、不足甚至错误之处，使我们实验实践教学改革前行的步伐更加稳健，更加踏实。

曾小彬

广东商学院副院长

丛书编委会主任

2010 年 6 月

目　　录

第一篇　绪　　论

第二篇　企业系统设计

第三篇　生产计划与进度管理

第四篇　生产库存与物料管理

第五篇　生产成本与销售管理

第一篇

绪 论

第一章　产品需求管理

第一节　仿真模拟实习产品需求管理概述

需求管理是企业经营活动的核心工作，随着大量生产、大量推销时代的结束，如何准确把握市场需求、及时保质保量地满足顾客的需求，成了企业争夺市场的主要内容。仿真模拟企业的经营过程，同样要面临着收集市场需求信息，分析和预测市场需求的要务。

产品需求管理的市场预测方法主要有需求定性预测和定量预测两大类，定性预测方法包括德尔菲法、部门主管集体讨论法、用户调查法、销售人员意见汇集法等；定量分析方法包括时间序列模型和回归模型两大类，时间序列模型有移动平均法、指数平滑法、自回归法、自回归移动平均法和 ARIMA 模型等，回归模型有单回归模型和多重回归模型等。

第二节　实验环境与条件

企业运作仿真模拟力求尽可能接近企业运作实际，包括建立企业内部各种职能部门，如生产制造部、财务部、采购部、市场部、销售部等。为了模仿市场竞争，实验环境中还建立产品需求市场，通过构建多家同质产品生产企业来模仿市场竞争环境，使实习过程能够真切感受到竞争的氛围和压力。

一、国民经济发展指标

本地区国民经济发展指标包括三次产业的增加值和国内生产总值指标，国民经济发展指标按照当年价格计算。

表 1-1　　　　　　　　　　国民经济发展指标（当年价格）　　　　　　　单位：亿元

年份	国内生产总值	第一产业增加值	第二产业		第三产业增加值
			增加值	其中：工业	
第 1 年	13.062 1	0.914 3	7.249 5	5.922 1	4.898 3
第 2 年	13.983 6	0.922 9	7.607 1	6.161 7	5.453 6
第 3 年	15.920 1	1.066 6	8.612 8	7.096 1	6.240 7
第 4 年	17.681 2	1.202 3	9.494 8	7.967 1	6.984 1
第 5 年	19.104 0	1.165 5	10.125 1	8.636 1	7.813 4
第 6 年	20.835 9	1.187 6	10.855 5	9.389 3	8.792 8
第 7 年	23.395 0	1.263 3	12.118 6	10.548 0	10.013 1

二、市场需求与价格信息

1. 市场需求及其变化趋势。

（1）市场需求量及其增长幅度预测。

表 1-2　　　　　　　　　　市场需求量预测　　　　　　　单位：万件

时间 　产品	P1	P2	P3	P4
第 8 年	4.0 ~ 4.4	2.7 ~ 3.2	0.5 ~ 0.8	0.2 ~ 0.3
第 8~12 年增长幅度（%）	−28.6 ~ −4.0	1 ~ 20	18.5 ~ 216.7	65 ~ 860

（2）市场需求趋势图。根据综合信息中心预测，未来五年客户公司对仿真市场 8 家生产制造公司生产的 P1、P2、P3、P4 产品的市场总需求及其变动趋势如图 1-1、图 1-2、图 1-3、图 1-4 所示：

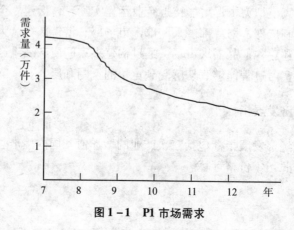

图 1-1　P1 市场需求

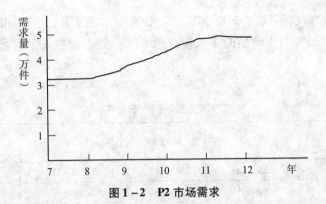

图 1－2　P2 市场需求

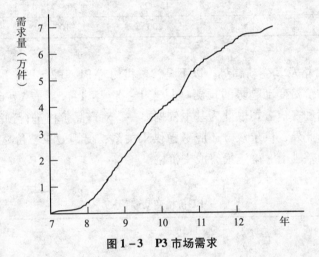

图 1－3　P3 市场需求

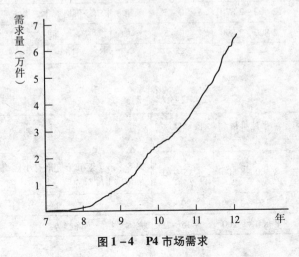

图 1－4　P4 市场需求

（3）需求量在不同市场的分布。未来五年本地市场、国内市场和国际市场对 P1、P2、P3、P4 产品的需求量有所不同。需求量在三个市场的具体分布如表 1-3 所示：

表 1-3   需求量在不同市场分布

市场 ＼ 产品	P1	P2	P3	P4
本地（％）	35 ~ 40	30 ~ 35	30 ~ 35	25 ~ 30
国内（％）	60 ~ 65	45 ~ 50	40 ~ 45	30 ~ 35
国际（％）	0	15 ~ 25	20 ~ 30	35 ~ 45
合计（％）	100	100	100	100

2. 市场价格及其变动趋势。以下是权威机构对 P1、P2、P3、P4 产品在未来五年各市场的价格变动趋势的预测（见表 1-4、表 1-5、表 1-6、表 1-7）。生产制造公司和客户公司以此为基本依据之一，对产品价格进行预测，并制定公司价格策略。此外，供求双方还应考虑供求关系、促销效果、价格折扣等因素，在协商谈判的基础上，确定最终成交价格。

表 1-4   P1 价格变动趋势

市场 ＼ 时间	平均价格（元/件）	变动幅度（％）	变动趋势描述
本　地	2 800 ~ 2 870	-20 ~ 5	除第 8 年市场价格有小幅提高外，呈持续下降趋势
国　内	2 820 ~ 2 890	-20 ~ 5	同　　上
国　际	—	—	—

表 1-5   P2 价格变动趋势

市场 ＼ 时间	平均价格（元/件）	变动幅度（％）	变动趋势描述
本　地	8 300 ~ 8 500	-15 ~ 10	第 8、第 9 年市场价格有小幅提高，第 10 年开始呈持续下降趋势
国　内	8 350 ~ 8 600	-20 ~ 5	同　　上
国　际	8 900 ~ 9 200	-15 ~ 1	基本呈持续下降趋势

表1-6　　　　　　　　　　P3 价格变动趋势

市场＼时间	平均价格（元/件）	变动幅度（%）	变动趋势描述
本　地	10 300 ~ 10 700	2 ~ 5	市场价格稳中有升
国　内	10 380 ~ 10 800	2 ~ 5	同　　上
国　际	11 500 ~ 12 200	-3 ~ 3	第8、第9年市场价格稳中有升，第10年较平稳，第11年起有所下降

表1-7　　　　　　　　　　P4 价格变动趋势

市场＼时间	平均价格（元/件）	变动幅度（%）	变动趋势描述
本　地	13 400 ~ 14 700	3 ~ 8	总体上市场价格稳中有升，第8、第9年涨幅较大，随后较平稳
国　内	13 500 ~ 14 820	3 ~ 8	同　　上
国　际	14 600 ~ 16 100	2 ~ 5	市场价格稳中有升，涨幅较平稳

3. 本地区 P1 产品市场信息。电子产业已经成为本地区的支柱产业，第 7 年其工业增加值占本地区增加值的 30%。电子行业主要包括 8 家仿真电子生产制造公司和其他电子制造公司，其中仿真电子制造公司的工业增加值占本地区电子行业增加值的 40% 左右。

本地区第 1~5 年 P1 产品的销售量增长较快，最高达到 24 万多件，但是从第 6 年开始下降趋势明显。从销售价格来看，呈比较明显的下降趋势（见表 1-8）。

表1-8　　　　　　　本地区 P1 产品第 1~7 年销售统计

时　间	第1年	第2年	第3年	第4年	第5年	第6年	第7年
本地销售量（万件）	15.853 8	19.499 5	16.058 3	21.731 3	24.368 9	21.146 4	14.800 7
平均销售价格（元）	2 920	2 880	2 868	2 855	2 845	2 832	2 851

第三节　理论知识点一：需求定性预测

本节所介绍的两种需求定性预测方法都是实验模拟环境下都能够用得上的，这两个方法分别是部门主管集体讨论法和销售人员意见汇集法，通过学习，学生可以对它们进行灵活选择使用。

一、部门主管集体讨论法

通常由高级决策人员召集销售、生产、采购、财务、研究与开发等各部门主管开会讨论。与会人员充分发表意见，提出预测值，然后由召集人按照一定的方法，如简单平均或加权平均，对所有单个的预测值进行处理，即得预测结果。

二、销售人员意见汇集法

这种方法有时也称基层意见法，通常由各地区的销售人员根据其个人的判断或与地区有关部门（人士）交换意见并判断后做出预测。企业对各地区的预测进行综合处理后即得企业范围内的预测结果。有时企业也将各地区的销售历史资料发给各销售人员作为预测的参考；有时企业的总销售部门还根据自己的经验、历史资料、对经济形势的估计等做出预测，并与各销售人员的综合预测值进行比较，以得到更加正确的预测结果。

第四节　理论知识点二：需求定量预测

实验模拟实习过程中，每一个产品市场年度总需求是作为市场规则条件已经作了限定，因此，利用定量分析方法来预测产品市场总需求量已经是不必进行的工作。但对于实习中的模拟公司而言，通过几个年度的经营后将会有各年度销售量数据，利用这些数据就可以对未来年份的需求进行定量预测，本节所介绍的定量分析方法就能进行相应的应用。

当由于随机成分的影响而导致需求偏离平均水平时，应用时间序列平滑模型，通过对多期观测数据平均的办法，可以有效地消除或减少随机成分的影响，以使预测结果较好地反映平均需求水平。这里将讨论简单移动平均、加权移动平均、指数平滑几种时间序列平滑模型。

一、简单移动平均和加权移动平均（simple moving average and weighted moving average）

简单移动平均值可按下式计算：

$$SMA_{t+1} = \frac{1}{n} \sum_{i=1}^{n} A_{t+i-n} \tag{1.1}$$

式中，SMA_{t+1} 为 t 周期末简单移动平均值，它可作为 $t+1$ 周期的预测值；
A_i 为 i 周期的实际值；

n 为移动平均采用的周期数。

加权移动平均值可按下式计算：

$$WMA_{t+1} = \frac{1}{n} \sum_{i=1}^{n} \alpha_{t+i-n} A_{t+i-n} \tag{1.2}$$

式中，WMA_{t+1} 为 t 周期末加权移动平均值，它可作为 $t+1$ 周期的预测值；

α_1，α_2，$\cdots$，α_n 为实际需求的权系数；其余符号意义同前。

显然，若对每个时段，α_i 都取相同的值，即同等地对待序列中的每个值，加权移动平均预测值就变成了简单移动平均预测值。因而，简单移动平均是加权移动平均的一种特例。

例 1.1 某电子音响器材公司 SONY 牌单放机的逐月销售量记录如表 1 − 9 所示。取 $n=3$ 和 $n=4$，试用简单移动平均法进行预测。

解：当 $n=3$ 时，(3.1) 式为：$SMA_{t+1} = (A_{t-2} + A_{t-1} + A_t)/3$，如预测 5 月份销售量，

$$SMA_{4+1} = (A_2 + A_3 + A_4)/3 = (21 + 23 + 24)/3 = 22.67 \ (百台)$$

当 $n=4$ 时，(3.1) 式为：$SMA_{t+1} = (A_{t-3} + A_{t-2} + A_{t-1} + A_t)/4$，如预测 5 月份销售量，

$$SMA_{4+1} = (A_1 + A_2 + A_3 + A_4)/4 = (20 + 21 + 23 + 24)/4 = 21.75 \ (百台)$$

全部计算结果如表 1 − 9 所示。

表 1 − 9 简单移动平均法预测

月份	实际销量（台）	$n=3$（百台）	$n=4$（百台）
1	20.00		
2	21.00		
3	23.00		
4	24.00	21.33	
5	25.00	22.67	21.75
6	27.00	24.00	23.33
7	26.00	25.33	24.75
8	25.00	26.00	25.50
9	26.00	26.00	25.75
10	28.00	25.67	26.00
11	27.00	26.33	26.25
12	29.00	27.00	26.50

从表 1 − 9 中可以看出，预测值同简单移动平均所选的时段长 n 有关。n 越

大，对干扰的敏感性越低，预测的稳定性越好，响应性就越差。

简单移动平均法对数据不分远近，同样对待。有时，最近的数据反映了需求的趋势，用加权移动平均法更合适些。在例1.1中，当 $n=3$ 时，若取 $\alpha_1=0.5$，$\alpha_2=1.0$，$\alpha_3=1.5$，则预测结果见表1-10。

从表1-10所示的计算结果可以看出，若对最近的数据赋予较大的权重，则预测数据与实际数据的差别较简单移动平均法的结果要小。一般地说，α 和 n 的取值不同，预测值的稳定性和响应性也不一样，受随机干扰的程度也不一样。n 越大，则预测的稳定性就越好，响应性就越差；n 越小，则预测的稳定性就越差，响应性就越好。近期数据的权重越大，则预测的稳定性就越差，响应性就越好；近期数据的权重越小，则预测的稳定性就越好，响应性就越差。然而，α 和 n 的选择都没有固定的模式，都带有一定的经验性，究竟选用什么数值，要根据预测的实践而定。

表1-10　　　　　　　　　　加权移动平均预测

T（月）	实际销量（百台）	3个月的加权移动平均预测值（百台）
1	20.00	
2	21.00	
3	23.00	
4	24.00	$(0.5\times20+1\times21+1.5\times23)/3=21.83$
5	25.00	23.17
6	27.00	24.33
7	26.00	25.83
8	25.00	26.17
9	26.00	25.67
10	28.00	25.67
11	27.00	26.83
12	29.00	27.17

二、一次指数平滑法（single exponential smoothing）

一次指数平滑法是另一种形式的加权移动平均。加权移动平均法只考虑最近的 n 个实际数据，指数平滑法则考虑所有的历史数据，只不过近期实际数据的权重大，远期实际数据的权重小。一次指数平滑平均值 SA_t 的计算公式为：

$$SA_t=\alpha A_t+(1-\alpha)SA_{t-1} \qquad (1.3)$$

若用一次指数平滑平均值 SA_t 作为 $t=1$ 期的一次指数平滑预测值 SF_1，则一次指数平滑法的预测公式为：

$$SF_{t+1} = \alpha A_t + (1 - \alpha)SF_t \tag{1.4}$$

式中，SF_{t+1} 为（$t+1$）期一次指数平滑预测值；

A_t 为 t 期实际值；

α 为平滑系数，它表示赋予实际数据的权重（$0 \leq \alpha \leq 1$）。

（1.4）式可以改写成：

$$SF_{t+1} = SF_t + \alpha(A_t - SF_t) \tag{1.5}$$

（1.4）式是一个递推公式。它赋予 A_t 的权重为 α，赋予 SF_t 的权重为（$1-\alpha$）。将（1.4）式展开，得：

$$
\begin{aligned}
SF_{t+1} &= \alpha A_t + (1 - \alpha)\left[\alpha A_{t-1} + (1 - \alpha)SF_{t-1}\right] \\
&= \alpha A_t + \alpha(1 - \alpha)A_{t-1} + (1 - \alpha)^2 SF_{t-1} \\
&= \alpha A_t + \alpha(1 - \alpha)A_{t-1} + (1 - \alpha)^2\left[\alpha A_{t-2} + (1 - \alpha)SF_{t-2}\right] \\
&= \alpha A_t + \alpha(1 - \alpha)A_{t-1} + \alpha(1 - \alpha)^2 A_{t-2} + (1 - \alpha)^3 SF_{t-2} \\
&\cdots \\
&= \alpha\left[(1 - \alpha)^0 A_t + (1 - \alpha)^1 A_{t-1} + (1 - \alpha)^2 A_{t-2} + \cdots + (1 - \alpha)^{t-1} A_1\right] + (1 - \alpha)^t SF_1 \\
&= \sum_{j=0}^{t-1}(1 - \alpha)^j A_{t-j-1} + (1 - \alpha)^t SF_1 \tag{1.6}
\end{aligned}
$$

式中，$SF_1 = SA_0$，它可以事先给定或令 $SF_1 = A_1$。

在（1.6）式中，当 t 很大时，$(1 - \alpha)^t SF_1$ 可以忽略。因此，第 $t+1$ 期的预测值可以看做为前 t 期实测值的指数形式的加权和。随着实测值"年龄"的增大，其权数以指数形式递减。这正是指数平滑法名称的由来。

例 1.2 某公司的月销售额记录如表 1-9 所示，试分别取 $\alpha = 0.4$ 和 0.7，$SF_1 = 11.00$，计算一次指数平滑预测值。

解：$SF_{t+1} = \alpha A_t + (1 - \alpha)\ SF_t = 0.4A_t + 0.6SF_t$

当 $t = 1$，$SF_2 = 0.4 \times 10.00 + 0.6 \times 11.00 = 4.00 + 6.60 = 10.60$（千元），其余计算相同，结果如表 1-11 和表 1-12 所示。

表 1-11　　　某公司的月销售额一次指数平滑预测（$\alpha = 0.4$）

月份	实际销售额 A_t（千元）	$\alpha \times$ 上月实销额（千元）	上月预测销售额（千元）	（$1-\alpha$）× 上月预测销售额（千元）	本月平滑预测销售额（千元）
1	10.00				11.00
2	12.00	4.00	11.00	6.60	10.60

月份	实际销售额 A_t（千元）	$\alpha \times$ 上月实销额（千元）	上月预测销售额（千元）	$(1-\alpha) \times$ 上月预测销售额（千元）	本月平滑预测销售额（千元）
3	13.00	4.80	10.60	6.36	11.16
4	16.00	5.20	11.16	6.70	11.90
5	19.00	6.40	11.90	7.14	13.54
6	23.00	7.60	13.54	8.12	15.72
7	26.00	9.20	15.72	9.43	18.63
8	30.00	10.40	18.63	11.18	21.58
9	28.00	12.00	21.58	12.95	24.95
10	18.00	11.20	24.95	14.97	26.17
11	16.60	7.20	26.17	15.70	22.90
12	14.00	6.40	22.90	13.74	20.14

表 1 – 12　　　　某公司的月销售额一次指数平滑预测（$\alpha = 0.7$）

月份	实际销售额 A_t（千元）	$\alpha \times$ 上月实销额（千元）	上月预测销售额（千元）	$(1-\alpha) \times$ 上月预测销售额（千元）	本月平滑预测销售额（千元）
1	10.00				11.00
2	12.00	7.00	11.00	3.30	10.30
3	13.00	8.40	10.30	3.09	11.49
4	16.00	9.10	11.49	3.45	12.55
5	19.00	11.20	12.55	3.77	14.97
6	23.00	13.30	14.97	4.49	17.79
7	26.00	16.10	17.79	5.34	21.44
8	30.00	18.20	21.44	6.43	24.63
9	28.00	21.00	24.63	7.39	28.39
10	18.00	19.60	28.39	8.52	28.12
11	16.60	12.60	28.12	8.44	21.04
12	14.00	11.20	21.04	6.31	17.51

将预测值和实际值进行比较，结果如图 1 – 5 所示。由图 1 – 5 可以看出，用一次指数平滑法进行预测，当出现趋势时，预测值虽然可以描述实际值的变化形态，但预测值总是滞后于实际值。当实际值呈上升趋势时，预测值总是低于实际值；当实际值呈下降趋势时，预测值总是高于实际值。比较不同的平滑系数对预测的影响，当出现趋势时，取较大的 α 得到的预测值与实际值比较接近。

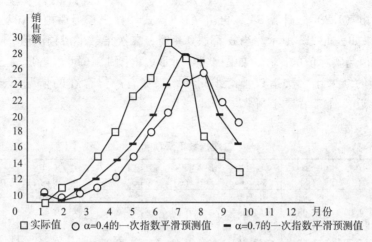

图 1 – 5 $\alpha = 0.4$ 和 $\alpha = 0.7$ 预测值的比较

　　综上可知，预测值依赖于平滑系数 α 的选择。一般说来，α 选得小一些，预测的稳定性就比较好；反之，其响应性就比较好。在有趋势的情况下，用一次指数平滑法预测，会出现滞后现象。面对有上升或下降趋势的需求序列时，就要采用二次指数平滑法（double exponential smoothing）进行预测；对于出现趋势并有季节性波动的情况，则要用三次指数平滑法（triple exponentisal smoothing）预测。下面将介绍二次指数平滑法，本章不介绍三次指数平滑法。

三、二次指数平滑法

　　二次指数平滑预测值的计算公式为：
$$F_{t+p} = SA_t + (p)T_t \tag{1.7}$$
式中，F_{t+p} 为从 t 期计算，第 p 期的二次指数平滑预测值；

　　T_t 为 t 期平滑趋势值，T_0 事先给定；

　　SA_t 为 t 期平滑平均值，又称为"基数"，SA_0 事先给定。

　　SA_t 可按（1.8）式计算：
$$\begin{aligned} SA_t &= \alpha A_t + (1-\alpha)(SA_t - 1 + T_{t-1}) \\ &= \alpha A_t + (1-\alpha)F_t \end{aligned} \tag{1.8}$$

T_t 可按（1.9）式计算：
$$T_t = \beta(SA_t - SA_{t-1}) + (1-\beta)T_{t-1} \tag{1.9}$$
式中，β 为斜率偏差的平滑系数，其余符号意义同前。

　　例 1.3　对例 1.1 提供的数据，设 $\alpha = 0.4$，$\beta = 0.5$，$SA_0 = 11.00$，$T_0 = 0.80$，求二次指数平滑预测值。

解：由（1.8）式计算 SA_t，再由（1.9）式计算 T_t，最后由（1.7）式计算 F_{t+p}，结果如表 1-13 所示。当 α 都取 0.4 时，二次指数平滑预测值、一次指数平滑预测值与实际值的比较，如图 1-6 所示。由图 1-6 可以看出，二次指数平滑预测的结果比一次指数平滑预测的结果在有趋势存在的情况下，与实际值更加接近，且滞后要小得多。

表 1-13　　　　　　　　　　二次指数平滑预测

t (1)	A_t (2)	αA_t (3)	$(1-\alpha)F_t$ (4)	SA_t(5) = (3)+(4)	$\beta(SA_t - SA_{t-1})$ (6)	$(1-\beta)T_{t-1}$ (7)	T_t(8) = (6)+(7)	F_t(9) = (5)+(8)
				11.00			0.80	11.80
1	10.00	4.00	7.08	11.08	0.04	0.40	0.44	11.52
2	12.00	4.80	6.91	11.71	0.32	0.22	0.54	12.25
3	13.00	5.20	7.35	12.55	0.42	0.27	0.69	13.24
4	16.00	6.40	7.94	14.34	0.90	0.35	1.25	15.59
5	19.00	7.60	9.35	16.95	1.31	0.63	1.94	18.89
6	23.00	9.20	11.33	20.53	1.79	0.97	2.76	23.29
7	26.00	10.40	13.97	24.37	1.92	1.38	3.30	27.67
8	30.00	12.00	16.60	28.60	2.12	1.65	3.77	32.37
9	28.00	11.20	19.42	30.62	1.01	1.89	2.90	33.52
10	18.00	7.20	20.11	27.31	-1.65	1.45	-0.20	27.11
11	16.00	6.40	16.27	22.67	-2.32	-0.10	-2.42	20.25
12	14.00	5.60	12.15	17.75	-2.46	-1.21	-3.67	14.08

二次指数平滑预测的结果与 α 和 β 的取值有关。α 和 β 越大，预测的响应性就越好；反之，稳定性就越好。α 影响预测的基数，β 影响预测值的上升或下降的速度。

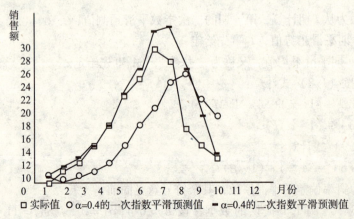

图 1-6　一次指数平滑预测值、二次指数平滑预测值与实际值的比较

第五节 模拟实验项目

实验一：需求定性分析

一、实验内容

对 P1、P2、P3 和 P4 四种产品的下一年需求进行定性预测。

二、实验步骤

1. 仔细分析第二节所提供的相关信息。
2. 公司成员开会集体讨论，分别采用部门主管集体讨论法和销售人员意见汇集法来确定本公司下一年各种产品的年度需求。

三、实验要求

通过部门主管集体讨论法和销售人员意见汇集法的具体应用，制订各产品下个年度的需求计划，提交市场需求分析报告书。

四、问题与思考

1. 本实验所应用的预测方法对相关人员提出什么样的要求？
2. 对部门主管集体讨论法和销售人员意见汇集法，用这两个方法对产品需求进行定性预测时应注意哪些问题？
3. 除了本章所介绍的两种定性预测方法，你还知道别的定性预测方法吗？
4. 你认为定性预测在企业实际经营过程中有价值吗？
5. 定性预测方法的优缺点你怎么理解？

实验二：需求定量分析

一、实验内容

对 P1 产品的下一年市场需求进行定量预测，其他产品因缺乏各年度销售数据暂不能采用定量预测方法。

二、实验步骤

1. 仔细了解 P1 产品 1～7 年市场销售量的有关信息。

2. 通过本章介绍的时间序列预测方法，用简单移动平均和加权移动平均、一次指数平滑、二次指数平滑三种方法分别预测第 8 年及以后各年的 P1 产品市场需求。

三、实验要求

根据 P1 产品市场需求量的定量预测，提交有关 P1 产品市场需求定量分析报告书。

四、问题与思考

1. 从本章所提供的 P2、P3 和 P4 三种产品的有关信息，我们能够进行时间序列预测吗？

2. 本章所介绍的时间序列预测方法，预测的结果具有什么特征？

3. 简单移动平均法和加权移动平均法是用什么样的思想来预测的？

4. 一次指数平滑法和二次指数平滑法分别适用于什么样的市场需求情形？简述之。

5. "定量预测就是采用数学方法准确地预测未来市场需求"，你赞同这种说法吗？

〔案例分析〕

精进公司的 P4 雄图大略

精进公司是新成立的一家模拟仿真实习企业，其公司人员分别来自于会计、财务管理、工商管理、人力资源管理、市场营销等专业。他们都已经掌握了各自的专业理论知识，并且个个都热情洋溢，雄心勃勃，准备在企业仿真实习里大干一场，他们的目标是公司一定要成为市场里赚取利润最多的实习公司。这样一来既可向同学们证实自己的企业管理技能和才华，增加自己就业谈判能力，二来也可借机检验下课堂里所学的那些理论知识究竟是否有效。

在拿到实习资料之后立即进行认真的分析和研究。针对实习所提供的资料，他们发现，P1 产品的销量和价格下降很快，而 P4 产品的销量和价格则上升很快。这一发现让他们很兴奋，觉得公司已经胜利在望了。不过，此时一位来自工商专业的张军同学提醒道：我们所有公司所拿到的基础资料都一样，其他公司会不会也有同样的分析结果并进而形成同样的决策，从而对我们公司的产品需求造成冲击？这一疑问立刻让大家冷静下来。如何弄清市场上其他公司的决策结果成为精进公司的头号大事。为此，精进公司决定要进行充分的市场调研。

公司管理层认为，如果从专业角度来看，完成此项工作的最优人选应是市场专业的小李，因为他经过专业训练，对市场调研有着较为全面的理论素养，并且对市场调研的技巧也有一定的掌握。但小李一听这决定就提出了自己的看法。他认为，如果是真实的企业经营行为，存在着真实的市场经济活动，那么我去完成这个任务责无旁贷，但现在的问题是我们只是在模拟企业的经营，没有真实的业务往来，市场调查无从下手。他认为公司现在要进行的"市场调查"实际上是要知道其他公司的决策结果，即想方设法弄清其他公司是不是也像我们公司一样制定只生产 P4 产品，停止生产 P1 产品的决策。要弄清这个问题其实很简单，其实只要我们公司的一位同学与其他公司的"内部人"熟悉，略施小技就可解决。小李的这一针对市场调研的看法以及解决方案一经提出，立即得到了公司其他成员的认同。经公司全体成员的讨论，他们认为来自人力资源专业的小王最适合担当此重任了，因为：第一，他的专业是人力资源管理，对人的心理活动比其他同学了解要多；第二，他的朋友多，说服能力也强，比较利于完成此任务。

尽管小王觉得他对市场调查并不熟悉，并且要完成的任务好像并不是什么市场调查，但为了公司的整体利益，他还是很爽快地接受了任务。为了完成此项重任，小王利用自身的优势，经常与其他公司成员进行沟通交流，有时也到其他公司的办公场地进行"实地考察"。经过一段时间的艰苦努力之后，小王认为他已经基本摸清了市场竞争状况，其他竞争公司的产品策略也比较清楚了。他向公司汇报道："经过我认真的明察暗访，得到的情况是：其他公司的同学比较少像我们这样富于进取精神，如果要生产 P4，他们认为需要投入大量的时间和财力去进行研发，而且还不确定研发是否成功，风险太大了，再说，公司也只模拟经营三五年时间，不值得投入这么多，所以大多模拟企业主要是以 P1、P2、P3 为主，要生产 P4 的我还没听说过，即使他们到时真的要生产，对我们的影响也不大，因为我们的准备要充分得多，资源投入也比他们多。最后，我的结论是：精进公司可以高枕无忧地将生产 P4 产品作为我们的主攻方向，一定会旗开得胜的。"

因为公司成员对小王平时表现出的能力非常赞赏，再经过小王这么详细、具体的描述，公司全体成员一致决定接受小王的调查结论，将公司的产品策略就定在 P4 上。在确定了公司产品策略之后，公司成员都非常高兴，觉得一展雄图大略的时刻就要到了。

案例评析

市场对产品的需求是企业管理决策的重要内容，企业应在充分的市场调查基础上采用本章所述的定性与定量方法进行市场预测，提供可行的解决方案，而不应像本案例中的企业那样，认为在模拟实习过程中不存在市场调查的对象和内容，进而依靠个别人的人际关系处理能力来获取其他竞争对手的产品决策信息，作为自己产品决策的唯一依据。

第二章 企业生产运作战略

第一节 仿真模拟实习企业生产运作战略概述

企业生产运作战略是企业经营发展战略的重要组成部分，企业生产运作战略通常由产品与服务的选择、产品与技术研发、选址与设施布置、生产能力设计、需求规划等方面构成。实验仿真模拟企业运作中，上述生产运作战略规划同样是不可或缺的，每一个模拟企业的公司都必须依据实验所提供的相关信息来制定自身的生产运作战略，以确保模拟公司未来能够顺利运作。

制定发展战略，实行战略管理是 20 世纪 70 年代西方企业在环境急剧变化的条件下，为了生存和发展而在管理上的一次大变革。其目的是使企业的组织结构、资源分配和经营方式与环境提供的各种机会取得动态平衡，以实现总体战略目标。从生产管理到经营管理，是企业管理的一次飞跃；从经营管理到战略管理是企业管理的又一次飞跃。19 世纪末 20 世纪初，整个市场商品严重供不应求。市场上遵循生产什么就流通什么、也就消费什么的规律，是生产决定消费的年代。企业能够提供低价的、标准化的产品，就能够盈利。这时，企业管理主要就是生产管理。20 世纪 30 年代初的经济危机以后，基本消费品的市场需求正趋向饱和，企业所处的竞争性环境更富有挑战性。这时企业面临的首要问题是从整个企业的投入要素与产出成果去考虑企业的经营问题，企业开始考虑以销定产，形成以消费者为主导的经营理念。第二次世界大战后到 20 世纪 80 年代初，由于科学技术的飞速发展和大量军工企业转向生产民用产品，社会产品供给量剧增，企业在市场上处于空前激烈的竞争环境中，整个市场也迅速由原来的卖方市场转变为以购买者为主导的买方市场，从而使企业面临着许多更为严峻的挑战，战略管理的思想也就日益受到企业重视。经营管理是在既定的企业规模、组织结构、资源状况下，对从现有资源投入使用，通过生产过程，直到产出的全过程，进行现有计划框架内的管理活动。而战略管理则不但着眼于现有资源条件下的投入产出全过程，而且还对未来作出预见性的战略设计、战略实施和战略控制。未来学家托夫勒指出："对没有战略的企业来说，就像是在险恶气候中飞行的飞机，始终在气流中颠簸，在暴风雨中沉浮，最后很可能迷失方向，即使飞机不坠毁，也不无耗尽燃料之虞。"事实证明，在一个精心制定的、符合实际的战略的指导下，企业各部门和全体员工团结一致，朝着共同的目标努力，企业就会取得巨大的成功。相反，如果战略制定失当，或者企业各部门追求各自的目标，则会造成资源的巨大浪费，甚至给企业带来灾难。

第二节　实验环境与条件

实验模拟环境中，每一家公司都具备一样的初始条件，包括初始资金、初始生产设施、初始产品和材料的库存、初始劳动力资源等，每个公司都需要依据这些初始信息和资源来制定各自的生产运作战略。

很可能在刚开始进行企业运作模拟的情况下，各公司很难能够进行较完整的生产运作战略的制定，但至少是可以进行生产运作策略的制定，这些策略包括了生产设施投入决策、产品选择决策、营销决策、财务决策等多方面，这些决策就是进行进一步的生产运作战略制定的基础。

1. 经营起点。仿真市场上的所有生产制造公司属于同一行业，已有七年的经营历史，第 7 年末，各生产制造公司的财务状况、财务成果完全相同。第 8 年开始，所有仿真公司将由新一届管理层接手继续经营，各公司面临着相同的市场环境和经营起点。本书第二篇仿真综合实习基础数据，通过历史资料、财务报表全面描述了生产制造公司宏观与微观经济环境，以及新一届管理层上任时公司的财务状况和经营成果。

认真研读企业运作仿真基础数据，才能了解生产制造公司的过去和现在，并在此基础上规划本企业的未来发展，制定有效的经营战略。

2. 公司章程。生产制造公司是非上市股份制公司，公司管理层和部分职工个人共持有公司 50% 的股份，其中新一届管理团队持有公司 30% 的股份，每一个管理者个人持股多少？股东有什么权利？应该履行什么义务？股份可以转让吗？转让条件是什么？公司的组织机构如何设置？利润如何分配？对此，公司章程应有明确的规定。每个公司章程的具体内容可以不同。

3. 公司经营战略。仿真公司的战略应当包含以下内容：

（1）公司经营理念与发展方向；（2）公司文化；（3）公司战略目标与经营目标；（4）实现战略目标与经营目标的行动计划。

第三节　理论知识点一：企业战略和战略管理

一、企业战略

制定企业战略需要回答三个问题：

（1）我们现在在哪里？即要弄清楚企业所处的环境，包括宏观环境、行业环境和竞争环境。

（2）我们想到哪里去？即确定企业的发展方向和目标，包括进入哪个或哪些行业？满足哪些顾客需求和为哪些顾客群服务？预计取得的结果是什么？

（3）我们如何到达那里？即应选择什么样的竞争战略？可供选择的战略包括成本领先战略、差异化战略和快速响应战略。

制定企业战略需要在环境、目标和资源之间进行协调。首先要考虑外部环境，尤其是行业环境，企业要进入那些有成长空间的行业。比如 1992 年诺基亚的总裁奥利拉毅然选择移动通信行业，尽管当时该行业并不赚钱，但事实很快证明，选择移动通信是正确的。诺基亚一旦决定以移动通信为发展的方向后，就毅然实施了"归核化战略"。所谓"归核化战略"，即突出竞争优势的战略。其要义有三：一是把企业经营的业务归集到最具竞争优势的行业。二是把经营与开发的重点放在核心行业价值链最具优势的环节上，把移动电话定为诺基亚的支柱产业，努力在该领域进入世界前三名，确保盈利性增长。三是强调企业核心能力的培育、维护和发展，这就是定位和目标。确定目标并实现目标，需要通过协调外部环境、内部资源和能力来实现战略。

企业战略包括三个层次：公司级战略（corporate strategy）、事业级战略（business strategy）和职能级战略（functional strategy）。

二、战略管理过程

按照正式的战略规划制定和实施的模式，战略管理过程包括确定企业使命（宗旨）和主要目标、战略分析、战略选择和战略实施 4 个阶段。

（一）确定使命和主要目标

使命（mission）是企业存在的基础和原因。不同组织的使命是不同的，学校的使命是培养优秀人才，医院的使命是治病救人，汽车制造厂的使命是生产顾客所需要的汽车。使命需要清晰而简要地表达出来，作为企业的宗旨。

例如 IBM 公司的宗旨是：我们创造、开发和制造工业界最先进的信息技术，包括计算机系统、软件、网络系统、存储设备和微电子学。我们有两条基本宗旨：力求在创造、开发和制造最先进的信息技术方面处于领先地位；作为世界上最大的信息服务公司，我们将先进的技术转化为顾客的价值；我们世界各地的专业人员在特定产业、咨询服务、系统集成和技术支持中提供专门技术。

企业的使命和宗旨为企业发展提供了一个总的方向，并由此产生企业的目标。某种产品的市场占有份额、一定的盈利水平，都可以作为企业的目标。

（二）战略分析

战略分析包括两个方面：分析外部环境以找出机会（opportunities）和威胁（threats），分析内部条件以找出优势（strength）与劣势（weakness）。以美国哈佛大学商学院的安德鲁斯教授为代表的战略规划学派，提出了著名的 SWOT 分析方法，全面分析企业的优势、劣势、机会和威胁四种因素，以选择适宜的战略加以实施，并强调在不确定的环境因素下，结合企业方针、目标和经营活动，认真分析设计，以形成竞争优势。SWOT 分别代表优势（S）、劣势（W）、机会（O）、威胁（T）。优势和劣势都是就企业本身而言的，机会和威胁是从外部环境分析出来的，如表 2 - 1 所示。在 SWOT 矩阵中，各种优势、劣势与各种机会、威胁互相交叉，形成许多不同的区域。在有的区域里，要发挥优势，利用机会；在有的区域里，要规避企业劣势，利用机会；在有的区域组合里却要利用优势，回避一些威胁；在另一区域里，不但企业内部条件处于劣势，而且在企业外部威胁又很大，那就需要选择退出。

表 2 - 1   SWOT 分析矩阵

	优势（S） 列出企业所有优势因素	劣势（W） 列出企业所有劣势因素
机会（O） 列出企业所有机会因素	SO 战略 列出发挥优势、利用机会的企业战略	WO 战略 列出利用机会、克服劣势的企业战略
威胁（T） 列出企业所有威胁因素	ST 战略 列出利用优势、回避威胁的企业战略	WT 战略 列出减少劣势、回避威胁的企业战略

（三）战略选择

在进行内部条件与外部环境分析的基础上，选择适当的战略。对企业来说，它有一个总体战略，可称之为企业战略或公司战略。公司战略是公司最高层次战略，内容包括两方面：一是选择企业经营范围和领域，如专注于某个事业，是实行多元化、垂直一体化还是水平一体化？二是在各事业部之间进行资源分配，资源分配是战略实施的关键。一个大公司一般分成若干个事业部、事业部是相对独立的经营单位。事业部战略，也称为经营单位战略或经营战略，内容是在选定的事业范围内，如何去竞争，因此，有时也称为竞争战略。如果企业只从事一项事业，则公司战略和经营战略是一致的。由于每个事业部都下设不同的职能部门，职能部门的活动支持事业部的发展，相应的就有各种职能策略，如生产运作策略、财务策略、营销策略等。职能策略涉及企业的职能领域，它们支持事业部战略，而事业部战略支持公司战略，公司战略支持企业目标和使命。战术是实施战略的方法和行动，战术指导运作，战术解决"如何做"的问题，运作解决"做"的问题。

　　使命、宗旨、目标、总体战略、经营战略、职能策略、战术、运作之间的关系如图 2 - 1 所示。

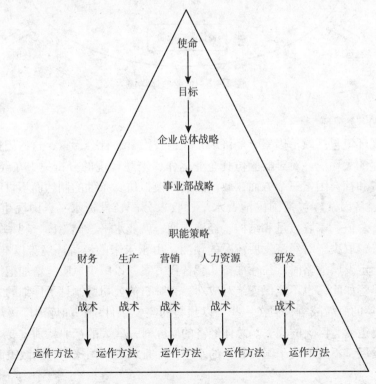

图 2 - 1　从使命到运作的层次关系

（四）战略实施

设计适当的组织结构与控制系统，并有效地分配资源，使组织确定的战略能够实现。

三、外部分析：识别机会与威胁

环境包括宏观环境、行业环境和竞争环境。竞争环境对企业战略的影响最直接、最大，行业环境次之，宏观环境最间接、最小，如图 2-2 所示。

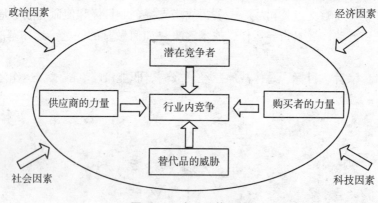

图 2-2　企业总体环境

（一）宏观环境

宏观环境包括政治因素、经济因素、科技因素、社会因素，这些因素构成了企业生存的大环境。对于实验仿真企业运作，宏观环境的分析集中在经济因素、科技因素和社会因素三个方面，政治因素因模拟仿真条件的制约而不再论述。

1. 经济因素。包括国民消费水平、收入分配、投资水平、国民生产总值、国内生产总值、家庭数量和结构、经济周期、就业水平、储蓄率、利率等。如何把握趋势，取决于对经济发展情况的预测。由于未来的经济环境难以准确预料，企业在制定发展战略时，往往准备几套替代方案，以减少风险，增加把握成功的机遇。尽管如此，也不能保证绝对成功。壳牌石油公司曾制订了详细的方案以应付 1991 年的海湾战争，但在一些难以预料的突发事件中，如炼油厂爆炸和石油泄漏，仍遭受了巨大的损失。总体经济的研究对一些大的产业特别重要。如汽车产业的发展，不仅取决于国民收入的水平，而且取决于国家的经济政策和基础设施条件。

2. 科技因素。新产品、新工艺、新材料、新能源的出现，为企业的发展提供了巨大的机遇和严重的威胁。例如，高清晰度电视的研制可能会给现存的电视机市场带来巨大的冲击；电动汽车如果在技术上取得突破性进展，使其性能提高，成本大幅度下降，在给一些企业带来机会的同时，也给另一些企业带来很大的威胁。一些企业正是通过技术上的优势来保证其竞争优势的。英特尔公司早在80286 微处理器风头正盛的时候，实行了在当时大多数人都觉得不可理解的名为"吃掉自己的孩子"的革新计划，即放弃仍然有利可图的 286 微处理器，开发80386 微处理器，以更新的技术和产品来保持并发展市场优势。事实证明，"吃掉自己的孩子"是一个极其英明的决策。抛弃虽然还是有利可图但已经不稳固的竞争优势，继续走创新之路，是英特尔公司得以长盛不衰的原因所在。

3. 社会因素。社会条件包括人们的生活方式和生活习惯，人口数和年龄结构，妇女和少数民族的地位，双职工家庭和单亲家庭增加，外出吃饭人数的增加，独生子女政策以及平均寿命增加等。社会条件的变更也给企业带来了发展的机遇。

（二）行业环境与竞争环境

提供某种相同或相似产品或服务的企业的集合称为行业。按照波特（Michael Porter）的五种竞争力模型，行业环境主要包括 5 种要素。

1. 需方对行业内企业的影响。这种影响主要取决于需方与行业内企业讨价还价的能力。如果行业内企业的产品是标准化的或差别很小，需方在交易中就占优势；如果行业内企业的产品是差别化的，企业在交易中就占优势。如果需方对价格敏感，需方就会对行业内企业形成较大的成本压力。如果需方采购量大，就有很强的讨价还价能力。如果需方转而购买替代品的转换成本小，对行业内企业压力就大。

2. 供方对行业内企业的影响。这种影响也主要取决于供方与行业内企业的讨价还价能力。

3. 替代品的威胁。当一种产品的相对价格高于替代品的价格时，顾客就会转而购买替代品。

4. 新加入者的威胁。当行业具有较高的投资回报时，就会吸引很多潜在的加入者。新加入者的竞争将导致行业内平均利润下降。

5. 行业内企业的竞争。行业内企业既有竞争，又有合作。行业内企业的竞争程度取决于以下一些因素：

（1）行业内企业数量和力量对比。当数量较多且力量比较均衡时，竞争较激烈，当数量较多但力量不均衡时，多按龙头企业建立的游戏规则行事，行业竞争较平稳。

（2）行业市场的增长速度。在市场迅速增长期，竞争弱；反之，竞争强。

（3）行业内企业差别化程度与转换成本。当每个企业都服务于一个差别化的细分市场时，竞争不激烈；反之，激烈。如果一个企业可以轻易转换到另一个细分市场时，竞争激烈；反之，不激烈。

（4）战略赌注。行业内企业赌注下得很大时，竞争激烈；反之，不激烈。

（5）行规。如无论原材料价格涨落与否，最终产品价格不许改变。在这种情况下，竞争不激烈；反之；激烈。

（6）行业的集中程度。当少数几家企业控制了行业绝大部分销售额时，竞争激烈，尤其是从分散向集中过渡时期，竞争尤为激烈，如国内彩电行业；反之，当行业分散时，竞争较弱，如修鞋行业。

综上所述，竞争越激烈，获利性就越低。因此，通常那些低进入屏障、需方和供方处于较强讨价还价地位、替代品威胁严重、行业内企业竞争激烈的行业，是没有吸引力的行业。

四、内部分析：确认资源与竞争优势

当一个企业的利润率高于行业的平均水平时；我们称该企业具有竞争优势。当一个企业的利润率持续高于行业的平均水平时，我们称该企业具有持续竞争优势。两个因素决定了产品或服务的竞争力：一是价值，用 V 表示；二是成本，用 C 表示。V 是由顾客决定的，是顾客获得的满足程度的度量，按照波特在《竞争优势》（1985 年）中提出的观点，价值是买方愿意为企业提供给他们的产品和服务所支付的价格。但是由于企业之间的竞争，企业只能索取比独占供应情况下 V 要小的价格 P。$V-P$ 是顾客剩余，是顾客认为"我赚了"的部分。由于 V 具有主观性，每个顾客对每种特定的产品或服务的 V 不同，而 P 相同，因此每个顾客的剩余不同。从总体水平上讲，$V-P$ 越大，表明企业之间竞争越激烈；对某个特定企业，$V-P$ 越大，说明顾客的满意程度越高，企业所提供的产品和服务就越有竞争力。$P-C$ 是企业获得的利润。P 是市场中形成的，C 越低，企业获得的利润就越多。$V-C$ 是企业创造的价值。V 越高，C 越小，企业创造的价值就越大，如图 2-3 所示。企业经营的核心就是提高 V 和降低 C。理想的情况是，在提高 V 的同时降低 C，企业创造的价值就越大。但由于降低成本 C 的空间有限，着眼于提高价值 V 有助于揭示竞争优势的来源。在大幅度提高 V 的同时，控制 C 不变或 C 只有小幅度上升，是比较现实的情况。

提高 V 主要依靠差异化策略，与众不同的产品和服务，包括不同的设计、不同的功能、不同的质量、不同的品牌、不同的服务，使顾客认为价值高而愿意支付较高的价格。降低 C 主要依靠低成本策略，日本企业不断消除浪费，进行永无休止的改进，使成本不断降低。问题的关键在于企业如何在降低成本的同时，提供有别于竞争者的差异化产品和服务，以创造更高的价值。

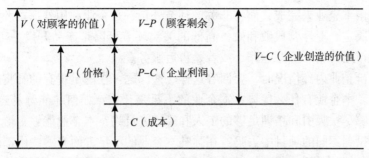

图 2 - 3　价值 *V*、价格 *P*、成本 *C* 关系图

　　价值是在将投入转换成产出过程中形成的。投入转换成产出包括一系列活动，这些活动可以分成两类：基本活动（primary activities）和支援活动（support activities）。每项活动都可能增加产品和服务的价值，如图 2 - 4 所示。

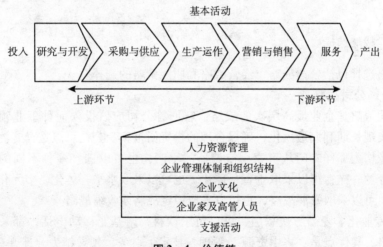

图 2 - 4　价值链

　　基本活动是与产品形成直接相关的活动，包括研究与开发、物资采购与供应、生产、营销和服务。支援活动是支持基本活动的活动，是基本活动取得成效的保证，同时它也为企业创造价值。

　　在企业的各种增值活动中，并不是每种活动都创造出同等的价值。价值的大部分往往来自价值链上某些特定的活动，有时就是因为产品的设计风格独特，有时因为产品的功能独特，使产品的价值大大提高。因此，企业要保持某一产品的竞争优势，并不一定要在所有的增值环节上都保持竞争优势，而只需在这一产品价值链的某些环节上保持竞争优势。抓住了那些关键环节，也就能够提高价值。

关键环节由本企业来完成，而将非关键环节外包，是企业利用外部资源的有效方法。这些决定企业经营成败和效益高低的关键环节可以是产品开发、工艺设计，也可以是市场营销、生产运作，或者是售后服务。

在评价企业内部情况时，要回答这样一些问题：在满足现有的和将来的顾客需求方面，本企业有什么优势？本企业的不足是什么？如何才能弥补这些不足？本企业能够尽快吸引和培训足够的工人和管理人员吗？本企业能够更恰当地将获得的资金投到不同的项目中去吗？在弥补本企业的不足方面有哪些内部限制？

由于条件随时间变化，加上竞争对手的对策也在不断变化，制定战略是一个动态过程和连续的工作。企业管理者需要不断研究新的情况，不断评价内外条件，不断调整、修改战略。一旦战略发生变化，就必须让企业内各个部门都知道，以提高工作的有效性。

企业战略制定之后，就要制定保证战略实施的政策，为下级部门设置目标。企业的各个组成部分在这些政策和目标的指导下运作，从而保证战略目标的实现。

五、战略选择

战略选择包括公司战略、经营战略和职能策略的选择。

（一）公司战略

公司战略是企业最高层次的战略，它回答公司应该投入何种事业领域的问题，以实现长期利润最大化，确保合理的投资回报率。公司可以选择专注于单一事业，像格力那样专门从事家用空调器的生产，也可以选择多种不同的事业领域，像春兰一样；可以采取垂直一体化，也可以采取水平一体化、多元化或者重整，公司可以采取发展战略，也可以采取稳定战略或收缩战略。

1. 专业化。麦当劳快餐店，可口可乐饮料，诺基亚移动电话，都采取了专业化战略。其优点是：集中资源（管理、技术、财务、领导精力）于单一领域，容易取得优势，避免进入不熟悉或无能力创造高附加值领域。可口可乐曾渗透到娱乐事业，后发现管理娱乐事业使其宝贵的经营注意力脱离其核心——饮料事业，于是撤资。当公司从事单一事业时，公司战略和经营战略是一致的。

2. 纵向一体化。纵向一体化（或称垂直一体化）意味着公司自行生产其投入（向后或向上游整合），或自行处理其产出（向前或向下游整合）。

纵向一体化的优点包括：（1）可以提高新竞争者的进入障碍。（2）提高专用资产投资效率。（3）保证产品质量。（4）便于加强计划与控制。

纵向一体化的缺点是：（1）成本劣势。当低成本的外部供应商存在时，纵向一体化的成本较高。（2）纵向一体化缺乏适应技术变化的能力。（3）当需求不稳定时，纵向一体化有极大风险，协调也很有困难。

3. 水平一体化。将非核心业务外包或委外（outsourcing）是近年的一个趋势。外包的优点是，非核心业务由有优势的供应商来做会降低成本，会更有效率，还可提升产品价值；有可能将资源集中到公司的核心能力上；容易回应顾客，适应市场变化。在急剧变化的环境下，各公司都只保留核心业务，将不擅长的业务外包，各个企业都从事最擅长的业务，彼此之间的关系就更加紧密，形成战略联盟，形成集合优势能力的供应链，企业之间的竞争变成供应链之间的竞争。企业为了取得竞争优势，往往通过并购的途径，将从事相同业务的公司合并，而不是将供应链环节上的企业合并（纵向兼并），这就是水平一体化。

4. 多元化。当公司拥有的财务资源超过维持现有的或核心业务的需要，同时又看到令人激动的发展机会，就会利用剩余资源去投资，以创造价值，从而形成不同的业务，称为多元化或多角化。多元化有两种形式：相关多元化和非相关多元化。相关多元化是指经营在技术、生产、工艺、销售等方面有联系的多种业务；不相关多元化是指经营完全不相关的业务。

公司之所以追求多元化，最根本的原因是提高企业价值。市场需要多样化产品，但每种产品的批量都不大，通过多元化可以共用资源和能力，实现范围经济性。但是，波特的研究表明，多元化结果不容乐观，多元化所浪费的价值超过其所创造的价值。其原因主要是多元化使业务大量增加，企业领导精力不够。通用电气 20 世纪 70 年代的总裁琼斯（Jones）指出，我发现无论多么努力地工作，我永远无法深入了解 40 个独立事业单位的计划。

（二）经营战略

1. 波特的三种竞争战略。

（1）成本领先战略。成本领先战略就是要使企业在某项业务上成为该行业内所有竞争者中成本最低者的战略。采用成本领先战略，针对规模较大的市场提供较为单一的标准产品和服务，不率先推出新产品和服务。制造业中福特的 T 型车，服务业中的麦当劳（McDonald's）和沃尔玛（Wall-Mart），都是运用成本领先战略的典型例子。运用成本领先战略一般需要采用高效专用设备和设施；在组织生产的过程中，要提高设备利用率；要对物料库存进行严密控制；要提高劳动生产率；采用低工资率并降低间接费。成本领先战略可获得大量生产、大量销售的好处。

（2）差异化战略。差异化战略的实质是要创造一种使顾客感到是独一无二的产品或服务，使消费者感到物有所值，从而愿意支付较高的价格。这种战略可以有多种形式，如唯一的品牌、唯一的技术、唯一的特点、唯一的服务等。

实施差异化战略的关键是创新。传统的战略都是把竞争对手击败的战略，考虑的都是如何战胜对手，如何扩大市场占有率，如何把竞争对手正在做的事情做得更好。这种战略好比众多的人要分享一块大小已经确定的饼，每个人都希望分到的份额大一些，结果拼个你死我活。新的战略是从用户需求出发，考虑用户需求的变化，并通过技术创新提供使顾客更为满意的产品和服务。这好比重新做一个不同的饼，它能满足顾客不同的需求。要做一个不同的饼，就需要创新。因此，新的竞争战略被称作"基于创新的战略"。按照创新战略，竞争对手可能成为合作者，公司之间既有竞争，又有合作。在急剧变化的时代，与其努力赶上和超过竞争对手，不如联合起来致力于创新，实现共赢（win-win）。在"做饼"的时候合作，合作才能共同创造市场，不合作将导致"双输"；在"分饼"的时候竞争，不应该忘记自己的利益，否则是"你输他赢"，合作就不会继续。国外有人将这种情况称为"合争"（co-opetition）或译成"竞合"。

（3）集中一点战略。成本领先和差异化都是雄霸天下之略，而集中一点战略是对选定的细分市场进行专业化生产和服务的战略，它为特定的狭窄目标市场顾客的特殊需求提供良好的产品和服务。绝大部分小企业都是从集中一点战略起步的。

2. 快速响应战略。快速响应战略是基于时间竞争的产物，它要求企业更快捷地提供产品和服务。响应通常是指生产运作系统具有柔性，从而能够适应需求的变化。惠普公司在竞争激烈的个人计算机市场中既做到了设计柔性，又做到了数量柔性。惠普公司的产品生命周期通常只有数月，而在这短暂的产品生命周期中，需求数量和成本因素又经常会发生急剧变化。但是惠普公司成功地通过快速更新产品设计和生产数量，来应对设计和需求数量频繁变化的市场，从而获得了持续的竞争优势。

响应的第二层含义是能够可靠地按计划交货。尽管德国的劳动力成本全世界最高，但德国机械行业通过可靠的响应保持了竞争优势；这种响应体现在可靠的计划方面。德国机械行业的公司制订了翔实的计划，他们认真执行了这些计划。此外，他们还就这些计划事先和顾客进行沟通，于是顾客也信赖这些计划。因此，可靠响应所产生的竞争优势增加了最终顾客的价值。

响应的第三个方面是速度。在设计、生产和交货方面均提高速度。摩托罗拉公司3天就可以交付定制的传呼机，采用快速响应战略的企业能获得竞争优势。

（三）职能策略

职能策略是增进企业内职能性操作效果的策略，如生产、营销、财务、研究与开发、人力资源管理等策略，当然也包括跨职能的策略。通过职能策略的实施，实现高效率、高质量、创新和良好的顾客回应，以取得低成本和实现差异化，从而赢得竞争优势。

高效率导致低成本，良好的顾客回应造成差异化，具有创新和高质量的产品往往既能提高差异性又能降低成本。

效率、质量、创新以及好的顾客回应，都与生产运作有密切关系。要提高企业创造的价值，就要提高价值和降低成本。价值和成本都与生产运作活动密切相关。

效率是投入和产出的比较，是生产运作过程中形成的。如果其他条件相同，效率高可以获得低成本优势。以往的生产管理教科书都把生产率作为最主要竞争因素。后来，质量提高到战略性高度，成为主要竞争因素，质量会增加顾客心目中产品的价值。质量也是生产运作过程中形成的，不是检验出来的。有创意的新产品，首先要设计出来，设计也属于生产运作范畴，设计的产品要变成实际的产品，还要经过制造。创新可以造成差异化，生产过程的创新对提高产品质量和降低成本有重要作用。对顾客的及时响应，完全取决于生产过程的准时性。因此，生产运作管理对于提高企业的竞争力具有举足轻重的作用，核心运作能力是企业形成核心竞争力的保证。

第四节 理论知识点二：企业生产运作策略

生产运作策略主要包括 3 方面内容：生产运作的总体策略；产品或服务的选择、开发与设计策略；生产运作系统的设计策略。

一、生产运作的总体策略

生产运作的总体策略包括 5 种常用的生产运作策略：

（一）自制或购买

这是首先要决定的问题。如果决定制造某种产品或由本企业提供某种服务，则需要建造相应的设施，采购所需要的设备，配备相应的工人、技术人员和管理人员。自制或购买决策有不同的层次。如果在产品级决策，则影响到企业的性质。产品自制，则需要建制造厂；产品外购，则需要设立经销公司。如果只在产品装配阶段自制，则只需要建造一个总装配厂，然后寻找零部件供应厂家。由于社会分工大大提高了效率，一般在作自制或购买决策时，不可能全部产品和零部件都自制。

（二）低成本和大批量

早期福特汽车公司就是采用这种策略。在零售业，沃尔玛（Wall-Mart）和凯玛特（K-Mart）公司也是采取这种策略。采用这种策略需要选择标准化的产品或服务，而不是顾客化的产品和服务。这种策略往往需要高的投资来购买专用高效设备，如同福特汽车公司当年建造 T 形车生产线一样。需要注意的是，这种策略应该用于需求量很大且在短时期内不会改变的产品或服务。只要市场需求量大，采用低成本和高产量的策略，就可以战胜竞争对手，取得成功，尤其是在居民消费水平还不高的国家或地区。

（三）多品种和小批量

对于顾客化的产品，只能采取多品种和小批量生产策略。当今世界消费多样化、个性化，企业只有采用这种策略才能立于不败之地。但是多品种小批量生产的效率难以提高，对大众化的产品不应该采取这种策略；否则，遇到采用低成本和大批量策略的企业，就无法与之竞争。

（四）高质量

质量问题日益重要。无论是采取低成本、大批量策略还是多品种小批量策略，都必须保证质量。在当今世界，价廉质劣的产品是没有销路的。

（五）混合策略

将上述几种策略综合运用，实现多品种、低成本、高质量，可以取得竞争优势。现在人们提出的"顾客化大量生产"或称"大量定制生产"，既可以满足用户多种多样的需求，又具有大量生产的高效率，是一种新的生产方式。

二、产品或服务的选择、开发与设计策略

企业进行生产运作，先要确定向市场提供的产品或服务，这就是产品或服务选择或决策问题。产品或服务确定之后，就要对产品或服务进行设计，确定其功能、型号、规格和结构；接着，要对制造产品或提供服务的工艺进行选择，对工艺过程进行设计。

（一）产品或服务的选择策略

提供何种产品或服务，最初来自各种设想。在对各种设想进行论证的基础上，确定本企业要提供的产品或服务，这是一个十分重要而又困难的决策。产品或服务的选择可以决定一个企业的兴衰。一种好的产品或服务可以使一个小企业发展成一个国际著名的大公司；相反，一种不符合市场需要的产品或服务也可以使一个大企业亏损甚至倒闭。这已为无数事实所证明。产品决策可能在工厂建成之前进行，也可能在工厂建成之后进行。要开办一个企业，首先要确定生产什么产品。在企业投产之后，也要根据市场需求的变化，确定开发什么样的新产品。

产品本质上是一种需求满足物。产品是通过它的功能来满足用户某种需求的。而一定的功能是通过一定的产品结构来实现的。满足用户需求，可能有不同的功能组合。不同的功能组合，由不同的产品来实现。因此，可能有多种产品满足用户大体相同的需求，这就提出了产品选择问题。比如，同是为了进行信息处

理，是生产普通台式计算机还是生产笔记本计算机？同是为了货物运输，是生产轻型车还是生产重型车？必须作出选择。

产品选择需要考虑以下因素：

1. 市场需求的不确定性。人的基本需求无非是衣、食、住、行、保健、学习和娱乐等方面，可以说变化不大。但满足需求的程度的差别却是巨大的。简陋的茅屋可以居住，配有现代化设备的高级住宅也可以居住。显然，这两者对居住需求的满足程度的差别是很大的。人们对需求满足程度的追求又是无止境的，因而对产品功能的追求无止境。随着科学技术进步速度的加快，竞争的激化，人们"喜新厌旧"的程度也日益加强，这就造成市场需求不确定性增加。由于某企业推出全新的产品，一夜之间使得原来畅销的产品销量一落千丈。现实情况是，很多企业不注意走创新之路。当电风扇销路好时，大家都上电风扇；洗衣机走俏时，大家都上洗衣机；农用车好赚钱时，又纷纷上农用车；后来又是 VCD 大战、彩电大战、空调大战。结果，或者由于市场容量有限，或者由于产品质量低劣，造成产品大量积压，企业因此而亏损。因此，企业在选择产品时，要考虑市场需求的不确定性，要考虑今后几年内产品是否有销路。

2. 外部需求与内部能力之间的关系。在外部需求与内部能力之间的关系上，首先要看外部需求。市场不需要的产品，企业有再强的技术能力和生产能力，也不应该生产。同时，也要看到，对于市场上需求量大的产品，若与企业的能力差别较大，企业也不应该生产。企业在进行产品决策时，要考虑自己的技术能力和生产能力。一般地讲，在有足够需求的前提下，确定生产一个新产品取决于两个因素。一是企业的主要业务。与企业的主要业务差别大的产品，不应生产。汽车制造厂的主要业务是生产汽车，绝不能因为彩色电视机走俏就去生产彩色电视机。因为汽车制造厂的人员、设备、技术都是为生产汽车配备的，要生产彩色电视机，等于放弃现有的资源不用，能力上完全没有优势可言，是无法与专业生产厂家竞争的。当然，主要业务也会随环境变化而改变。如果石油资源枯竭，现在生产的汽车都将被淘汰，汽车制造厂可能就要生产电动汽车或者太阳能汽车。二是企业的优势与特长。与同类企业比较，本企业的特长决定了生产什么样的产品。选择没有优势的产品，是不明智的。

3. 原材料、外购件的供应。一个企业选择了某种产品，要制造该产品必然涉及原材料和外购件的供应。若没有合适的供应商，或供应商的生产能力或技术能力不足，这种产品也不能选择。美国洛克希德（Lookheed）"三星"飞机用的发动机是英国罗尔斯—罗依斯（Rolls-Royce）公司供应的，后来罗尔斯—罗依斯公司破产，使得洛克希德公司也濒于破产，最后不得不由美国政府出面担保。

4. 企业内部各部门工作目标上的差别。通常，企业内部划分为多个职能部门，各个职能部门由于工作目标不同，在产品选择上会发生分歧。如果不能解决这些分歧，产品决策也难以进行。生产部门追求高效率、低成本、高质量和生产的均衡性，希望品种数少一些，产品的相似程度高一些，即使有变化，也要改动起来不费事；销售部门追求市场占有率、对市场需求的响应速度和按用户要求提供产品，希望扩大产品系列，不断改进老产品和开发新产品；财务部门追求最大的利润，要求加快资金流动，减少不能直接产生利润的费用，减少企业的风险。一般说来，希望只销售能立即得到利润的产品，销售利润大的产品，不制造不赚钱的产品。由于职能部门工作目标上的差异，往往造成产品决策的困难。销售部门要求创新、发展，愿冒风险，要求保持广而全的多种产品的生产线；财务部门往往守住目前成功的产品，以扩大销售；生产部门由于追求低成本和简化的管理而要求尽可能生产少的品种。各部门之间矛盾的解决，只有通过最高管理层协调。

（二）产品或服务的开发与设计策略

在产品或服务的开发与设计方面，有 4 种策略。

1. 做跟随者还是领导者。企业在设计产品或服务时是做新技术的领导者还是做跟随者，是两种不同的策略。做领导者就需要不断创新，需要在研究与开发方面大量投入，因而风险大。但做领导者可以使企业领导新潮流，拥有独到的技术，在竞争中始终处于领先地位。英特尔公司就是采用的做领导者的策略。做跟随者只需要仿制别人的新产品，费用低、风险小，但得到的不一定是先进的技术。如果跟随者善于将别人的技术和产品拿过来进行改进，则有可能后来居上。这里还有一个是采用最先进的技术还是采用适用技术的问题。最先进的技术一旦拥有，优势在手。但采用先进技术的费用高、风险大。适用技术不一定是最先进的技术，但它是符合企业当前发展的、经过使用检验的技术。采用适用技术费用低，风险也小。

2. 自己设计还是请外单位设计。同自制或购买决策一样，对产品开发和设计也可以自己做或请外单位做。一般的，涉及独到技术的必须自己做。

3. 花钱买技术或专利。利用大学或研究所的成果来节约研究与开发的费用不失为一种聪明的办法。巴特尔（Battle）研究所曾为施乐（Xerox）公司开发复印机产品，强生（Johnson and Johnson）公司曾利用宾夕法尼亚大学的专门技术开发治疗粉刺和皱纹的 Retin—A 产品，利用哥伦比亚大学的专门技术开发一种抗癌药品。企业购买大学或研究所的生产许可证、专利权和设计，不仅少冒风险，而且节约了开发和设计的时间。

三、生产运作系统的设计策略

生产运作系统的设计对生产运作系统的运行有先天性的影响，它是企业战略决策的一个重要内容，也是实施企业战略的重要步骤。生产运作系统的设计有 4 方面的策略，即选址、设施布置、岗位设计、工作考核和报酬，如表 2-2 所示。

表 2-2   生产运作系统的设计

选址	设施布置	岗位设计	工作考核和报酬
按长期预测确定所需能力 评估市场因素、有形和无形 成本因素 确定是建造或购买新设施还是 扩充现有设施 选择具体的地区、社区和地点	选择物料传送办法和配套服务 选择布置方案 评估建设费用	按照技术、经济和社会的可行性确定岗位 确定何时使用机器和/或人力 处理人机交互 激励员工 开发、改进工作方法	工作考核 设置标准 选择和实施报酬方案

（一）选址

生产服务设施建在什么地点的问题，对企业的运行效率和效果都有先天性的影响。在当年"要准备打仗"的思想指导下，我国一些工厂进了山沟，造成今天生产成本高、管理难、发展难的局面。大学、餐馆、商店也都有选址问题。有的大学就是因为过去迁址造成今天难以发展的局面。

在工厂建成运行之后，有时也需要扩大生产能力。采取扩充现有设施的办法比较经济易行，但往往受到空间的限制。另一种办法就是购买或租赁厂房或服务设施，但不一定能够满足要求。第三种办法是另找地方建造新设施。这种办法选择的余地较大，但需要大量资金。设施还有一个集中还是分散安放的问题。

（二）设施布置

设施布置对生产运作的效率有很大影响。设施布置不当，会造成运输路程长，运输路线迂回曲折，不仅浪费了人力、物力资源；而且延长了生产周期。

不同生产类型的设施布置形式不同。对大量大批生产，一般采用流水线布置。对多品种小批量生产，一般采用按功能布置（layout by process），即将完成相同功能的机器设备布置在一起。按功能布置有较高的柔性，但物料运送的路线长。第三种是固定位置布置（fixed position layout），将原材料、零部件和人员集中到一个特定的地点，被加工的工件不动，机器设备和工具按加工需要配置，使用过的设备和工具随时拿走。飞机制造就是采用固定位置布置，大型电站锅炉的安装也是固定位置布置。采用固定位置布置的原因很简单：工件太大，不能移动。外科手术也是固定位置布置，病人（工件）在动手术时是不能移动的。第四种布置形式是生产单元。按生产单元布置，把不同的设备集中到一起，进行有限范围内的产品生产。在生产单元中，机器设备不动，工件的移动也很有限。

除了生产设备布置以外，设施布置还包括物料传送方法和其他服务性设施的选择和配置。

对于服务业，确定设施布置时，要考虑生产过程的组织方式。是准制造式（quasi manufacturing）、顾客参与式（customer-as-participant）、还是顾客产品式（customer-as-product）？不同的运作方式的设施布置不一样。麦当劳（McDonald's）采用的是准制造式，在全世界都取得了成功，它为顾客提供的服务是标准化的，与顾客的接触也很少，有形的物品超过了无形的服务。

（三）岗位设计

岗位设计是制定与每个员工工作有关的活动的正规的和非正规的说明，包括岗位的结构和与同事、与顾客之间的联系。岗位设计有不同的指导思想和方案。一种是进行细致分工，使每个员工只完成最简单的操作。这样可以提高工作效率，从而提高生产系统的产出。福特最早的流水生产线上的岗位就是这样设计的。但这种方式使工作单调乏味，遭到工人的反对。另一种是进行粗略分工，每个员工都从事不同的操作，使工作丰富化。这样可以提高员工的工作兴趣，但在一定程度上牺牲了效率。

在岗位设计上要正确处理人机分工关系。现在，完全用手工进行工作的情况很少。一般都使用机器（包括计算机）来完成既定的任务。因此，在岗位设计时要正确处理人机分工关系。人是最灵活而富有创造性的，适于完成非例行的工作；机器能比人更持久、更准确地完成程序化的工作，但没有人的能动性。如果让人做机器能做的事，不仅浪费了宝贵的人力资源，而且是不人道的。岗位设计要使机器和工作环境适合人的能力和需要，而不是相反。道理很简单：人不能重新设计来适应机器，机器可以重新设计来适应人。

（四）工作考核和报酬

对人的工作业绩要进行考核，并将考核结果与报酬挂钩。这样才能激励员工努力工作，不断改进工作方法，发挥创造性，提高工作效率。报酬涉及工资和薪水的数量和发放办法。通常有两种计酬办法：计时付薪和按贡献付薪。计时付薪就是按小时、天或月付薪，适用于难以量化的工作。按贡献付薪包括计件和承包等办法，适用于能够量化的工作。报酬系统的选择和设计对于发挥最重要资源的潜力有十分重要的影响。

第五节 模拟实验项目

实验一：公司的 SWOT 分析

一、实验内容

根据公司所处的内外部情况，用 SWOT 方法进行分析。

二、实验步骤

1. 通过本章所提供的实验环境与条件一章的有关信息，结合模拟实习公司的初始条件和外部公司的有关状况，进行仔细分析。

2. 利用 SWOT 分析的四个部分，对每个部分进行详细的评述。

三、实验要求

制定出规范、详细的公司 SWOT 分析报告，分析报告要求从以下四个方面进行思考：

1. 对公司自身优势的分析，必须从以下几个角度考虑：一是公司的技术与产品，与竞争对手之间的差异，自身的优势如何；二是公司的财务状况，现有的财务状况是否能维持好目前的公司运作；三是公司技术与新产品的研发能力，是否具备比竞争对手强的优势；四是公司的人力资源状况，人力资源能否支持现在和未来的发展；五是公司的管理水平，是否达到了规范化、高效率的管理，以及还存在什么差距。

2. 公司存在差距的分析，公司存在的差距必须从两个维度考虑：一是公司自身纵向对比，二是公司与外部竞争对手的横向对比，充分挖掘公司在技术、产品、研发、财务、生产、管理等方面存在的不足，提出相应的解决措施。

3. 公司存在的机会。公司存在的机会指在经营过程中业绩不断提升、不断发展壮大的机会，这一部分的主要内容应该包括如何利用公司自身所具有的优势（技术、产品、研发、资金、市场、管理等）来捕捉公司发展的机会，这些机会包括新产品投放市场、拓展不同区域市场、加强管理和技术改造来降低经营成本、提高产品的市场占有率等。必须依据已有的资料，结合公司的优劣势来进行具体的分析。

4. 公司存在的威胁。公司存在的威胁是指市场发生变化、竞争对手在不断改变自身竞争力的情况下，结合公司各方面的劣势，去发现公司在未来发展过程中存在的瓶颈或威胁，在此基础上，提出未来的应对策略。

四、问题与思考

1. 你对公司的 SWOT 分析是怎样理解的？
2. 对公司进行 SWOT 分析应具备什么样的前期准备？为什么？
3. 对本章所提供的有关公司信息进行 SWOT 分析可行吗？还需要提供什么信息？
4. 公司的 SWOT 分析要达到什么目的？
5. 在什么样情况下需要对公司进行 SWOT 分析？

实验二：公司生产运作战略制定

一、实验内容

根据公司内外部资源状况，制定公司的运作战略。

二、实验步骤

1. 了解并熟悉公司生产运作战略的总体框架，可以从本章所提供的知识点进行学习。
2. 对公司资源状况进行整理分析，对竞争对手状况进行分析。
3. 根据公司生产运作战略框架要求，每一部分内容进行详细组织与整合。

三、实验要求

公司团队进行分工合作，在充分研讨的基础上制定公司生产运作战略规划，提交公司的生产运作战略规划书。

四、问题与思考

1. 你对公司生产运作战略的重要性有什么样的理解？为什么？
2. 公司生产运作战略包含了哪些方面？简述之。
3. 公司生产运作战略与公司战略存在什么样的关系？
4. 当公司生产运作战略出现失误时，可能在哪些方面会对公司造成危害？
5. 要制定好公司生产运作战略，你的建议有哪些？

〔案例分析〕

我们绝不做追随者

生力公司是模拟经营市场中的一家从事电子产品生产制造的高科技公司，为应对市场竞争，做好公司成功的继任者，公司管理层一上任之后即着手制定公司的发展战略。但由于公司管理人员之前都没有制定战略的经验，为确保公司战略的前瞻性和准确性，公司要求每位高层管理人员都必须制定一份公司的经营战略。公司管理层成员在对实习资料认真研究之后，根据自己的专业知识以及本职能部门的特点制定了公司的整体战略。由于公司管理层人员制定的战略大多都是从本部门出发来制定公司的整体战略，并且都希望自己所提出的战略规划能在公司战略中得到重要体现，因此在确定公司战略时颇费周折，公司最后只好决定投票确立公司战略。在确定公司战略时，这次世界性的经济金融危机对企业造成的重大危害给了他们非常深刻的印象，许多著名的大公司一夜之间就倒闭的残酷事实让他们明白，对于企业来讲安全经营是更为重要的，哪怕是公司为此会放弃一些盈利的机遇也是值得的。最后公司确立的战略是："我们只做行业的稳健经营者，不做行业的冒险者"。公司战略确定之后，要求公司管理层人员分别制定本部门的战略。

但并不是公司所有管理人员都同意这种战略，小张就是其中之一。小张是公司生产部总监，来自于工商管理专业，是学院里公认的优等生，对于生产管理尤其有自己独到的见解。这次他向公司提交整体战略之前，他个人付出了很多。首先，他对实习资料进行了详细研读，对于资料中有关生产制造部分更是精通；另外，为了制定公司的整体战略，他还特地向其师兄取经。经过深思熟虑之后，他所提出的战略是：我们绝不做追随者。不过，他所提出的战略并没有被公司所采纳，为此他也郁闷过几天，他认为公司的管理层过于保守，缺乏进取精神。现在公司让他们制定各自部门的战略，他觉得机会来了，他要向公司证明他所提出的战略是正确的。

为了确保他所提出的产品战略是正确的，为了做到论据充分，分析合理，小张再一次将资料中所有有关生产部分的资料进行了整理和分析，并且利用战略分析工具，如 SWOT 分析等对数据进行处理，最后他提出的产品战略是：我们绝不做追随者。其主要理由是：

1. 公司从一开始就投入资源进行产品研究，会向市场、向顾客传递一种比较积极的信号，使公司的顾客以及潜在的顾客增加对公司的好感，提升公司的美誉度。

2. 如果公司率先研发成功 P2、P3、P4 等产品，则会使公司一开始就具有强大的技术优势，并且根据规则，公司可以申请这几款产品的专利。一旦专利获批准，则公司就迅速在市场上建立起了进入门槛，有利于公司领先战略的达成。

3. 公司可以出售产品专利权来获取巨额现金流，继而支持公司在研发、技术升级改造、人才培训等方面的继续投入，维持公司的技术领先地位。

4. 公司可以利用技术优势和资源优势，建立起先进的生产制造系统，将公司的手工线、半自动线等较落后的产能进行升级改造，转换为能更快适应市场变化、产能更大的柔性生产系统，从而为维护公司在产品市场的领导地位做好坚强的后盾。

"我们绝不做追随者"，这是生力公司的产品战略，小张正满怀信心地推进他的这一战略，仿佛觉得他已经成为市场的王者。

案例评析

公司战略是公司为应对外部环境变化所制定的在未来一定时期内行动的纲领性策略，公司战略一旦制定，就应该是公司从决策层到执行层都应执行的策略。但显然本案例中的公司并没有执行这一方针，虽然公司的战略是"我们只做行业的稳健经营者，不做行业的冒险者"，但生产部的部门战略却是"我们绝不做追随者"，明显不一致。无论生产部理由是如何的充分，它也不应采取与公司整体利益不一致的行动。

第
二
篇

企业系统设计

第三章 企业组织与生产系统构建

第一节 仿真模拟实习企业组织与生产系统构建概述

企业是由人和设施构成的一个系统，任何企业都不能例外。企业的组织系统是针对企业中的人而言，企业中大量的人员需要进行组织管理才能各司其职，才能进行有秩序、有效率的工作；企业的生产系统是企业之所以能够进行生产活动的前提，企业必须根据产品和技术的选择来构建生产系统。企业只有构建了有效的组织系统和生产系统后才能进行相应的生产经营活动。

作为仿真模拟实习，在给定的初始化资源条件下，虚拟的公司必须根据自身的经营战略来构建自己的组织系统和生产系统。在组织系统方面，可以根据已有的组织系统理论来设计符合自身企业需要的组织架构，并使企业能够顺利运作；在生产系统上，根据公司的经营战略来设计生产流程和设施。本章通过对企业组织理论和生产系统设计理论的介绍，为仿真模拟实习提供理论指导。

第二节 实验环境与条件

一、公司性质

第 8 年开始，仿真企业将由新一届管理团队经营管理。他们接手公司之后，首先要对本公司进行变更登记，并明确公司的性质。

1. 公司变更登记。在正式开始经营之前，生产制造公司首先必须到仿真市场工商行政管理部门进行变更登记。变更登记时，公司可以变更公司名称和公司章程，换发新的营业执照。

变更登记前，由公司自行定义公司名称、确定经营地址，制定公司章程、品牌、商标等。做好上述准备工作，就可以到工商行政管理部门进行变更登记，取得新的营业执照。

生产制造公司变更登记之后，需要在仿真市场税务部门重新进行税务登记，取得公司税务登记号。

在取得新的营业执照和税务登记号后，需要选定开户银行，开立银行结算账户，并获取银行账号。

仿真市场其他公司或者经营性组织，都需按上述基本步骤登记注册，领取营业执照，取得税务登记号，开立银行账户。

2. 明确公司性质。仿真市场中的生产制造公司为股份有限公司，属于非上市公司；其行业性质为制造业，属于电子行业。仿真实习环境中的其他仿真企业属于有限责任公司，是生产制造公司的上下游公司，包括供应商、客户或者服务性公司。

经仿真实习环境税务部门审核，所有仿真公司都具备增值税一般纳税人资格，是增值税一般纳税人。

3. 确定公司编码。仿真市场中的每一个生产制造公司都有一个唯一的编码，编码规则由工商行政管理部门负责设计，并在变更登记所换发的营业执照上标明该编码。仿真生产制造公司在从事具体生产经营活动过程中填写各种单据、签订合同、业务往来、提交决策方案和实习资料时，都必须标明公司编码和公司名称。

二、公司组织结构

要经营好公司，首先就要搭建公司组织架构。每家生产制造公司的组织结构和职位设置等由小组成员（即仿真公司的新一届管理者）自行商定。我们对仿真公司的组织构架和职位职责提出一个一般方案，供各个公司管理层参考。各个公司可以根据本公司生产经营特点和管理的需要，构架本公司的组织结构，确定本公司各个部门的职位和岗位职责，但必须符合现代公司组织架构的基本要求。

公司总经理可由任何专业的同学担任，但是必须具有较强的组织才能，具有良好的沟通能力和协调能力，既民主又果断。其他职位人选需要考虑专业特长，能够发挥专业优势。每个公司总经理可在管理团队范围内直接选举产生，也可以通过竞选决定。

表 3 –1 生产制造公司组织架构和主要职位职责参考表

部门	职位（角色）	主 要 职 责	姓名	专业
行政部	总经理 CEO	对公司经营发展负全面责任		
	秘书	会议记录；搜集资料；协调关系等		

续表

部门	职位（角色）	主要职责	姓名	专业
财务部	财务总监CFO	对公司的财务管理负全面责任；拟订筹资、投资方案；编制财务预算		
	会计主管	记录经济业务，组织会计核算；登记账簿；对账，结账；编制财务报告		
	出纳	负责现金收付，登记日记账等		
	审计	负责公司内部审计		
人力资源部	人事主管	制定人事管理制度、分配制度		
	劳资主管	负责职称、技术晋级；劳资		
	培训主管	制订员工培训方案，实施培训		
市场部	市场总监	全面负责公司营销规划与管理		
	销售主管	负责销售业务与管理，销售预算		
	市场与客户主管	市场开发决策、客户关系管理		
	信息主管	搜集宏观、微观经济信息，搜集市场信息、分析预测市场需求；制作并维护公司网页，上传公司资料		
生产部	生产主管	对公司生产管理负全面责任，生产预算，设备需求计划		
	业务主管	产销排程，车间作业，材料需求计划；新产品研发、ISO研发		
采购部	材料采购主管	材料采购计划、采购合同、组织采购、采购预算		
	设备采购主管	设备采购计划、采购合同、组织采购、专门预算		
物流部	仓储主管	负责记录出入库业务，计算仓储费用		
	运输主管	拟订并实施物流方案		

三、仓储设施

1. 现有仓库及其容量、仓储费。

表 3-2　　　　　　　已有仓库及其容量、仓储费

指标		原料仓	半成品仓	成品仓
最大容量（单位）		10 000	5 000	5 000
仓储费	元/单位/天	0.08	0.17	0.20
	元/单位/月	2	4.5	5

注：假定所有原材料的单位体积相同；所有半成品的单位体积相同；所有成品的单位体积相同。

2. 租用第三方物流公司仓位。当自有仓库无法满足公司货品仓储需要，或公司由于整体战略规划的要求，或根据仓储方案进行成本效益的比较分析，可选择租用第三方物流公司仓位。

租用第三方物流公司仓位程序：

（1）制订仓位租用方案，内容包括储存货品、数量、时间、租用仓位数、公司报价、货品损失责任等。

（2）租用方案报请物流部经理审批。

（3）向第三方物流公司询价。

（4）与第三方物流公司协商谈判，签订仓储合同（参见本书第四章中"第三方物流公司业务规则"）。

（5）总结分析租用效果。

3. 仓储业务管理规则。

（1）严格记录所有货品出入库情况。

（2）月末必须进行仓库盘点和存货核算，并对当月库存情况进行分析。

（3）月末必须将原材料、半成品库存情况通知生产部；将产成品库存情况通知市场部。

4. 仓库取得规则。公司的各种仓库具有一定容量，公司存货超过仓库容量限制时，除向第三方物流公司租用仓位外，还可以通过分期自建和向租赁公司租入两种方式增加新的仓库。

无论自建还是租用，都需要办理相关手续，取得相应证明。

四、生产规则

生产制造公司在生产过程中必须按照生产规则制订生产计划、人员需求计划、下达生产任务、安排车间作业，控制生产过程，进行生产预算、内部项目投资预算，提出采购请求等工作，每一项工作都要遵守既定的生产规则。

（一）建筑物取得规则

生产制造公司建筑物包括厂房、仓库和行政大楼。公司的建筑物可以自行建造，也可以从租赁公司租用，到底采用什么方式获取厂房、仓库等，公司具有自主决策权。

1. 厂房取得规则。如果生产制造公司决定自行建造厂房、仓库等建筑物，则需要分期购买建筑材料；如果购买已经建好的现房，则需要一次性付清款项。建筑材料和房屋价格都是变动的，其价格可能受宏观经济、通货膨胀及其供求关系的影响，生产制造公司不仅要为取得建筑物的方式进行决策，同时还要预测市场供给总量、需求总量以及市场价格的变化，为此，生产制造公司需要及时搜集有关信息，以便科学正确地进行决策。

生产制造公司生产用厂房可以自行购买建筑材料分期自建，也可以采用经营租赁的方式从租赁公司直接租用现房。无论自建还是租用，都需要搜集市场价格和市场供求状况等信息，按照当时的市场价格进行交易，同时办理相关手续，取得相应证明。

公司可以购买或者建造的厂房类型共有 6 种，目前已经搜集到第 7 年市场上关于厂房的基本信息，公司的管理决策人员必须明白，这些信息是变动的，只能作为参考依据，不能据此直接进行决策。

表 3 – 3　　　　　　　　　　　　厂房基本信息

厂房	容量（条）	价值（万元）	残值（万元）	折旧年限（年）	自建周期（季度）	建造成本（万元/季）	租赁费用（万元/季）
A 厂房	4	310	10	20	4	77.50	10
B 厂房	2	210	10	20	2	105	7
C 厂房	2	215	15	20	2	107.50	8
D 厂房	2	220	20	20	2	110	8
E 厂房	2	230	30	20	2	115	8
F 厂房	2	240	40	20	2	120	8

注：(1) A 厂房为自有厂房，公司随时可以出售、出租；

(2) 公司自有厂房可以出售、出租，但是只能出租给租赁公司，不得在生产制造公司之间租赁；

(3) 厂房只能按年租用，一次性签订一年以上租期租赁合同的，其价格需要考虑市场未来发展变化情况，按市价确定租赁价格；

(4) 本表中厂房租赁价格和建造价格为第 7 年的价格信息，厂房的市场租赁价格和建造价格将随着供求关系和宏观经济环境的变化而变化，厂房未来的租赁价格由租赁公司根据市场情况浮动定价。

2. 仓库取得规则。生产制造公司的仓库包括原材料仓库、半成品仓库和产成品仓库。公司可以购买建筑材料分期自建仓库，也可以从租赁公司直接租入使用。无论自建还是租用，都需要搜集市场价格和市场供求状况等信息，按照当时的市场价格进行交易，同时办理相关手续，取得相应证明。

公司需要的仓库有 3 种类型，目前已经搜集到第 7 年市场上关于仓库的基本信息，公司的管理决策人员必须明白，这些信息是变动的，只能为参考，不能据此直接进行仓库取得方式的决策。

表 3 – 4　　　　　　　　　　　　　　仓库基本信息

厂房	容量	价值 （万元）	残值 （万元）	折旧年限 （年）	自建周期 （季度）	建造成本 （万元/季）	租赁价格 （万元/季）
原材料仓	10 000	105	5	10	2	52. 50	10
半成品仓	5 000	85	5	10	2	47. 50	7
产成品仓	5 000	110	10	10	2	55. 00	8

注：（1）对于自有仓库，公司随时可以出售、出租；

（2）公司自有仓库可以出售、出租，但是只能出租给租赁公司，不得在制造商之间租赁；

（3）仓库只能按年租用；

（4）本表中仓库租赁价格和建造价格为第7年的价格信息，仓库的市场租赁价格和建造价格将随着供求关系和宏观经济环境的变化而变化，仓库未来的租赁价格由租赁公司根据市场情况浮动定价。

3. 行政大楼取得规则。生产制造公司已经拥有自己的行政大楼，不需要另行建造。

（二）生产设备投资、租赁规则

生产制造公司的设备包括生产设备和运输设备等，其中生产设备包括生产设备和辅助生产设备。

生产制造公司的生产设备可以购买并支付安装费用，分期安装，也可以采用经营租赁的方式从租赁公司租用。无论购买还是租用，都需要搜集市场价格和市场供求状况等信息，按照当时的市场价格进行交易，同时办理相关手续，取得相应证明。

生产制造公司如果决定购买生产设备，则付款方式可以选择分期付款和一次性付款。

公司需要各种类型的生产设备，目前已经搜集到第7年市场上关于设备的基本信息，这些信息可能是经常变动的，因此，这些信息只能参考，不能作为决策的唯一依据。

表 3 – 5　　　　　　　　　　　　　　生产设备基本信息

设备类型	价值 （万元）	残值 （万元）	折旧年限 （年）	安装周期 （月）	分期付款 （万元/季）	租赁费用 （万元/季）
手工生产线	205	5	5	0	205	—
手工装配线	205	5	5	0	205	—
半自动生产线	410	10	5	2	205	40
半自动装配线	410	10	5	2	205	40
全自动生产线	730	30	5	4	182.5	80
全自动装配线	730	30	5	4	182.5	80

续表

设备类型	价值（万元）	残值（万元）	折旧年限（年）	安装周期（月）	分期付款（万元/季）	租赁费用（万元/季）
柔性生产线	1 050	50	5	4	262.5	100
柔性装配线	1 050	50	5	4	262.5	100
动力设备	220	20	10	2	110	—

注：（1）自有设备可以出售、出租，但是只能出租给租赁公司，不得在制造商之间租赁；

（2）生产设备可以按季度或者年度租用，租赁期不同可能租赁价格不同；

（3）本表中生产设备租赁价格和购买价格为第7年的价格信息，设备的市场租赁价格和购买价格都将随着供求关系和宏观经济环境的变化而变化，设备未来的租赁价格由租赁公司根据市场浮动定价；

（4）租入设备需要安装调试才能使用；

（5）每一套动力设备只能为4条生产线（装配线）提供动力，生产制造公司若增加生产线（装配线），需要考虑增加相应的动力设备。

（三）动力设备运营费用规则

公司拥有一套动力设备，就可以为4条生产线（装配线）提供足够的动力。同一套动力设备可以为各类生产设备提供动力服务，各类生产设备消耗的动力费用分为变动动力费用和固定动力费用。

动力设备需要日常维护保养，暂不考虑大修理。

表3-6　　　　　　　　　　动力费用基本信息

动力设备服务对象	变动动力费（元/件）	固定动力费（万元）
手工线（生产、装配）	5	动力设备每年计提折旧费动力设备的日常维护费
半自动线（生产、装配）	10	
全自动线（生产、装配）	15	
柔性线（生产、装配）	20	

（四）设备变更与维护规则

在一段时间内，一类生产设备一般都只能生产（装配）某一种产品，同一设备如果要生产不同产品，就需要改装、变更。设备需要经常维护保养，才能维持正常使用。

1. 设备变更规则。符合一定生产技术要求的生产设备（包括装配设备），可以生产（装配）任何产品；但是一旦开始生产（装配）某种产品，就不能生产（装配）其他产品。如果需要生产（装配）另一种产品（包括半成品），该设备需要花费一定时间进行调整，调整到位后才能生产（装配）另一种产品或者半成品。调整时间和调整费用标准如表3-7所示。

表 3 – 7   设备变更信息表

设　　备	变更周期（月）	变更费用（万元/月）	备注
手工线（生产、装配）	0	0	变更需要清空线上的在制品，变更周期为停工周期
半自动线（生产、装配）	1	5	
全自动线（生产、装配）	3	5	
柔性线（生产、装配）	0	0	

注：装配不同产成品需要的同一半成品，可以在同一设备上加工。

2. 设备维护和修理规则。为了保证生产连续不断进行，需要对机器设备进行维护保养，甚至是维修。本规则规定每条生产线或者装配线每年需要支付固定的维护保养费；每两年大修理一次，在设备大修理期间要求全面停工。

只维护不大修的设备将提前 2 年报废；连续两年没有进行维护保养的设备，将提前 1 年报废。

表 3 –8   设备维护与修理费用标准

设　　备	维护费（万元/年/条或套）	大修理费用（万元/2 年）	停工时间（天）
手工线（生产、装配）	5	—	—
半自动线（生产、装配）	5	10	15
全自动线（生产、装配）	10	20	30
柔性线（生产、装配）	10	30	30
动力设备	10	—	—

注：（1）租赁设备不需支付大修理费；
　　（2）租赁设备在租赁期内需要支付维护保养费；
　　（3）当年新增自有设备不需要支付维护费；
　　（4）当年出售的自有设备不需支付维护费。

（五）生产路线规则

根据产品 BOM 结构，生产每一种产品的原材料不尽相同。P1 产品直接由原材料加工生产；P2、P3、P4 产品都由自制半成品和原材料加工装配而成，需要经过一定的生产工序才能加工装配出产成品。

凡是需要自制半成品才能进一步加工生产产成品的产品，都需要经过两个生产环节，第一步，用原材料加工成半成品；第二步，用自制半成品、其他原材料进一步加工装配成产成品。只有已经完工并经过检验合格的半成品，才能进入下一个环节进行加工或者装配。

产品的生产加工（装配）路线如图 3 - 1 所示。

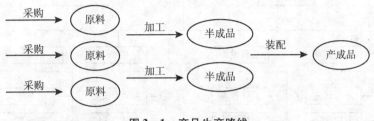

图 3 - 1　产品生产路线

第三节　理论知识点一：企业组织系统构建

每个企业都必须根据自身的情况来构建组织系统，这个组织系统将包含企业运作所需要的各个部门，首先必须强调指出的是，不存在适用于所有组织或所有情况的唯一而又最好的部门划分模式。到底应采用何种模式取决于具体情况，取决于管理人员认为根据面临的情况怎样可以取得最佳结果的看法。

一、单纯按人数划分部门

单纯按人数划分部门是将工作职责相同的人员划归一名管理人员领导。这一方法的实质不是这些人做什么工作，在何处工作，处于何种条件下工作，而是事业的成败仅仅由所需人员的数量决定。

二、按时间划分部门

通常用于组织较低层次的是按时间划分活动。许多企事业单位由于经济、技术或其他方面的原因，正常工作日不能满足需要，普遍采用轮班作业。医院就是这种轮班作业的例子，因为这里必须对病人进行 24 小时的护理。同样，消防队也必须随时准备应付任何突发情况。另外采用轮班制也有技术上的原因，例如，一个炼钢炉不能随意地开闭，炼钢的过程是连续的，要求工人们三班倒。

三、按企业职能划分部门

按企业职能形成的职能部门划分来组织经营活动，体现了企业活动的特点。由于所有企业都要创造人们有用的和需要的东西，基本的企业职能包括生产、销售和财务。把这些活动按生产、销售或营销和财务等部门划分是合理的。图 3 - 2 所示是一家制造业企业典型的职能组织。

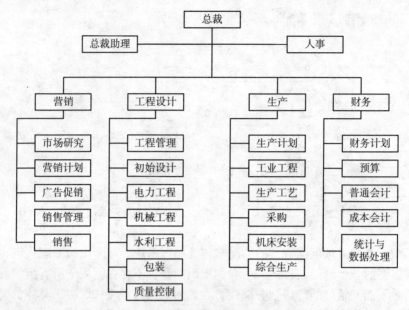

图 3－2　按职能划分部门（制造业企业）

按职能划分部门是组织活动中最广泛采用的基本方法，几乎所有企业组织结构的某些层次都存在这种形式。企业的销售、生产和财务职能的特点被人们所广泛认识并充分理解，所以它们不仅是部门组织的基础，也是最高层组织的基础。

四、按地区或地域划分部门

在经营范围地区很广的企业中，按地区划分部门相当普遍。这样划分部门的企业将一个特定地区或区域的经营活动集中在一起，委托给一个管理人员的做法可能很重要，如图 3－3 所示。

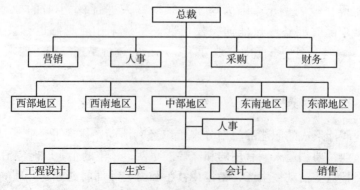

图 3－3　按地区或地域划分部门（制造业企业）

按地区划分部门的方法对规模宏大的公司或其活动在实质上或地理上是分散的那些企业有特别吸引力。然而，一家工厂的活动可能全部在厂内进行，仍需要按地区委派安全部门的工作人员，如在南大门、西大门各设一名警卫。百货公司要按此分派按层巡视员，另外，按此分派守大门的和擦玻璃的清洁工等等的做法也很寻常。公司企业在不同地区进行相似经营活动时常采用这种方法，如汽车装配、联营的零售业和批发业、炼油厂等都如此。许多政府机构如国内收入署、联邦储备局、联邦法院和邮电部门等为了能够同时在全国提供同样的服务，也采取了这种部门划分方法。地区部门划分法最经常的是用在销售和生产方面，金融系统不用，因为它的活动常常集中在总部。

五、按顾客划分部门

在各种企业中，为反映顾客重大利益组织的活动十分普遍。如果一个企业为顾客所做的事统由一个部门领导所掌握，顾客就是用什么方法组织业务活动的关键。一家既向批发商也向零售商销售商品的工业销售部门，就是一个恰当的例子。企业主和管理人员时常据此安排活动，以适应明确划归他们的顾客的需要。教育机关则开设各种正规的和附设课程，为不同类别的学生服务。图 3－4 列举了某银行按顾客类别来划分部门的例子。

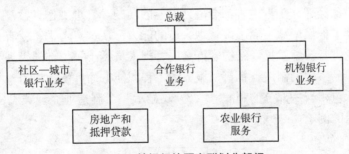

图 3－4　某银行按顾客群划分部门

六、按工艺流程或设备划分部门

按照工艺流程或设备类型组织活动是制造业厂商常用的方法，如按油漆及电镀工艺流程分组，或在一个车间内安排冲压机或自动切丝机等都是此种类型的部门划分。按这种类型的部门划分，人员和材料都集中在一起，以便进行专门的作业。图 3－5 显示这种组织安排。

图 3-5　按工艺流程或设备划分部门

按设备划分部门的一个普通例子是电子数据处理部门。电子数据处理设备，随着容量的日益增大，已越来越昂贵和复杂，因而趋向于将其设为一个单独的部门。多数大公司甚至一些中型公司都设有这种部门。在某些情况下，同企业的中心计算机（或同分时或租赁用的外部计算机）、小型计算机及公司电子计算机联机的工作站往往会减缓集中式计算机部门发展的过程。但大的数据处理部门无疑会继续存在，并在组织机构中继续保持其重要地位。

七、按产品划分部门

在多条生产线生产的大规模企业中，按产品或产品系列对企业活动进行分组的形式正日益显示出其重要性。可以看出，这有一个演变的过程。采取这种形式的公司或其他企业最典型的是按企业职能组织分工。随着公司的壮大，生产经理、销售服务经理和工程主管都会碰到规模的问题。管理工作日益复杂，而管理范围又限制了他们增添直属下级管理人员的能力。从这点考虑，就有必要按产品分工对企业进行改组。这一结构容许高层管理人员授予一位部门管理人员在某一种产品或产品系列的制造、销售、服务和工程职能方面广泛的权力，并要求那些经理每人承包相当一部分的利润。图 3-6 显示一个制造业企业典型的按产品单位划分部门的例子。

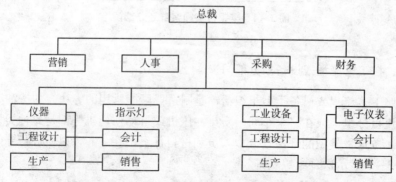

图 3-6　按产品单位划分部门（制造业企业）

八、矩阵组织

另一种部门划分形式是"矩阵"或"方格"组织，或者叫"项目"或"产品"管理。然而，就像在本书后面会看到的，纯粹的项目管理并不需要有"矩阵"或"方格"的含义。矩阵组织的实质乃是在同一组织机构中把按职能划分部门和按产品划分部门结合起来。如图3-7所示，是一个工程部门的矩阵组织，除负责工程职能的职能经理之外，还设有负责最终产品（项目）的项目经理。这种组织形式在工程部门和研究开发部门已较为普遍，也广泛用于产品的营销组织，只不过后者很少用矩阵这一表达方式。

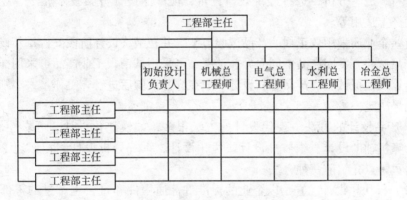

图3-7　工程部门的矩阵组织

第四节　理论知识点二：企业生产系统构建

一、产品与工艺设计

（一）产品设计

1. 产品设计的程序和内容。新产品设计程序是指设计人员，根据事先决定的新产品的性能、机能、大小和重量等目标值，并为实现这些目标值，以技术情报和其他情报为基础，依据自己的创造能力开发新产品的活动过程。产品设计是一种创造性行为，产品设计程序因行业、产品结构的复杂程度、设计方式等不同而有所差异。一般机电产品的设计程序可分为技术任务书、技术设计和工作图设计三个阶段。美国（生产与作业管理）把产品设计程序分为初步设计和最终设计两个阶段。这里按两个阶段介绍如下：

（1）初步设计。这个阶段往往要拟订出若干个能概括所选产品特征的不同方案。一般要确定产品的重要特性，如产品的用途、基本结构、性能（可靠性、可维修性、使用寿命、质量等）、主要技术规格等。对于一般的机械产品来说，产品初步设计阶段包括总体方案设计和外观造型设计、产品的参数及技术性能指标计算、产品的简略总图、传动系统略图、原理结构图等。这个阶段相当于机电产品设计的技术任务书阶段。

（2）最终设计。这是指产品的研制和定型阶段。最终设计的具体内容包括：绘制产品总图、全部工作图，产品的部件、零件、备件、附件、外购件、协作件等明细表，产品的技术要求及指标等。

在这一阶段，还需要对设计方案进行技术经济分析。通过技术可行性分析、功能分析、成本分析，进行经济效益评价，使产品设计方案技术先进、经济合理、生产上适用等。

有些企业还采用较正规的产品试验方案，并在最终设计阶段安排重新设计活动。产品试验方案因产品不同而异，消费品可采用试销，工业产品可采用样机试验或计算机模拟试验。产品重新设计一般在样品试验后进行，工作量大小则根据试验结果决定。

2. 产品设计的方法。现代设计的方法很多，如模块化设计、可靠性设计、电子计算机辅助设计、维修性设计、优化设计、系统分析设计和相似理论设计等。这里重点介绍前三种方法。

（1）模块化设计。它是以企业的标准件、通用件和过去生产过的零部件为基础，用组合方式或堆积木方式来设计新产品。或者是在试验研究的基础上，设计出一系列可互换的模块，然后根据需要选用不同的模块与其他部件组合成不同的新产品。

模块化设计也叫组合设计，其核心是要设计一系列的模块式组件。为此，要从功能分析入手，把产品的零件、组件、部件和系统分解成最合适的功能单元，即研究每个模块组件应包含多少零件、组件和部件，以及在组合设计时每种模块式组件需要多少等。

这种方法最容易实现产品设计自动化，实现利用计算机进行辅助设计。

（2）可靠性设计。可靠性是指在规定的条件和时间，元器件（产品）、设备或者系统稳定完成功能的程度或性质。例如，一个继电器的可靠性可定为0.999 9（即在10 000次试验中失败一次）。但其试验必须符合下列条件：运行时输入电压直流为24伏，环境温度0℃～80℃，湿度小于90%，外壳保持封闭，工作次数不超过100万次，寿命不超过5年。

产品实际使用的可靠性叫做工作可靠性。工作可靠性又可分为固有可靠性和使用可靠性。固有可靠性是产品设计制造者必须确立的可靠性，即按照可靠性规划，从原材料和零部件的选用，经过设计、制造、试验，直到产品出产的各个阶段所确立的可靠性。使用可靠性是指已生产的产品，经过包装、运输、储存、安装、环境、使用、维修等因素影响的可靠性。

可靠性设计就是把可靠性作为产品设计的参考（指标），并在设计开始时，就和其他功能统一考虑。产品的可靠性在很大程度上取决于设计的正确性。因此，设计是可靠性活动的重点。

可靠性设计的内容包括可靠性预测、可靠性的分配。在产品设计的初期阶段，及时完成可靠性预测工作，可以了解产品各零部件之间可靠性的相互关系，找出提高产品可靠性的有效途径。可靠性分配是指把系统规定的允许失效率合理分配给零部件。

（3）电子计算机辅助设计。这是指人和计算机组成一个协同工作的统一体，从事产品的设计，也将其称为电子计算机辅助设计（CAD）。它可以帮助设计师搞出一个产品的轮廓设计，并迅速地反馈到产品技术要求上去，以便达到符合运行条件和其他结构上的要求。

（二）工艺设计

工艺设计指在工艺准备过程中进行工艺过程的选择与设计。其内容主要包括：产品图纸的工艺分析和审查，工艺方案的制订，编制工艺规程，工艺装备的设计、制造，工艺方案的经济分析，计算机辅助工艺过程设计等。

二、厂址选择

1. 厂址选择的重要性。厂址选择就是确定工厂坐落的区域位置和具体地点。工厂建在什么地区、什么地点，不仅影响建厂投资和建厂速度，而且还影响工厂的生产布置和投产后的生产经营成本。它直接关系到企业的成败和得失。其重要性如下：

（1）影响新厂的建设速度和投资规模。因为厂址选择决定着企业生产过程的结构状况，所以，影响新厂的建设速度和投资规模。例如，建厂地区的公共设施和生产协作条件，决定着新厂是否要自备动力、热力等各种辅助生产设施；供应来源的可靠性和便利性，决定着新厂仓库面积的大小，以及运输工具的类型和规模等。

（2）影响新厂的投资效益和运营效益。厂址选择是否合理，能否靠近客户和原材料产地，劳动力资源是否丰富，地价高低，以及生产协作条件等，均直接影响新厂的投资效益和运营效益。

（3）影响企业的发展、迁移和转让。如果厂址选择不当，企业就可能没有发展的余地，其迁移、转让也无人问津。

（4）影响企业的竞争。厂址选择得好，有利于企业的竞争。如近年来美国许多产品的生产者考虑在国外建厂，以便同日本和欧洲的制造商进行竞争等就是很好的案例。

2. 厂址选择的基本要求。厂址选择包括建厂地区和建厂地点的选择。这是两个不同的课题，基本要求也各不相同。

（1）建厂地区的选择。选择建厂地区的基本要求：靠近原材料产地；邻近市场；交通运输和通讯联系方便；气候适宜；水、电、气等基础设施完备；有利的社会文化习俗与科研机构的设置等。

（2）建厂地点的选择。从技术因素考虑，要有适当的地形；场地大小要有扩展的余地；靠近水源和电站；接近水陆交通要道；有利于三废（废水、废渣、废气）的处理。

从经济因素考虑，地价要低廉，还要参照租税、保险金等因素；既要有利于招工，又要兼顾市场，尽量接近生产协作密切的企业；与金融机构联系方便等。

从社会因素考虑，当地政府的管理法令；注意国土、城市、地方开发规划；厂址不能设在传染病区，不能设在影响居民卫生的上风方向；职工生活条件良好等。

以上只是合理选择建厂地区和建厂地点的基本要求，由于行业不同，制约因素也不同，具体要求各有差异。

3. 厂址选择的方法。厂址选择涉及社会的、经济的、自然的各方面因素，政策性、科学性非常强。解决这类问题，除了作定性分析外，又要有定量分析。定量分析应根据具体的对象和掌握的技术经济资料，从实际需要出发，选择简便可行的方法。

（1）盈亏分析法。利用盈亏分析法来选择厂址方案的基本原理是，通过产量（销售量）、成本、利润关系的分析，求平衡点产量，以平衡点产量较低的方案为满意方案。例如，对12个厂址进行详细的分析比较后，选出两个较好的厂址作为初步方案。其中，甲厂址是在旧厂基础上扩大生产能力；乙厂址是在某地建立新厂。假设这两个厂址在其他方面的条件大致相同，而年度生产经营费用不同，为了选定厂址，可采用盈亏分析法，见表3-9。

表3-9　　　　　　　　　　运用盈亏分析法进行厂址选择

项　　　目	单位	厂　　　址	
		甲	乙
总成本	元	398 000	414 000
可变费用总额	元	240 000	260 000

续表

项　　目	单位	厂　　址	
		甲	乙
固定费用总额	元	158 000	154 000
计划年产量	件	20 000	20 000
单价	元	20	20
单位产品可变费用	元/件	12	13
盈亏平衡点产量	件	19 750	22 000

注：盈亏平衡点产量 = 总固定费用/（单价 - 单位产品可变费用）

　　通过计算，应选择盈亏平衡点产量最低的为满意方案，以产量较低就能获得利润为好。这里甲方案产量较低，应选择甲厂址为满意方案，即在旧厂基础上扩大生产能力，比建新厂有利。

　　（2）分等加权法。当不同方案各有利弊，但均能满足厂址选择的基本要求，每个方案的影响因素又很多时，为了综合评价各个方案，可采用此法。

　　分等加权法是先确定厂址选择的因素，根据每个因素的重要程度确定其加权数，再列出每个因素的等级数，用等级数乘以相应的权数，得到等级分数，把某个方案所得等级分数相加，则得该方案总分数，把几个方案的总分数比较，总分最高者为可取方案，详见表3-10。具体做法如下：

表3-10　　　　　　　　　　　分等加权计算法

主要因素	权数	方案（可供选择的地址）			
		Ⅰ	Ⅱ	Ⅲ	Ⅳ
地理条件	6	2 / 12	3 / 18	4 / 24	1 / 6
气候	3	2 / 6	2 / 6	3 / 9	1 / 3
资源	8	3 / 24	2 / 16	4 / 32	2 / 16
交通运输	5	2 / 10	1 / 5	3 / 15	3 / 15
生活条件	6	2 / 12	3 / 18	4 / 24	1 / 6
协作	4	2 / 8	3 / 12	4 / 16	1 / 4

续表

主要因素	权数	方案（可供选择的地址）			
		I	II	III	IV
劳动力来源	5	1 / 5	2 / 10	3 / 15	2 / 10
产品销售	3	3 / 9	3 / 9	4 / 12	1 / 3
能源供应	8	2 / 16	3 / 24	4 / 32	2 / 16
水源	5	2 / 10	2 / 10	4 / 30	3 / 15
扩展余地	2	1 / 2	2 / 4	3 / 6	1 / 2
环保	4	2 / 8	2 / 8	4 / 16	3 / 12
料场	1	3 / 3	4 / 4	3 / 3	4 / 4
总计		125	144	224	112

第一步，确定因素及每个因素的权数。对每个方案按影响厂址设置的因素分别列出，并按它们在所研究的情况中的重要程度，分别规定相应的权数。一种简单的做法，是把次要因素挑出来，规定其权数为1，其他因素以1的倍数表示，即所有其他权数为整数。如把"料场"这个最一般的影响因素，确定其权数为1，再将其他因素与之相比较，分别确定其权数，如资源条件为8等。为了更好地确定这些权数，应成立评价小组。

第二步，对每个方案按各个因素挑出等级数。排法是按一个一个因素来排。等级数按最佳、较好、一般、最差分等，并相应规定等级系数，如4、3、2、1。

第三步，求等级分数。把每个方案中的各因素的等级数乘以相应的权数，即得等级分数。如地理条件，2（等级）×6（权数）=12（等级分数）。

第四步，求总分数，并优选方案。把本方案的各因素的等级分数加起来，得到一个总分数，再比较各方案的总分数，总分最高者为满意方案。如上例，第III方案为满意方案，厂址应选定第III方案。

三、生产类型及其选择

（1）生产类型的概念和种类。生产类型是影响生产过程组织的主要因素，也是设计企业生产系统的重要问题之一。

生产类型有广义与狭义之分。广义的生产类型，是按照一定的标志，对工业企业（车间、班组、工作地）进行的生产分类。它适用于各个行业。狭义的生产类型，是指工业企业（车间、生产班组、工作地）按照它在较长时期内工作地专业化（生产专业化）程度而进行的生产分类。它适用于机械制造企业。

广义的生产类型有如下几种：

一是按接受生产任务的方式划分，有订货生产方式和存货生产方式。订货生产方式指在用户提出的具体订货要求后，才开始组织生产，进行设计、供应、制造、出厂等工作。生产出来的成品在品种规格、数量、质量和交货期等方面是各不相同的，并按合同规定立即向用户交货，基本上没有库存；存货生产方式指在按国家计划和对市场需要量进行预测的基础上，有计划地进行生产，产品有库存。为防止库存积压和脱销，生产管理的重点是抓产、供、销之间的衔接，按"量"组织生产过程各环节之间的平衡，保证全面完成计划任务。

二是按生产的连续程度划分，有连续生产和间断生产。连续生产指长时间连续不断地生产一种或很少几种产品，生产的产品、工艺流程和使用的生产设备都是固定的、标准化的，工序之间没有或很少有在制品贮存；间断生产指输入生产过程的各种要素是间断地投入，生产设备和运输装置必须适应多种产品加工的需要，工序之间要求有一定的在制品贮存。

三是按生产专业化程度划分。大量生产，指企业长期生产一种或少数几种工业产品，工作地经常固定执行一道或两道工序。这类企业特点是生产的产品品种少，产量大，产品稳定，经常长期地、单一地生产同种产品，采用专用设备，生产专业化程度很高。如轴承厂、汽车和拖拉机制造厂、自行车厂等，属于这种类型。

成批轮番生产，指企业是成批地、周期性地、轮番地生产某几种工业产品，工作地承担较多的工序。这类企业特点是产品品种较多，产量较少，工作地承担工序数目较多，生产专业化程度中等。如机床厂、电机厂、动力机厂、水泵厂等多属于这一类型企业。

单件小批生产，指企业生产的产品品种繁多，而每一种产品仅生产一件或少数几件，工作地所执行的工序很不固定，采用通用设备，生产专业化程度最低，如重型机器厂、造船厂、机修厂等。

（2）生产类型的选择。选择生产类型，应考虑产品生命周期、产量大小、定价策略等。

考虑产品生命周期来确定生产类型，应该针对产品生命周期的不同阶段，采用不同的生产类型。一般地说，引入期用单件小批生产，成长期用成批生产，成熟期用大量大批生产。产品生命周期与生产类型的关系如表 3 – 11 所示。

表 3 – 11 产品生命周期与生产类型关系

生产类型 ＼ 产品生命周期	引入期	成长期	成熟期
单件小批	×		
成批		×	
大量大批			×

一般地说，是采用上述方法安排生产类型，但是也有特例。例如，在成熟期采用单件小批生产经营成功的汽车工业早已进入成熟期，德国的奔驰汽车，至今还是单件小批生产，经营的也很成功，原因是汽车有特色，质量好。在引入期，采用大量生产也有成功的。例如，法国一个工业家拜克，经营一般的消费品：常用的圆珠笔、打火机等，一开始就用大量流水生产类型，把成本压下来，降低单产利润，争取销售额，马上就占领了市场。

四、生产过程的空间和时间组织

1. 合理组织生产过程的基本要求。合理组织生产过程的目的，就是为了保证产品在生产过程中进行顺利，行程最短、时间最省、消耗最少、效益最高。

为了达到这个目的及合理组织生产过程的基本要求，就要保证生产过程具有四性，即连续性、比例性、均衡性、适应性等。

连续性，指劳动对象在生产过程的各阶段、各工序的流动，在时间上是紧密衔接的，不能发生不必要的中断现象。也就是说，劳动对象始终处于运动状态，不是进行加工、检验、装配，就是处于工序间运输途中，或自然过程中，不发生或很少发生不必要的停放与等待现象。

比例性，指产品生产过程的各部分、各阶段、各个工序的生产能力，必须根据产品生产的要求，保持一定的比例关系。也就是说，各个生产环节的工人人数、机器设备数量、生产效率、生产面积、生产能力等都必须互相协调、互相适应。例如，机械工业企业的零、部件加工与总装之间，基本生产与辅助生产之间，各种零、部件加工之间等保持适当比例。

均衡性，指企业及其各个生产环节的产品的出产，能够有节奏、按计划地进行，保证在相等的一段时间内（月、旬），完成的产量大致相等或稳定地持续上升，使每个工作地在不同时间内的负荷程度相近，避免前松后紧、时紧时松的现象，保证每一段时间内都能完成计划任务。

适应性,指生产过程具有适应外界环境变化的需要,具有灵活进行多品种、小批量生产的适应能力,使企业产品在品种、数量、质量、交货期上具有较强的竞争能力。

四性之间是相互联系、相互制约的。比例性是保证均衡性的重要条件;比例性和均衡性又是连续性的重要前提;适应性具有适应市场变化的能力。按照这些要求组织生产过程,才能达到上述目的。

2. 生产过程的空间组织。合理组织生产过程,不仅要把生产过程划分为不同组成部分、生产阶段、工序,而且更重要的是要使各单位在空间上合理排列,在时间上紧密衔接。产品的生产过程需要占用一定的空间和经历一定的时间,对空间和时间进行一系列组织工作,使之成为高效的系统。

生产过程的空间组织,指生产过程各阶段、各工序及相应的机器设备在空间的分布和位置关系,也就是合理安排各生产单位(车间、工段或小组)的平面布置和工作地、机器设备的排列方式问题。其中主要是基本生产车间的组织形式。它主要表现是确定生产单位专业化形式。生产过程空间组织有两种基本的专业化形式,即工艺专业化和对象专业化。

(1) 工艺专业化,指按照生产工艺性质的不同设置车间、工段或小组。工艺专业化的特点主要是工艺特点相同。具体表现为"三个相同,一个不同",即设备、工种、工艺方法相同,产品不同。通常叫做"机群式"生产单位,如热处理车间、锻造车间、机械加工车间的车工、磨工、钻工、铣工等班组。按工艺原则组织的车间示意图如图3-7所示。

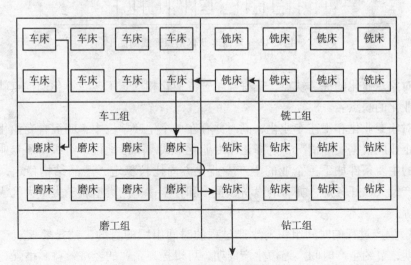

图3-8 工艺专业化组织形式简图

工艺专业化的优点是：对产品品种多变的适应性较强；在品种多变的情况下，便于充分利用机器设备和生产面积的能力；便于加强专业化的技术指导，有利于提高工人技术熟练程度；便于开展同工种工人之间劳动竞赛；产品易于进行更新换代等。工艺专业化的缺点是：生产周期长；产品运输路线长，消耗于运输在制品的辅助劳动量大；在制品占用量大，资金占用量多，资金周转缓慢；生产单位之间协作关系和各项管理工作比较复杂等。

（2）对象专业化，指按照加工对象来设置生产单位。在对象专业化生产单位里，集中着加工同种类产品所需要的各种机器设备和各种工人，对同种产品进行不同工艺的加工。也就是"三个不相同，一个相同"。对象专业化组织形式如图3-9所示。

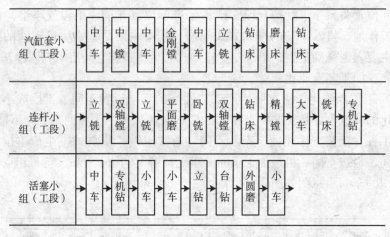

图3-9 对象专业化组织形式简图

对象专业化的优、缺点，正好与工艺专业化相反。工艺专业化的优点就是对象专业化的缺点。

对象专业化和工艺专业化，同时并存在一个生产单位中，叫混合专业化。

企业应根据实际情况，选择运用专业化形式。一般地说，组织对象专业化应具备的主要条件如下：企业的生产专业化方向比较稳定，产品结构稳定，品种少，产量大，任务足，拥有的设备数量多和齐全，生产类型属于大量大批或成批生产等。

3. 生产过程的时间组织。生产过程的时间组织的目的，就是要缩短产品生产周期，节约生产时间。缩短生产周期，可以提高企业的经济效益和增强竞争能力。由于工业产品是由零件组成的，零件的生产是在各道工序中进行的，因此，缩短产品生产周期，就要缩短零件的生产周期，缩短零件的生产周期，就必须正确地选择工序在时间上的结合方式。工序结合方式，指一批零件在各道工序的移动方式和时间上如何衔接。如果同时制造一批相同的零件，经几道工序加工，有三种不同移动方式，即顺序、平行、平行顺序移动方式。每种移动方式的含义、特点、优缺点是不同的。

（1）顺序移动方式，指一批零件在前道工序全部加工完毕之后一起运到下道工序。其特点是零件在工作地之间整批地运输，前后两道工序的加工时间是顺次衔接的。

顺序移动方式优点是管理方便；缺点是时间最长。

采用顺序移动方式，一批零件生产周期的确定，可用图解法和公式计算法。这里仅用公式计算法来求生产周期。其公式为：

$$T_{顺} = n \sum_{i=1}^{m} t_i$$

式中：$T_{顺}$——顺序移动方式的生产周期；

　　　n——零件（产品）加工的批量；

　　　m——加工工序的道数；

　　　t_i——第 i 道工序的单件工时。

例如，已知加工了一批零件，批量4批，经过5道工序，在各道工序的单件加工时间分别为：1.5小时、1小时、0.5小时、2小时、1小时，代入上式则得：

$$T_{顺} = 4 \times (1.5 + 1.0 + 0.5 + 2.0 + 1.0)$$
$$= 4 \times 6$$
$$= 24（小时）$$

（2）平行移动方式，指每个零件（产品）完成了前道工序之后，立即送到下道工序。其特点是，零件在工作地之间单个地运输，前后几道工序平行或同时地对一批中的若干零件进行加工。

平行移动方式的优点是时间最短；缺点是工（台）时利用率较低，运输量较大。

平行移动方式的生产周期确定的计算公式为：

$$T_{平} = \sum_{i=1}^{m} t_i + (n-1) t_c$$

式中：$T_{平}$——平行移动方式的生产周期；

　　　t_c——加工单件产品时间最长的工序单件加工时间。

　　　用前例已知条件代入公式则得：

$$T_{平} = 6 + (4-1) \times 2$$
$$= 12（小时）$$

（3）平行顺序移动方式，指平行移动方式和顺序移动方式的结合。它是每批中的各个零件在上一道工序还没有全部加工完毕以前，就开始在下一道工序上进行加工。其特点：一是一批加工零件是单个与部分的从上道工序转到下道工序。也就是说当后道工序的劳动量和前道工序相等，或大于前道工序时，前道工序的零件要逐个地运送到后道工序。如果后道工序的劳动量小于前道工序，则前道工序的零件，可以积到一定数量后再（一部分）送往后道工序，按运送组运输。二是该批加工零件分散在若干道工序上同时加工。三是每道工序开始时间计算得恰好能够保证在该工序上连续地加工该批零件。

平行顺序移动方式的优点是：劳动过程中断时间比顺序移动方式的少，零件生产周期较短。在一定程度上消除了工人与设备的空间时间，使工人和设备的空间时间集中起来，便于用来做其他工作。其缺点是组织安排比较复杂。

平行顺序移动方式生产周期的确定，用公式计算法，其公式为：

$$T_{平顺} = \sum_{i=1}^{m} t_i + (n-1)\left(\sum t_大 - \sum t_小 \right)$$

式中：$T_{平顺}$——平行顺序移动方式的生产周期；

$\quad\quad t_大$——比前后相邻工序单件加工时间都大的工序单件加工时间；

$\quad\quad t_小$——比前后相邻工序单件加工时间都小的工序单件加工时间。

已知条件同前例，代入上述公式则得：

$T_{平顺} = 6 + 3 \times (1.5 + 2.0 - 0.5)$

$\quad\quad = 6 + 9$

$\quad\quad = 15$（小时）

综上所述，三种移动方式不同，生产周期也不同。顺序移动方式的生产周期最长，平行移动方式最短，平行顺序移动方式介于二者之间。这是由于零件在工序间平行交叉时间的多少造成的。因此，组织生产过程，应尽量使零（部）件加工的工序平行交叉。这也是缩短生产周期的主要措施之一。一般地说，从缩短生产周期来看，平行方式最有利，平行顺序方式次之，顺序方式最差。

五、柔性制造系统

柔性制造系统，指由计算机控制的以数控机床（NC）和加工中心（MC）为基础适应多品种、中小批量生产的自动化制造系统。柔性制造系统是20世纪60年代后期诞生和发展起来的。它综合应用现代数控技术、计算技术、自动化物料输送技术，由计算机控制和管理，使多品种、中小批量生产实现了自动化。FMS一般由多台MC和NC机床组成。它可以同时加工多种不同的工件，一台机床在加工完一种零件后可以在不停机调整的条件下，按计算机指令自动转换加工另一种零件。各机床之间的联系是灵活的，工件在机床间的传输没有固定的流向和节拍。20 世纪 80 年代以来，FMS 技术已进入实用阶段，许多工业发达国家已能成套提供作为商品出售的 FMS。目前多数 FMS 是用于机械加工的，但焊接、钣金、成形加工和装配等领域也都在发展 FMS。

　　一个 FMS 按其功能要求，应由加工系统、物料贮运系统和计算机管理与控制系统组成。

　　1. 加工系统。加工系统设备的种类和数量取决于加工对象的要求。进行机械加工的 FMS，其加工对象一般分为回转体和非回转体两大类。回转体进一步可分为轴类、盘套类；非回转体则可分为箱体类和板类等。根据不同的加工对象，FMS 常备镗铣加工中心、车削加工中心、各类 NC 机床和经过数控化改装的机床。

　　FMS 的柔性化程度，通常以能同时加工的工件类型为评价指标。能加工的工件类型越多，则柔性程度越高。但加工的工件类型越多，对设备的要求也越高，设备的投资就越大。所以，不要盲目追求 FMS 的柔性化程度。采用成组技术组织成组生产，可以使每一个 FMS 加工工件的类型趋于简单，节省设备投资，从而达到高效与经济的目的。

　　2. 物料贮运系统。物料贮运系统是 FMS 的重要组成部分。它的功能包含物料的存取、运输和装卸。贮运的物料有工件毛坯、半成品、成品、工夹具、切屑等。物料的存取一般采用带堆垛机的立体仓库。物料的装卸对于立式或卧式加工中心，通常采用托盘交换台；对于车削加工中心则采用装卸料机器人或机械手。从立体仓库到各工作站之间的运输可有多种方案。常见的方案是采用辊道传送带或架空单轨悬挂式输送装置作为运输工具。采用这类运输工具运输路线是固定的，形成直线型或封闭回路型线路。机床布置在运输线的内侧或外侧。为了使线路具有一定的存贮功能和能变换工件的运输方向，常在运输线上设置一些支线或缓冲站。这种运输方案投资较少，工作可靠，是目前被广泛采用的一种。另外，还可用自动导引运料小车和工业机器人作为运输工具等。

　　3. 计算机管理与控制系统。计算机管理与控制系统是 FMA 的"大脑"，由它指挥整个 FMS 的一切活动。计算机管理与控制系统的基本结构见图 3-10。

　　从 FMS 计算机为主的控制系统、直接指挥和监控加工系统、运输系统、工具系统和检验系统等执行子系统。它和 DNC 计算机为主的群控系统的关系是：当工件已在加工设备上装夹好，一切准备就绪时，主控制系统就将对该设备的控制权交给 DNC 控制系统。由 DNC 系统给该设备分配相应的数控程序，并指挥设备启动。加工完毕后 DNC 系统将控制权交还，再由主控制系统指挥将加工好的工件运往下一个工位。

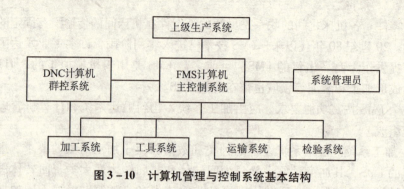

图 3 – 10　计算机管理与控制系统基本结构

一个计算机管理与控制系统在正常情况下，可以自动完成 FMS 的控制任务，包括制订生产日程计划，模拟系统运行状态，协调各子系统的工作，甚至还能处理一般性的故障问题。但是计算机只能按事先确定的原则和逻辑去处理问题，对意外情况非结构化问题就无能为力了，而且计算机本身也会出故障。所以，一般采用人机结合的管理与控制方式，由计算机负责正常情况的管理与控制，非正常情况则由系统管理员来处理。平时根据需要管理员也可以随时对运行情况进行干预。

第五节　模拟实验项目

实验一：公司组织系统构建

一、实验内容

根据公司的实际情况，构建公司的组织系统。公司的组织系统要求包括公司的组织框架、职能机构人员构成、职能机构岗位工作说明书等。

二、实验步骤

1. 详细了解公司整体状况，包括公司资源状况、经营方向、公司生产运作战略等资料。

2. 利用本章提供的理论知识点，熟悉公司组织系统构建的方法。

3. 构建公司的组织系统，对组织系统进行详细的说明。

三、实验要求

利用相关理论，对公司的组织系统进行构建，同时要求提供公司组织系统构建的依据和完备的岗位工作说明书。

四、问题与思考

1. 公司组织系统一般有哪些部门构成？
2. 构建公司组织系统需要从哪些方面考虑？
3. 职能机构岗位职务说明书应该怎样设计？
4. 本实验公司组织系统构建所提供的信息是否完备？
5. 组织系统构建主要存在哪些方面难点？

实验二：生产系统构建

一、实验内容

根据公司的初始资源情况和公司的生产运作战略的要求，构建公司的生产系统。

二、实验步骤

1. 对公司初始资源状况进行详细考察，主要从本章提供的实验环境与条件和模拟实习中提供的各种资源资料进行分析。
2. 熟悉生产系统构建的有关方法，从本章提供的理论知识点中进行学习。
3. 构建公司的生产系统。

三、实验要求

构建完备的公司生产系统，要求提供分析思路、生产系统结构、系统各部门之间的联系等。

四、问题与思考

1. 生产系统包含了哪些主要的要素？
2. 生产系统构建应该遵循什么原则？
3. 生产系统构建需要具有一定的前瞻性，为什么？
4. 你是怎样思考所在公司的生产系统的？
5. 生产系统构建与公司运作战略有什么关系？

〔案例分析〕

尘封的柔性

　　力拓公司已经在模拟经营市场中打拼了八年，新的管理层接手之后，不但继承了前任的胜利，而且在接手第一年里就颇有斩获。力拓公司在第八年里就获得了 ISO9001 认证，ISO14000 认证很快就会通过，公司生产的电子产品赢得了顾客的信任和欢迎，并且使公司在第八里盈利 2 000 万元。这一良好形势极大地鼓舞了新的管理层，他们决定要继续扩大生产规模，增加产品种类，除了已经获准生产的 P1、P2 产品外，公司将投入资金进行新产品 P3 和 P4 的研发，公司管理层希望能在高科技的 P4 领域内取得绝对的优势，用自己的规模优势击败市场竞争对手。他们坚信只要生产规模上去了，就具有成本优势，可以建立起市场进入价格门槛，使其他企业望而却步，就如同格兰仕一样，由最初的默默无闻，在经过残酷的价格竞争之后，可以将大部分竞争对手击垮，从而成为市场的领军者。

　　为了落实公司管理层的战略意图，公司生产部总监李明开始忙碌起来。李明是工商管理专业的，对生产制造系统比较熟悉。他知道他现在必须要为公司解决生产能力问题。他心里明白力拓公司是一家电子制造商，生产的是具有高科技含量的新产品，顾客对产品的质量要求也比较高。一般的顾客都要求公司必须通过 ISO9001 认证，甚至一些大的客户还要求公司应该建立起环境管理体系，通过 ISO14000 认证，理由是电子产品的质量与生产制造环境管理有着密切的联系，他们是不会相信一家工作环境糟糕的企业能够生产出符合质量要求的产品。顾客的这些或明或暗的要求让他觉得原来设想的将部分产品外包的方式将会使公司承受巨大的质量风险和交期风险，因为根据他之前对一些公司考察情况来看，他心目中的那些生产制造外包商并不能让他很放心。因此，要想靠成本优势打垮竞争对手，就应依靠自身力量来扩大企业生产规模，提升产品制造能力。

　　为解决生产能力问题，李明召集了生产部全体经理级以上管理人员对实习资料进行全面研究，再利用头脑风暴法来提出解决方案。有人认为公司既然定位于高端产品，而且要形成规模经济，就必须上马柔性生产线，因为柔性生产线每批可生产 200 件产品，而且一年可以生产 24 批，这样一条柔性线的产能一年就可达到 4 800 件，而且如果公司配备充足的人手，则还可以将柔性线的产能提升至每年 30 批，这样年产量就会达到 6 000 件；相应的手工线则只有 1 200 件，半自动线只有 1 800 件，所以应将公司的厂房内手工线、半自动线应全部更换为柔性线，只有这样公司的产能才有可能满足战略要求。但也有人提出了不同看法，他们认为虽然柔性线具有产能上的优势，但其价格昂贵，并且运行费用高。公司购买一条柔性线需要花费 1 050 万元，每年的维护费用需要 10 万元，并且每两年必须要大修一次，需要付出 30 万元的成本，并且柔性线对动力、水电等配套设施要求也较高，折合起来一条柔性线的变动动力费用率就达到 20 元/件。柔性线这样高的运营成本，一旦遇上市场境况不好或是公司市场开拓能力达不到原来预期目标，必须会给公司带来财务上沉重的压力。李明也认为一些生产经理们这样的担忧不无道理，但他觉得既然公司已经确定了成本领先战略，作为生产部就应积极落实公司的战略意图。另外，现有资料也较为清晰地表明了市场未来对高科技产品 P3、P4 的需求量以及销售价格，如果公司能实现规模化生产，就完全具有价格上的优势，进而能增强企业产品在市场上的竞争力。经过简单的盈亏平衡分析之后，生产部最后决定淘汰公司的全部手工线和半自动线，升级为全新的柔性线，并且新建了两座漂亮的厂房来安装新的柔性生产线。公司为此向外大量举债，背上了沉重的财务压力，最后成功建立起了 12 条柔性生产线，年生产能力达到 30 000 件以上（进行生产和装配）。看到这一条条崭新的柔性生产线，公司管理层觉得市场已经被他们牢牢地抓在了手中。

不过市场并没有朝力拓公司预期的方向发展，第九年一场突如其来的金融风暴让全世界的经济陷入了谷底，并且这场金融风险对电子行业的打击尤其严重，公司订单严重萎缩，一些顾客甚至要求公司推迟交货。这场变故让公司开工严重不足，公司总的产能利用率只达到 30% 左右，新上马的柔性线也只能悄无声息地躺在厂房里，进入了尘封的日子。对此，公司里一些当初反对上马柔性线的人员戏称公司的"柔性线"已经柔性尽失，进化成了"钢性线"。

案例评析

生产的柔性其实质是企业的生产资源可以根据外部市场的变化情况作出及时、充分的调整，使企业的生产资源能得到最大限度的利用。本案例企业中的生产部管理人员并没有真正理解柔性生产的本质，而是片面地认为只要拥有了柔性生产线，就是在进行柔性生产。其结果就是花大价钱引进的生产设备依然无法适应外部市场的变化。

第四章　企业生产能力规划

第一节　仿真模拟实习企业生产能力概述

企业的生产能力是指企业在一定时期内，在合理的、正常的技术组织条件下，所能生产的一定种类产品的最大数量。它是反映企业生产可能性的一种指标。

对上述定义需要做如下的说明：

（1）企业的生产能力是指在一定时间范围内的能力。对于企业的设计能力、查定能力通常按年计算，计划能力则按计划期的长度，如月计划、周计划等。

（2）企业生产能力通常是指企业中各生产环节直接参与产品生产过程的固定资产所具有的加工产品的能力。在生产要素中劳动者和劳动工具是决定生产能力的主要因素，人在生产中的作用虽然十分重要，但是人的生产能力受技术水平、组织状况和思想情绪等各种因素的影响，由于这些因素很活跃、变化快、不稳定，不易准确测定，而机器设备等生产性固定资产的数量、性能、生产率、工作时间等比较明确，容易测定，所以确定企业的生产能力，通常是按企业拥有的生产性固定资产所具有的生产能力计算。对于其他因素则要求其保持处于合理的正常的生产条件。

（3）企业的生产能力应是在合理的、正常生产条件下的生产能力。所谓合理的、正常的生产条件，是指机器设备的工作状态稳定，运转正常；劳动组织合理，劳动者的技术水平、操作熟练程度符合要求，工作态度端正、思想情绪稳定；原材料的性能正常、规格合理等。处于不正常的情况下，测出的企业生产能力不能反映企业真实的生产能力状况。

（4）企业的生产能力一般是以生产一定种类的产品的数量来表示。同样的生产设备在生产不同的产品时其生产能力是不相同的。

（5）一个企业各生产环节的生产能力不可能完全相等。企业最终的生产能力是指各环节的生产能力经过综合平衡以后的能力。

企业的生产能力根据其应用上的不同要求，有以下几种名称：①设计能力。设计能力是指企业新建、扩建或进行重大技术改造后，在设计任务书或有关技术文件中所规定的生产能力。企业在新建、扩建后开始的一段时间里，企业实际的生产能力一般都达不到设计能力，需要经过一段时间熟悉和掌握生产技术后才能达到规定的设计能力。②查定能力。当企业有了新的发展，如产品方案、生产工艺和技术组织条件等发生了重大变化，原定的设计能力已不符合企业的实际情况，此时需要重新调查核定企业的生产能力，重新核定的生产能力称查定能力。③计划能力。计划能力是企业在编制生产计划时所用的能力，一般是根据企业当时的实际生产条件和考虑将要采取的各种技术组织措施的效果，预期在计划期内，可能实现的生产能力。

国外有把生产能力分为固定能力（fixed capachy）和可调能力（adjustable capacity）两种。固定能力是指主要由生产性固定资产决定的能力，它是生产能力的上限。可调能力是指在考虑安排劳动力的数量、每天的工作时间和班次等因素后可灵活调整的生产能力。

仿真模拟实习的虚拟公司，同样存在企业生产能力问题。在初始化资源条件下，每个竞争性公司的初始生产能力从设备资源条件考虑是一样的，但随着经营期限的不断延长，各虚拟公司的经营战略和市场份额将发生变化，这必然导致各虚拟公司要根据自身企业的实际情况来调整生产能力，包括生产设备、生产场所、劳动力资源数量与质量等都须进行相应的决策。

第二节 实验环境与条件

一、设备技术水平限制与职工素质要求

生产制造公司生产产品的技术含量不同，对生产设备的技术水平、直接生产人员的技术水平和行政管理人员的素质均有不同要求。

1. 设备技术水平限制。设备技术水平和产品的技术要求应该匹配。因产品技术和人员技术的要求，某一设备只能生产或者装配符合一定技术要求的产品，产品（包括半成品）只能在达到其技术要求的设备上生产或者装配，允许高技术水平的设备生产低技术含量的产品，绝不允许低技术水平的设备生产高技术含量的产品。

表 4 - 1   设备技术水平限制信息表

设 备	受限产品、半产品	备 注
手工线（生产、装配）	不能加工或装配 M4、P3、P4	技术水平低
半自动线（生产、装配）	不能加工或装配 M4、P4	技术水平限制
全自动线（生产、装配）	不受限制	不受技术水平限制
柔性线（生产、装配）	不能生产 P1	技术水平高

注：生产线或者装配线如果加工限制产品，则其加工产品全部为废品，计入废品损失。

2. 不同产品对直接生产工人技术级别的要求。生产制造公司生产的不同产品，技术含量不同，对工人的技术水平要求不同，生产工人必须达到相应产品所需最低技术等级。允许高级别技术工人从事低级别技术工人的工作，绝不允许低级别技术工人从事高级别技术工人的工作。

表 4 - 2   产品与直接生产工人最低技术级别

产品名称	P1	P2	P3	P4	M3	M4
最低技术级别	1	3	4	5	2	4

3. 不同产品对辅助生产工人技术级别的要求。生产制造公司生产的所有产品，对辅助生产工人的技术水平没有直接要求。但是，辅助生产工人经过技术培训可以晋升技术级别，具备一定技术级别的辅助生产工人可以转为直接生产工人，也可以继续从事原岗位的工作。允许具有技术级别的辅助生产工人继续从事辅助生产方面的工作，但是其技术级别不计算在直接生产人员中；绝不允许没有技术级别的辅助生产工人从事直接生产产品的工作。

4. 不同产品对行政管理人员素质的要求。生产制造公司生产的不同产品，技术含量不同，不仅对工人的技术水平要求不同，而且对管理人员的素质要求也不同。管理人员的素质以不同级别的职称体现，不同产品要求管理人员的职称标准参见"人力资源管理相关规则"。

二、设备产能规则

设备的最大生产能力为设计能力。一般情况下，设备的正常生产能力维持在设计能力的80%左右，维持正常生产能力的设备能够达到预期使用年限（不考虑技术进步）。如果设备利用能力达到设备的设计能力累计时间在1年以上（含1年），则该设备的使用年限只能为预期使用年限的80%，需提前报废。

1. 设备正常生产能力。生产设备正常利用率一般低于设备的设计能力。凡是进行日常维护保养的设备，都可以达到正常的生产能力，即设备正常利用率为设计能力的80%。在设备正常利用情况下，每批产品的生产信息如表4-3所示。

表4-3 正常生产能力每批产品信息

工作中心	工作天数（天/批）	每班工时（小时）	每班人数（人）	轮班班数（班）	生产周期（工时）	备 注
手工生产线	30	8	20	4	720	每天4班轮岗，保证员工节假日的正常休息
半自动生产线	30	8	15	4	720	
全自动生产线	30	8	10	4	720	
柔性生产线	30	8	5	4	720	
手工装配线	15	8	20	4	360	
半自动装配线	15	8	15	4	360	
全自动装配线	15	8	10	4	360	
柔性装配线	15	8	5	4	360	

注：(1) 生产周期 = 30天/批×8小时/天×3班/天 = 720（工时）
(2) 装配周期 = 15天/批×8小时/天×3班/天 = 360（工时）

2. 设备正常利用情况下的生产（装配）批量规则。设备在正常利用情况下，各种设备的生产批次相同，每年都可以生产12批产品；各种设备的装配批次也相同，每年都可以装配24批产品。但是不同产品批量不同，年产量也不相同，具体信息如表4-4所示。

表4-4 设备正常利用情况下的生产批量

工作中心	年产能（批）	P1，P2，P3，P4，M4		M3	
		每批产量（件）	年产量（件）	每批产量（件）	年产量（件）
手工生产线	12	100	1 200	200	2 400
半自动生产线	12	150	1 800	300	3 600
全自动生产线	12	200	2 400	400	4 800
柔性生产线	12	200	2 400	400	4 800
手工装配线	24	100	2 400	—	—
半自动装配线	24	150	3 600	—	—
全自动装配线	24	200	4 800	—	—
柔性装配线	24	200	4 800	—	—

3. 设备充分利用情况下产能规则。在特殊情况下，设备可以充分利用，其

使用率可以达到设计能力。如果设备没有日常维护保养，没有及时进行大修理，其使用率达不到设计能力，只能维持正常生产能力。对于及时进行维护保养和大修理的设备，在接受特殊生产任务时，可以按照设备的设计能力安排生产，每年最大生产能力可以达到 15 批（最大装配能力可以达到 30 批），但是必须相应增加直接生产人员和辅助生产人员，其他各类人员可以不增加。

表 4 – 5　　　　　　　　　设备充分利用情况下的产能

工作中心	工作天数（天/批）	每班工时（小时）	每班人数（人）	轮班班数（班）	生产周期（工时）	年最大产能（批）
手工生产线	15	8	40	4	360	15
半自动生产线	15	8	30	4	360	15
全自动生产线	15	8	20	4	360	15
柔性生产线	15	8	10	4	360	15
手工装配线	7.5	8	40	4	180	30
半自动装配线	7.5	8	30	4	180	30
全自动装配线	7.5	8	20	4	180	30
柔性装配线	7.5	8	10	4	180	30

注：(1) 设备正常利用情况下，每批产品正常生产周期为 720 工时，当每班人数增加 1 倍时，产品生产周期减少一半，即为 360 工时；每批产品正常装配周期为 360 工时，当加班人数增加 1 倍时，装配周期也减少一半，即为 180 工时。

(2) 设备正常利用情况下，生产线每年最大产能为 12 批；但在设备充分利用情况下，每年最大批量为 15 批，即每条线可以多生产 3 批产品；装配线每年正常装配能力 24 批，但在设备充分情况下，每年最大装配能力 30 批，即每条线可以多装配 6 批。

(3) 设备充分利用，需要增加 1 倍直接生产工人，同时还要相应增加辅助生产工人。不考虑其他人员的增加。

第三节　理论知识点：生产能力的计算

一、生产能力的计量单位

企业的生产能力是以企业生产的产品的数量来表示的。由于企业的生产类型不同，生产能力采用的计量单位也不相同。对于大批大量生产类型企业，由于生产的品种比较单纯而且稳定，一般用具体产品或代表产品来表示一个企业的生产能力，如某汽车制造厂的年生产能力是 20 万辆小轿车，某化肥厂的年生产能力是 30 万吨合成氨等。对于多品种、中小批量生产企业，由于生产的品种多，只能用假设产品来表示企业的生产能力。

所谓代表产品是指在企业生产的多种产品中具有典型性的、最能代表企业的专业方向的产品。作为代表产品必须在产品结构、生产工艺和劳动量构成上与其他产品相似且具有典型性。一般生产系列化产品的企业，常用代表产品来反映企业的生产能力，如电视机厂、电动机制造厂等。代表产品与其他具体产品的换算可采用以下换算方法。如以 B 为代表产品，其换算方法见表 4 - 6 的计算。

当企业生产的产品品种较多，且产品结构和工艺过程各异，则应采用假定产品来表示企业的生产能力。假定产品是由企业所生产的各种产品按其产量比重所构成的一种假想产品。假如企业生产 A、B、C、D 四种产品，各种产品的计划产量如表 4 - 7 所示，假定产品的单位产品台时定额可按表 4 - 7 所列的方法计算。

表 4 - 6   代表产品与其他具体产品的能力换算

产品名称	计划产量	单位产品台时定额	折合系数	换算为代表产品	各产品所占比重	按代表产品的生产能力	换算为各产品的生产能力（假设总能力为 1 000）
①	②	③	④	⑤	⑥ = ⑤/ $\sum$ ⑤	⑦	⑧ = ⑦×⑥/④
A	300	50	0.5	150	150/920 = 16.30%	假设企业的生产能力为 1 000 台代表产品	1 000 × 0.163/0.5 = 326
B	500	100	1.0	500	500/920 = 54.35%		1 000 × 0.543 5/1.0 = 543.5
C	150	120	1.2	180	180/920 = 19.57%		1 000 × 0.195 7/1.2 = 163.08
D	50	180	1.8	90	90/920 = 9.78%		1 000 × 0.097 8/1.8 = 54.33
合计				$\sum$ ⑤ = 920			

表 4 - 7   假定产品换算表

产品名称	各产品的计划产量	各产品产量占总产量的比重	各产品某工种的单位产品台时定额	假定产品某工种的单位产品台时定额
①	②	③ = ②/ $\sum$ ②	④	⑤ = ④×③
A	56	26.42%	9.6	2.536 3
B	72	33.96%	7.8	2.648 9
C	48	22.64%	1.8	0.407 5
D	36	16.98%	6.5	1.103 7
合计	$\sum$ ② = 212	$\sum$ ③ = 100.0%		$\sum$ ⑤ = 6.696 4

按以上例子，相当于一台假设产品中含 0.264 2 台 A 产品，0.339 6 台 B 产品，0.226 4 台 C 产品，0.169 8 台 D 产品。这时假设产品某工种的单台定额，就是各产品的单台定额分别乘以各产品的产量比重的加权值，如表 4 - 7 中所示的 6.696 4。

二、生产能力的计算

一个企业的生产能力取决于其主要车间或多数车间的生产能力经综合平衡后的结果。一个车间的生产能力取决于其主要生产工段（生产单元）或大多数生产工段（生产单元）的生产能力经综合平衡后的结果。一个生产工段（生产单元）的生产能力，则取决于该工段内主要设备或大多数设备的生产能力经综合平衡后的结果。所以计算企业的生产能力，应从企业基层生产环节的生产能力算起，即从生产车间内各设备组的生产能力算起。

设备组生产能力的计算公式如下：

$$M = F_e \times S/t_p$$

式中：M——计划期内某设备组的生产能力，台（产品）/年；

S——该设备组内设备的数量，台（设备）；

F_e——该类设备计划期内的单台有效工作时间，小时/年、台；

t_p——单位产品该工种的台时定额，小时/台（产品）。

一条生产线的生产能力计算公式如下：

$$M = F_e \times P$$

式中：M——计划期内该生产线的生产能力，台（产品）/年；

F_e——计划期内该生产线的有效工作班数，班/年；

P——生产线每班产出量。

例 4.1 某机械制造厂生产小型电动机 H、G、R、S 等型号系列，今选 R 为其代表产品，如已知机械加工车间的主轴生产单元有数控车床 7 台，每台车床的制度工作班数为 42 班/月，其中有一台车床在计划期内适逢中修，要占用 3 个工作班。R 型代表产品的单台车工工时定额为 6 个台时。该主轴生产单元数控车床组的生产能力可计算如下：

$$M = F_e \times S/t_p = (42 \times 7 - 3) \times 8/6 = 388 \text{（台/月）}$$

由上可知计划月内主轴生产单元数控车床组的生产能力为 388 台代表产品（R）。

例 4.2 某厂机械加工车间铣工工段有 5 台万能铣床，制度工作时间为每台机床每月 42 个工作班，每班 8 小时。若有效工作时间是制度工作时间的 95%，车间生产 A、B、C、D 四种产品结构和工艺过程均不相同的产品。A、B、C、D 四种产品的产量和工时定额如采用表 4 - 7 中的数据，则假定产品铣工工序的单台定额为 6.696 4 小时。由此可以算出计划月内铣工工段的生产能力为：

$$M = F_e \times S/t_p = 42 \times 8 \times 0.95 \times 5/6.696 = 238.35 \text{（台/月）}$$

根据上式计算，该铣工工段的生产能力为 238.35 台假定产品。如把以假定产品表示的生产能力转换为各具体产品的生产能力，则可计算如下：

生产 A 产品的能力：238.35 ×26.42% =62.97（台）；

生产 B 产品的能力：238.35 ×33.96% =80.94（台）；

生产 C 产品的能力：238.35 ×22.64% =53.96（台）；

生产 D 产品的能力：238.35 ×16.98% =40.47（台）。

对于多品种小批量生产的企业，由于生产的品种变化大，在计算计划期的生产能力时，用代表产品和假定产品作计量单位都不方便或不合适。通常直接采用"台时"计算，即计算该设备组在计划期内可以提供的工作时间。在进行生产能力平衡时，将计算所得的台时数与计划期安排在该设备组上加工的各产品的加工工作量进行对照比较，以检验该设备组的生产能力能否满足计划期生产任务的要求。

一个单位各设备组的实际生产能力是不会完全相等的，如图4-1所示。

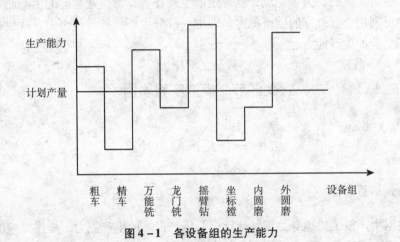

图4-1　各设备组的生产能力

各设备组的生产能力有的高，有的低，与计划要求的能力有一定出入。如不采取措施则该单位的生产能力水平，将取决于诸设备组中生产能力最低的坏节。此时应进行生产能力的综合平衡，就是要采取措施设法提高薄弱环节的生产能力，使之接近大多数设备组的生产能力，使该单位的实际生产能力达到合理的水平。

三、提高生产能力的途径

由以上生产能力的计算公式可知，决定生产能力的主要因素是 S、F_e、t_p、P 等几项，由此提高生产能力的措施就应从这些因素着手。关于如何提高可用设备

的数量 S，即在计划期内应减少闲置设备的数量，发挥替代设备的作用，充分发掘企业的设备潜力，以增加投入生产的设备数量。

关于提高设备或生产线在计划期内的有效工作时间 F_e 的问题，指在计划期内规定合理的工作班制度，如把一班制改为两班制。尽量减少设备在工作班内的停修时间。必要时对某些设备可安排加班或加点。

关于压低单件工时定额 t_p，或提高班产定额 P 的问题，t_p 和 P 是影响生产能力的最活跃的因素。这里可以采取多方面的措施，包括：（1）技术性措施。如改进生产工艺、增加工艺装备、改进产品结构等。（2）组织性措施。如改善工作地布置、合理物流过程、改进生产组织形式等。（3）发挥人的能动作用。如加强对员工的培训、提高其技术水平、采取正确的激励措施、提高员工的工作积极性、加强企业文化建设、提高员工的思想素质和奋发向上的精神面貌等。上面所谈的提高企业生产能力的措施是指提高企业所拥有的生产性设备的生产能力。除此，为了完成计划规定的生产任务，当企业自己的生产能力不足时，也可利用企业外部的生产能力，即把一部分生产任务转包出去，这也相当于扩大了企业的生产能力。

第四节　模拟实验项目

实验一：生产能力计算

一、实验内容

根据生产系统构建有关资料计算公司生产设施的生产能力，提供完整的能力清单数据。生产能力可以用代表产品来表征，也可以用设备设施可提供的工时来表征。

二、实验步骤

1. 详细了解公司生产设施状况和与生产能力计算有关的基础数据。
2. 根据本章提供的生产能力计算的有关理论，对公司生产设施进行能力计算。
3. 制作详细的能力清单表。

三、实验要求

根据生产系统构建情况，结合产品生产工艺文件和其他有关数据，计算生产设施的生产能力，形成规范的生产能力数据文件体系。

四、问题与思考

1. 生产能力的表征有哪几种形式？相互间怎么理解？
2. 生产能力计算需要涉及哪些因素？
3. 设计能力与现实能力之间在什么情况下才能达到满意水准？
4. 怎样理解生产能力对企业生产管理的重要性？
5. 企业如果不能确定设施的生产能力，可能对生产管理带来什么影响？

实验二：公司生产能力规划

一、实验内容

根据公司的生产运作战略要求和产品需求计划，制定与之匹配的生产能力规划，使生产能力与公司生产需求规划一致。

二、实验步骤

1. 认真熟悉公司生产运作战略和产品需求规划，为制定公司生产能力规划准备好数据基础。
2. 根据产品需求规划计算需要的工时负荷数据，与实验一计算的生产能力数据进行对比，如果工时负荷超过生产能力，就需要通过加班方式来平衡负荷。

三、实验要求

通过计算工时负荷和生产能力数据，提交平衡的生产能力规划报告。

四、问题与思考

1. 生产能力规划应该怎样制定？
2. 制定生能力规划的意义有哪些？
3. 制定所在公司的生产能力规划存在哪些难点？应如何解决？
4. 当实际负荷超过生产能力时应如何解决？
5. 企业为什么经常发生生产能力与负荷失衡问题？

〔案例分析〕

先锋的"无形产品"

先锋公司是企业行为模拟市场上的一家从事电子产品生的高科技企业，公司以精细的管理、优良的品质和公司价格充分赢得了客户的信赖，其产品畅销国内外，企业利润大幅增长，公司已经驶上了发展的快车道。在公司举行的年度庆功会上，负责销售的赵经理同时兴奋地向大家宣布了一个好消息：在刚刚结束的年度市场订货会上，公司在原有订单的基础上，还获得了一个大客户的新订单，该客户还表示，只要我们能够按时、保质、保量地完成了这份订单，其以后新增的订单都将会以我们企业作为首选。这是客户对我们公司的极大信任，希望我们的生产部能配合我们销售部，干净漂亮地完成这份新增的订单，向客户交一份满意的答卷，这样就能确保我们公司能继续获取这家客户的后续订单。这一重磅利好让公司上下沉浸在成功的喜悦之中。

但负责生产的生产部经理陈真却并没有同其他人一样有沉浸于喜悦的时间，因为新增的订单让他这样在生产管理上得心应手的老将也有点犯难，因为这张订单要求他们公司要在第九年里向客户提供 3 050 件 P4 产品，而现在第九年已经开始了，而他手里却没有多余的产能来应对这突如其来的新增订单需求。陈真可以说是一个严格的效率主义者，在平时的管理中，非常注重资源的投入产出效率。为此，他制定了很多严格的管理制度，规范生产部人、财、物的运行机制，设备的产能、人员的利用率可以说达到了极致。要使公司具有应对订单增长的能力则必须要增加生产线。

经过对资料的认真研读和严格测算，生产部向公司提出了要增加两条柔性生产线、一条柔性装配线，同时要求公司人力资源部立即从人才市场上招收总数达 125 人的生产工人，并对这些工人提前进行培训，以使他们能达到生产 P4 产品的技术级别要求。出于完成订单的需要和对生产部经理的充分信任，公司很快就批准了生产部提出的扩大产能计划。生产部在陈经理的亲自指挥下，迅速有条不紊地展开了工作。向设备供应商订购的两条柔性生产线和一条柔性装配线在一月中旬就顺利抵厂，随即对新设备进行了全面的安装调试工作，终于在三月底完成了前期的设备调试、人员培训、原材料准备等工作，并于四月份正式投产。为了完成新增的生产任务，生产部要求全体生产人员发扬集体主义精神，不怕苦不怕累，加班加点干，同时要求负责生产设备维护保养的技术人员必须随时在生产线上巡视，做好预防工作，确保设备的开工率达到 98% 以上。陈经理认为只要设备能保证 98% 以上的开工率，产品质量合格率控制在 99% 以上（电子产品这样的合格率对于先锋公司来讲是正常的要求），工人能加班加点干的话，一条柔性生产线1个月可以产出400件，两条就可以产出800件，另有一条柔性装配线与之相配套，到年底时还有8个月，应该可以生产出3 200件P4产品，产能还稍有余地。

先锋公司销售部根据生产部的生产进度，分批地将产品送到了客户手中，到当年的12月底，他们认为自己已经完全完成了订单，满足了顾客的需求。但就在他们庆幸自己的严格管理和精心策划取得了成功时，从工商局转来了一纸处罚通知单，通知单上指出先锋公司在其P4产品销售上存在严重的违规行为，扰乱了市场正常竞争秩序，破坏了市场的企业生态，依法对先锋公司作出如下处罚：第一，责令先锋公司召回所销售的虚假产品；第二，对先锋公司处以罚金20万元，并限期整改。接到处罚通知单后，公司的管理层全都疑惑地看着生产部陈经理，希望他能到工商局澄清事实，挽回公司的信誉损失及经济损失。

案例评析

先锋公司的"无形产品"问题是源于公司人员对企业设备产能规则的错误认知。设备产能有正常产能与最大产能之分。企业一般应以设备的正常产能作为能力规划的基础，最大产能只能是企业在较短时间内的应急之需，绝不能作为设备的常态产能。而案例企业就是这样将设备的最大产能作为常态产能来进行规划并安排生产。实际的生产企业绝不可能进行这样的产能规划，也不可能实现这样的规划。

第三篇

生产计划与进度管理

第五章　综合生产计划

第一节　仿真模拟实习企业综合生产计划概述

计划是管理的首要职能，没有计划，企业内一切活动都会陷入混乱。在一个好的计划指导下，水平一般的下属，也会使工作发挥成效；在一个差的计划指导下，能力很强的下属，也会把工作弄糟。现代工业生产是社会化大生产，企业内部分工十分精细，协作非常严密，任何一部分生产活动都不能离开其他部门而单独进行。因此，需要统一的计划来指挥企业各部分的活动。企业里没有计划，好比一个交响乐队没有乐曲，是无法进行任何生产经营活动的。

按照计划来管理企业的生产经营活动，叫做计划管理。计划管理是一个过程。通常包括编制计划、执行计划、检查计划完成情况和拟订改进措施四个阶段。计划管理包括企业生产经营活动的各个方面，如生产、技术、劳资、供应、销售、设备、财务、成本等等。计划管理不仅仅是计划部门的工作，所有其他部门和车间都要通过四个阶段来实行计划管理。

仿真实习所建立的虚拟公司，在同一的初始资源条件下，要模拟多年的企业经营活动，如此长的时间模拟企业如果没有计划管理，其结果是不可想象的。本章所要介绍和学习的是企业综合生产计划，该计划处于公司层面，计划期限为一年，计划的对象是公司对外销售的产品。通过企业综合生产计划的制订，解决企业年度内生产产品种类选择、各品种年度产量确定、各品种产品年度内各月份的需求分布（产品出产期规划）、生产方式选择等问题，以此来指导企业一年的经营活动。

第二节　实验环境与条件

综合生产计划的对象是企业经营的产品，即 P1、P2、P3 和 P4，由于四种产品市场生命周期不同，在模拟实习的不同阶段，各产品的需求情况将存在很大的差异，综合生产计划的任务就是要在不同的经营年份确定各产品的年度需求，并按产品的需求特征制定产品的月度需求分布，在此基础上以制造成本尽可能低为原则来制定满意的年度综合生产计划。

　　制订综合生产计划，需要对各种产品的年度需求进行预测，需要分析不同产品在不同时间段上的需求分布，需要明确企业生产能力、生产成本和其他方面的相关信息，这些信息可通过前述各章的"实验环境与条件"一节中进行了解。

第三节　理论知识点一：计划管理概述

一、企业计划的层次和职能计划之间的关系

（一）计划的层次

　　企业里有各种各样的计划，这些计划是分层次的。一般可以分成战略层计划、战术层计划与作业层计划三个层次。

　　战略层计划涉及产品发展方向、生产发展规模、技术发展水平、新生产设施的建造等，涉及企业资源的获取，如研发计划、新产品计划、投资计划等。

　　战术层计划是确定在现有资源条件下所从事的生产经营活动应该达到的目标，如产量、品种、产值和利润；如综合生产计划、销售计划、产品出产计划、人员招聘计划等。

　　作业层计划是确定日常生产经营活动的安排，如生产作业计划、采购计划、工作分配等。

　　三个层次的计划有不同的特点，如表 5-1 所示。由表 5-1 中可以看出，从战略层到作业层，计划期越来越短，计划的时间单位越来越细，覆盖的空间范围越来越小，计划内容越来越详细，计划中的不确定性越来越小。

表 5-1　　　　　　　　　　　不同层次计划的特点

	战略层计划	战术层计划	作业层计划
计划期	长（≥5 年）	中（一年）	短（月、旬、周）
计划的时间单位	粗（年）	中（月、季）	细（工作日、班次、小时、分）
空间范围	企业、公司	工厂	车间、工段、班组
详细程度	高度综合	综合	详细
不确定性	高	中	低
管理层次	企业高层领导	中层、部门领导	低层、车间领导
特点	涉及资源获取	涉及资源利用	涉及日常活动处理

（二）企业各种计划之间的关系

　　企业战略层计划主要是企业长远发展规划。长远发展规划是一种十分重要的计划，它关系到企业的兴衰。常言道："人无远虑，必有近忧"，可见古人已懂得长远考虑与日常工作的关系。作为企业的高层领导，必须站得高，才能看得

远。战略计划指导全局。战略计划下面最主要的是综合生产计划（aggregate plan for production），综合生产计划又称生产计划大纲。再往下是各种职能计划。这些职能计划不是孤立的，它们之间的联系如图 5 - 1 所示。本书讨论的主要是综合生产计划。综合生产计划是实现企业经营目标的最重要计划，是编制生产作业计划、指挥企业生产活动的龙头，又是编制物资供应计划、劳动工资计划和技术组织措施计划的重要依据。各种职能计划又是编制成本计划和财务计划的依据。成本计划和财务计划是编制经营计划的重要依据。

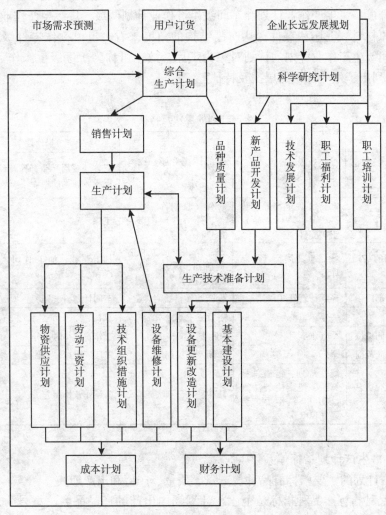

图 5 - 1　综合生产计划与各种职能计划之间的关系

二、生产计划的层次与计划指标体系

(一) 生产计划的层次

生产计划是一种战术性计划，包括综合生产计划、产品出产计划（master production schedule）和生产作业计划（production schedule）。综合生产计划以假定产品为计划对象，产品出产计划以具体产品和工矿配件作为计划对象。具体产品和配件都是企业向市场提供的具体物品。生产作业计划是产品出产计划的执行计划，是指挥企业内部生产活动的计划。对于大型加工装配式企业，生产作业计划一般分成厂级生产作业计划和车间级生产作业计划两级。厂级生产作业计划的对象为原材料、毛坯和零件。从产品结构的角度来看，也可称作零件级作业计划。车间级生产作业计划的计划对象为工序，故也可称为工序级生产作业计划。表 5－2 列出了生产计划的层次及特征。

表 5－2　　　　　　　　　　　生产计划的层次及特征

	计划层	执行层	操作层
计划的形式及种类	综合生产计划产品出产计划	零部件（毛坯）投入出产计划、原材料（外购件）需求计划等	双日（或周）生产作业计划、关键机床加工计划等
计划对象	产品（假定产品、代表产品、具体产品）、工矿配件	零件（自制件、外购件、外协件）、毛坯、原材料	工序
编制计划的基础数据	产品生产周期、成品库存	产品结构、加工制造提前期、零件、原材料、毛坯库存	加工路线、加工时间、在制品库存
计划编制部门	经营计划处（科）	生产处（科）	车间计划科（组）
计划期	一年	一月～一季	双日、周、旬
计划的时间单位	季（细到月）	旬、周、日	工作日、小时、分
计划的空间范围	全厂	车间及有关部门	工段、班组、工作地
采用的优化方法举例	线性规划、运输总量算法、搜索决策法则（SDR）、线性决策法则（LDR）	MRP、批量算法	各种作业排序方法

(二) 生产计划指标体系

生产计划的主要指标有品种、产量、质量、产值和出产期。

1. 品种指标。品种指标是企业在计划期内出产的产品品名、型号、规格和种类数，它涉及"生产什么"的决策。确定品种指标是编制生产计划的首要问题，关系到企业的生存和发展。

2. 产量指标。产量指标是企业在计划期内出产的合格产品的数量，它涉及"生产多少"的决策，关系到企业能获得多少利润，产量可以台、件、吨表示。对于品种、规格很多的系列产品，也可用主要技术参数计量，如拖拉机用马力计量、电动机用千瓦计量等。

3. 质量指标。质量指标是企业在计划期内产品质量应达到的水平，常采用统计指标来衡量，如一等品率、合格品率、废品率、返修率等。

4. 产值指标。产值指标是用货币表示的产量指标，能综合反映企业生产经营活动成果，以便不同行业比较。根据具体内容与作用不同，分为商品产值、总产值与净产值三种。

商品产值是企业在计划期内出产的可供销售的产品价值。商品产值的内容包括：用本企业自备的原材料生产的成品和半成品的价值÷用外单位来料加工的产品加工价值；工业劳务的价值。只有完成商品产值指标，才能保证流动资金正常周转。

总产值是企业在计划期内完成的以货币计算的生产活动总成果的数量。总产值包括：商品产值；期末期初在制品价值的差额；订货者来料加工的材料价值。总产值一般按不变价格计算。

净产值是企业在计划期内通过生产活动新创造的价值。由于扣除了部门间重复计算，它能反映计划期内为社会提供的国民收入。净产值指标有两种算法：生产法和分配法。按生产法：净产值＝总产值－所有转入产品的物化劳动价值。按分配法：净产值＝工资总额＋福利基金＋税金＋利润＋属于国民收入初次分配的其他支出。

5. 出产期。出产期是为了保证按期交货确定的产品出产期限。正确地决定出产期很重要。因为出产期太紧，保证不了按期交货，会给用户带来损失，也给企业的信誉带来损失；出产期太松，不利于争取顾客，还会造成生产能力浪费。

对于订货型（MTO）企业，确定交货期和产品价格是主要的决策；对于备货型（MTS）企业，主要是确定品种和产量。

三、制订计划的一般步骤及滚动式计划

（一）制订计划的一般步骤

制订计划的一般步骤如图 5-2 所示。

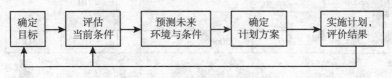

图 5-2 制订计划的一般步骤

"确定目标"要根据上期计划执行的结果，目标要尽可能具体，如利润指标、市场占有率等。

"评估当前条件"是要弄清楚现状与目标有多大差距。当前条件包括外部环境与内部条件。外部环境主要包括市场情况、原料、燃料、动力、工具等供应情况，以及协作关系情况。内部条件包括设备状况、工人状况、劳动状况、新产品研制及生产技术准备状况、各种物资库存情况及在制品占用量等。

"预测未来的环境与条件"是根据国内外各种政治因素、经济因素、社会因素和技术因素综合作用的结果，预测未来，把握现状将如何变化，找出达到目标的有利因素及不利因素。

"确定计划方案"包括拟订多个可实现目标的可行计划方案，并按一定的标准，从中选择一个计划方案。

"实施计划，评价结果"是检查目标是否达到，如果未达到，是什么原因造成的？需采取什么措施？是否需修改计划？等等。

（二）滚动式计划的编制方法

滚动式计划是一种编制计划的新方法，它可以用于编制各种计划。按编制滚动计划的方法，整个计划期被分为几个时间段，其中第一个时间段的计划为执行计划，后几个时间段的计划为预计计划。执行计划较具体，要求按计划实施。预计计划比较粗略。每经过一个时间段，根据执行计划的实施情况以及企业内、外条件的变化，对原来的预计计划作出调整与修改，原预计计划中的第一个时间段的计划变成了执行计划。比如，2005 年编制 5 年计划，计划期从 2006～2010年，共 5 年。若将 5 年分成 5 个时间段，则 2006 年的计划为执行计划，其余 4 年的计划均为预计计划。当 2006 年的计划实施之后，又根据当时的条件编制2007～2011 年的 5 年计划，其中 2007 年的计划为执行计划，2008～2011 年的计划为预计计划，以此类推。修订计划的间隔时间称为滚动期，它通常等于执行计划的计划期，如图 5-3 所示。

图 5-3　编制滚动计划示例

滚动式计划方法有以下优点：

（1）使计划的严肃性和应变性都得到保证。因执行计划与编制计划的时间接近，内、外条件不会发生很大变化，基本可以保证完成计划，体现了计划的严肃性；预计计划允许修改，体现了应变性。如果不是采用滚动式计划编制方法，第一期实施的结果出现偏差，以后各期计划如不作出调整，就会流于形式。

（2）提高了计划的连续性。逐年滚动，自然形成新的五年计划。

（三）仿真模拟实习滚动生产计划的制订

模拟实习企业滚动计划制订可以从两个方面来进行，一是以年作时间单位的滚动生产计划，计划期限可以 3～5 年内，计划所要解决的是企业产品（包括新产品）选择、生产能力及设施、资金配套等问题，该计划指导企业对新技术和新产品的研究开发、生产设备和场所更新改造、市场营销等方面进行决策，每个模拟公司都必须制订这样的滚动生产计划来规划执行期年度的工作。像新产品研发、生产线更新改造等工作就需要这种滚动生产计划来指导。第二种类型的滚动生产计划是以月为计划期时间单位，计划期时间长度与企业所拥有各种产品生产周期有关，必须达到或超过企业所有产品中最长的生产制造周期。这种类型的滚动计划主要解决近期（一般 3～5 个月）企业产品需求、产品的装配、部件生产、原材料需求、生产负荷与生产能力匹配等问题，对指导企业生产运作至关重要。

滚动生产计划制订需要进一步学习物料需求计划理论与方法后才能具体操作，这里仅就其基本思想进行了一些介绍，通过本章的学习还达不到制订滚动生产计划的能力。

第四节　理论知识点二：综合计划策略

编制综合生产计划需要解决的一个基本问题是，如何处理能力与需求的关系。市场需求的起伏和波动是绝对的，而企业能力又是相对稳定的，要解决这个矛盾，既要研究处理非均匀需求的策略，又要研究影响需求的策略。

一、处理非均匀需求的策略

处理非均匀需求有三种纯策略：改变库存水平、改变生产速率（production rate）和改变工人数量。

（一）改变库存水平

改变库存水平就是通过库存来调节生产，而维持生产率和工人数量不变。如图 5－4 所示，当需求不足时，由于生产率速不变，库存量就会上升。当需求过大时，将消耗库存来满足需要，库存就会减少。这种策略可以不必按最高生产负荷配备生产能力，节约了固定资产投资，是处理非均匀需求常用的策略。成品库存好比是水库，可以蓄水和供水，既防旱又防涝，保证水位正常。但是，通过改变库存水平来适应市场的波动，会产生维持库存费用；同时，库存也破坏了生产的准时性。而且，对纯劳务性生产，不能采用这种策略。纯劳务性生产只能通过价格折扣等方式来转移需求，使负荷高峰比较平缓。

（二）改变生产速率

改变生产速率就是要使生产速率与需求速率匹配。需要多少就生产多少，这是准时生产制（just-in-time）所采用的策略。它可以消除库存，忙时加班加点，闲时把工人调到其他生产单元或做清理工作。当任务超出太多时，可以采取转包或变制造为购买的办法。这种策略引起的问题是生产不均衡，同时需多付加班费。

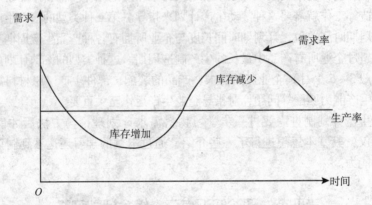

图 5-4　通过改变库存水平来吸收需求波动

（三）改变工人数量

改变工人数量就是在需求量大时多雇工人，在需求量小时裁减工人。这种做法在服务业多用，但不一定永远可行。对技术要求高的工种一般不能采取这种策略，因技术工人不是随时可以雇到的。另外，工人队伍不稳定会引起产品质量下降和一系列的管理问题。

以上三种纯策略可以任意组合成多种混合策略。比如，可以将改变工人的数量与改变库存水平结合起来。混合策略一般要比纯策略效果好。

二、影响需求的策略

（一）直接影响需求策略

当需求低迷时，可以通过广告、促销、人员推销和降价等措施来刺激需求。

例如，航空公司和宾馆都在周末和淡季提供价格折扣，电话公司降低在夜间的通话费率，冬季销售空调最便宜，都是在刺激需求。然而，即使是进行了广告和促销活动，安排了专门的销售人员并采取了降价措施，可能仍然不能使生产能力和需求水平一直保持一致。

（二）暂缓交货（back ordering）策略

暂缓交货是指企业已经承接的产品或服务订单，由于种种原因需要延迟交货。如果顾客愿意等待，而且企业的信誉和订单量不会受到任何损失，那么暂缓交货不失为一种可行的策略。但很多公司采用暂缓交货的策略，结果却常常造成销售机会的丧失。

究竟采用什么样的策略，可以通过反复试验法确定。

三、反复试验法（the trial – and – error method）

反复试验法，又称"试错法"，可能是在管理实践中应用最广的方法。面对复杂的管理对象，人们很难找到优化的方法来处理，于是通过直觉和经验得出一种方法。将这种方法用于实践，取得经验，发现问题，对方法作出改进，再用于实践……如此反复。虽然，不一定能得到最优解，但是一定能得到可行的且大体令人满意的结果。在制订生产计划中，也可采用反复试验法。下面将以一个例子说明如何应用反复试验法〔本例摘自詹姆斯·迪沃斯（James B. Dilworth）编的 Productionand Operations Management，FourthEdition，Random House，Inc.〕。

例 5.1 某公司将预测的市场需求转化为生产需求，如表 5 – 3 所示。每件产品需加工 20 小时，工人每天工作 8 小时。招收工人需支出广告费、考试费和培养费，折合 1 个工人 300 元，裁减 1 个工人需付解雇费 200 元。假设生产中无废品和返工。为了应付需求波动，有 1 000 件产品作为安全库存。单位维持库存费为 6 元/件·月。设每年的需求类型相同。因此，在计划年度开始时的工人数等于计划年度结束时的工人数。相应的，库存量也近似相等。现比较以下不同策略下的费用。

表 5 –3		预测的需要量		
（1）月份	（2）预计月生产需求量（件）	（3）累计需求量（件）	（4）每月正常工作日数（天）	（5）累计正常工作日数（天）
4	1 600	1 600	21	21
5	1 400	3 000	22	43
6	1 200	4 200	22	65
7	1 000	5 200	21	86

续表

(1) 月份	(2) 预计月生产 需求量（件）	(3) 累计 需求量（件）	(4) 每月正常 工作日数（天）	(5) 累计正常 工作日数（天）
8	1 500	6 700	23	109
9	2 000	8 700	21	130
10	2 500	11 200	21	151
11	2 500	13 700	20	171
12	3 000	16 700	20	191
1	3 000	19 700	20	211
2	2 500	22 200	19	230
3	2 000	24 200	22	252

（一）仅改变工人的数量

采取这种纯策略需假定随时可以雇到工人，这种策略可见表 5 - 4，总费用为 200 000 元。

表 5 - 4　　　　　　　　　仅改变工人数量的策略

(1) 月份	(2) 预计 月生产需 求量（件）	(3) 所需 生产时间 20 ×(2)	(4) 月 生产天数	(5) 每人 每月生产小 时 8 ×(4)	(6) 需工人数 (3) ÷(5)	(7) 月 初增加 工人数	(8) 月 初裁减 工人数	(9) 变更费 300 ×(7) 或 ×(8)
4	1 600	32 000	21	168	190		37	7 400
5	1 400	28 000	22	176	159		31	6 200
6	1 200	24 000	22	176	136		23	4 600
7	1 000	20 000	21	168	119		17	3 400
8	1 500	30 000	23	184	163	44		13 200
9	2 000	40 000	21	168	238	75		22 500
10	2 500	50 000	21	168	298	60		18 000
11	2 500	50 000	20	160	313	15		4 5000
12	3 000	60 000	20	160	375	62		18 6000
1	3 000	60 000	20	160	375			0
2	2 500	50 000	19	152	329		46	9 200
3	2 000	40 000	22	176	227		102	20 400
合计						256	256	128 000 元

维持 1 000 件安全库存需 1 000 × 6 × 12 = 72 000（元）

总费用 128 000 + 72 000 × 200 000（元）

（二）仅改变库存水平

这种策略需允许暂缓交货（back-ordering）。由于 252 天内需生产 24 200 件产品，则平均每个工作日生产 96.03 件，需 96.03 × 20 = 1 920 × 63（小时），每天需工人 1 920.63 ÷ 8 = 240.08（人）。取 241 人，则每天平均生产 24 × 8 ÷ 20 = 96.4（件）产品。仅改变库存水平的策略如表 5 - 5 所示。总费用为 209 253 元。

表 5 - 5　　　　　　　　仅改变库存水平的策略

（1）月份	（2）累计生产天数	（3）累计产量 (2)×96.4	（4）累计生产需求	（5）月末库存 (3)-(4)+1 000	（6）维持库存费（月初库存量+月末库存量)/2
4	21	2 024	1 600	1 424	7 272
5	43	4 145	3 000	2 145	10 707
6	65	6 266	4 200	3 066	15 633
7	86	8 290	5 200	4 090	21 468
8	109	10 508	6 700	4 808	26 694
9	130	12 532	8 700	4 832	28 920
10	151	14 556	11 200	4 366	27 564
11	171	16 484	13 700	3 784	24 420
12	191	18 412	16 700	2 712	19 488
1	211	20 340	19 700	1 640	13 056
2	230	22 172	22 200	972	7 836
3	252	24 293	24 200	1 093	6 195
合　计					209 253

注：4 月份的月初库存按安全库存量 1 000 件计。

（三）混合策略

混合策略可以多种多样，这里仅讲一种（见表 5 - 6）。考虑到需求的变化，在前一段时间采取相对低的均匀生产率，在后一段时间采取相对高的均匀生产率。4 月初需生产 1 600 件，每天需生产 76.19 件；设前一段时间采用每天 80 件的生产率，则每天需 80 × 20 ÷ 8 = 200（个）工人。生产到 8 月底，累计 109 天，生产了 109 × 80 = 8 720（件）。在余下 252 - 109 = 143（天）内，要生产 24 200 - 8 720 = 15 480（件）产品，平均每天生产 15 480 ÷ 143 = 108.25（件），需 108.25 × 20 ÷ 8 = 270.6（个）工人，取 271 人。因此，9 月初要雇 71 人，每天可生产 271 × 8 ÷ 20 = 108.4（件）产品，年末再裁减 71 人。这种混合策略的总费用为 179 275 元。

表 5-6　　　　　　　　　　　　混合策略

(1) 月份	(2) 累计生产天数	(3) 生产率	(4) 累计产量	(5) 累计生产需求	(6) 月末库存 (4)-(5)+1 000	(7) 维持库存费	(8) 变更工人数费用
4	21	80	1 680	1 600	1 080	6 240	
5	43	80	3 440	3 000	1 440	7 560	
6	65	80	5 200	4 200	2 000	10 320	
7	86	80	6 880	5 200	2 680	14 040	
8	109	108.4	8 720	6 200	3 020	17 100	
9	130	108.4	10 966	8 700	3 296	18 948	71×300=21 300
10	151	108.4	13 273	11 200	3 073	19 107	
11	171	108.4	15 441	13 700	2 741	17 442	
12	191	108.4	17 609	16 700	1 909	13 950	
1	211	108.4	19 777	19 700	1 077	8 958	
2	230	108.4	21 836	22 200	636	5 139	
3	252	108.4	24 221	24 200	1 021	4 971	71×200=14 200
合　计						143 775	35 500

反复试验法不能保证获得最优策略，但可以不断改善所采取的策略。

第五节　理论知识点三：备货生产型企业年度生产计划制订

备货型生产企业编制年度生产计划的核心内容是确定品种和产量，因为有了品种和产量就可以计算产值。备货型生产无交货期设置问题，因为顾客可直接从成品库提货。大批和中批生产一般是备货型生产。

一、品种与产量的确定

（一）品种的确定

对于大量大批生产来说，生产的产品品种数很少，而且既然是大量大批生产，所生产的产品品种一定是市场需求量很大的产品。因此，没有品种选择问题。

对于多品种批量生产，则有品种选择问题。确定生产什么品种是十分重要的决策。

确定品种可以采取象限法和收入利润顺序法。象限法是美国波士顿顾问中心提出的方法，该法是按"市场引力"和"企业实力"两大类因素对产品进行评价，确定对不同产品所应采取的策略，然后从整个企业考虑，确定最佳产品组合方案。这里不作详细介绍。

收入利润顺序法是将生产的多种产品按销售收入和利润排序，并将其绘在收入利润图上，表5-7所示的8种产品的收入和利润顺序，可绘在图5-5上。

由图5-5可以看出，一部分产品恰好在对角线上，一部分产品在对角线上方，还有一部分产品在对角线下方。销售收入高，利润也大的产品，即处于图5-5左下角的产品，应该生产。相反，对于销售收入低，利润也小的产品（甚至是亏损产品），即处于图5-5右上角的产品，需要作进一步分析。其中很重要的因素是产品生命周期。如果是新产品，处于导入期，因顾客不了解，销售额低；同时，由于设计和工艺未定型，生产效率低，成本高，利润少，甚至亏损，此时应该继续生产，并做广告宣传，改进设计和工艺，努力降低成本。如果是老产品，处于衰退期，就不应继续生产。除了考虑产品生命周期因素以外，还可能有其他因素，如质量不好，则需提高产品质量。

表5-7   销售收入和利润次序表

产品代号	A	B	C	D	E	F	G	H
销售收入	1	2	3	4	5	6	7	8
利润	2	3	1	6	5	8	7	4

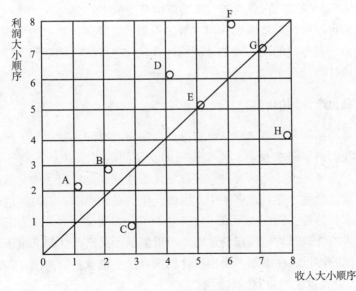

图5-5 收入—利润次序图

　　一般来说，销售收入高的产品，利润也高，即产品应在对角线上，对于处于对角线上方的产品，如 D 和 F，说明其利润比正常的少，这就需要考虑是销价低了还是成本高了。反之，处于对角线下方的产品，如 C 和 H，利润比正常的高，可能由于成本低所致。可以考虑增加销售量，以增加销售收入。

（二）产量的确定

　　品种确定之后，确定每个品种的产量，可以采用线性规划方法。利用线性规划，可求得在一组资源约束下（生产能力、原材料、动力等），各种产品的产量，使利润最大。例如，有 n 种产品品种，m 种资源约束，可采用以下形式的线性规划来优化：

$$\max Z = \sum_{i=1}^{n} (t_i - C_i) x_i$$

满足：

$$\sum_{i=1}^{n} a_{ik} x_i \leqslant b_k, \quad k = 1, 2, \cdots, m$$

$$x_i \leqslant U_i$$

$$x_i \geqslant L_i, \quad L_i \geqslant 0, \quad i = 1, 2, \cdots, n$$

　　式中，x_i 为产品 i 的产量；b_k 为资源 k 的数量；a_{ik} 为生产一个单位产品 i 需资源 k 的数量；U_i 为产品 i 最大潜在销售量（通过预测得到）；L_i 为产品 i 的最小生产量；r_i 为产品 i 的单价；c_i 为产品 i 的单位可变成本。

　　线性规划可用单纯形法求解，但求解过程繁琐且复杂，如果用手工求解将很费力费时，由于有专门的线性规划计算机计算软件包，线性规划问题能够在计算机上进行快速计算处理。

二、产品出产计划的编制

　　确定了产品品种与产量之后，再安排产品的出产时间，就得到了产品出产计划。前一章我们讲了需求预测，需要说明的是预测的需求并不一定等于生产需求。因为生产出来的产品还需经过包装、发运，才能到批发商手中，然后又从批发商到零售商，最后才能到顾客手中。因此，生产必须提前一段时间进行，才能满足市场需求。另外，因能力所限，生产并不一定要满足全部市场需求。

　　按前面讲的处理非均匀需求的策略，可以编制产品出产计划。由于不同的生产类型有不同的特点，在编制产品出产计划的方法上也有一定差别。

（一）大量大批生产企业

　　由于其品种数很少，产量大，生产的重复程度高，大量大批生产是典型的备货型生产，其生产的直接目标是补充成品库存。采用改变库存水平的策略较好。这样可以通过成品库将市场与生产系统隔开，使生产率均匀，保证生产的节奏性。

有三种方式可用于分配各季各月的产量：

（1）均匀分配方式。将全年计划产量按平均日产量分配给各月。这种方式适用于需求稳定、生产自动化程度较高的情况。

（2）均匀递增分配方式。将全年计划产量按劳动生产率每季（或每月）平均增长率分配到各月生产。这种方式适用于需求逐步增加、企业劳动生产率稳步提高的情况。

（3）抛物线递增分配方式。将全年产量按开始增长较快、以后逐渐缓慢的递增方式分配到各月生产。

（二）成批生产企业

由于品种较多，各种产品产量多少相差较大，不能采用大量大批生产企业的方式安排生产。具体方法有：

（1）对于订有合同的产品，要按合同规定的数量与交货期安排，以减少库存。

（2）对于产量大、季节性需求变动小的产品，可按"细水长流"方式安排。

（3）对于产量小的产品，要权衡库存费用与生产准备费用，确定投产批量，做到经济合理。

（4）同一系列不同规格的产品，当产量较小时，尽可能安排在同一时期内生产，这样可以集中组织通用件的生产。

第六节　模拟实验项目

实验一：产品年度需求确定

一、实验内容

实验内容包括产品品种选择，各品种年度需求确定，各品种年度需求可以参照本书第一章产品需求管理的有关实验结果数据，或重新进行需求预测。

二、实验步骤

1. 产品品种选择，根据公司生产运作战略和对未来需求的判断，确定下个年度需要投放市场的产品类型。

2. 详细说明产品品种选择的依据，制定年度需求规划。

三、实验要求

在通过充分探讨和论证的基础上，提交产品品种选择报告书和年度需求规划书，品种选择报告书和产品需求规划书要求分别作出充分说明。

四、问题与思考

1. 产品年度需求的确定应该如何进行？
2. 产品品种选择有哪些方法？你如何选用？
3. 各品种应如何分摊年度销售总目标？
4. 年度需求与设施生产能力之间应怎样进行平衡？
5. 产品年度需求确定的主要难点存在哪几个方面？

实验二：综合生产计划的制订

一、实验内容

在实验一的基础上，以产品生产成本为评价指标，制订公司年度综合生产计划。

二、实验步骤

1. 根据产品年度需求规划，制订不同生产方案的综合生产计划。
2. 以生产成本为评价目标，选择相对满意的综合生产计划。

三、实验要求

详述综合生产计划的制订过程，提交规范的综合生产计划报告书。

四、问题与思考

1. 综合生产计划的具体含义是什么？
2. 综合生产计划制订需要从哪些方面考虑？
3. 综合生产计划制订的依据是什么？
4. 本公司应如何制订综合生产计划？
5. 应如何提高综合生产计划的柔性？

〔**案例分析**〕

吉庆的万能计划

经过近九年的打拼，吉庆公司在模拟经营市场上逐渐成长起来，公司产品也已经进行了升级换代，由最初时只能生产附加值较低的 P1 产品发展到现在可以生产从 P1 到 P3 的一系列电子产品，并且 P4 产品的研发也正在有条不紊地进行当中，公司的产品畅销国内外。公司光 P3 产品每年的销量达到 8 000 件以上，占整个 P3 市场的 20% 以上，在业界树立起了自己的品牌，并且公司建立起了价值链管理体系，同顾客保持着良好的战略伙伴关系，开创了较好的局面。但新的管理层也非常清楚地认识到公司所取得的成绩只是暂时的，公司产品在市场上的份额地位面临着来自竞争对手的强大挑战，与顾客的战略合作关系也并不牢不可破，加之他们公司生产的是电子产品，更新换代快，需要企业对市场有着非常灵敏的反应。这一切考验着新管理层的经营能力。

为应对来自市场的压力，确保公司的市场地位，公司管理层明确提出各部门工作必须具有超前的计划性和应对变化的柔性。为了完成公司的目标，生产部必须要制订出合理的第十年生产计划，保证生产部既要能够满足市场的订单需求，同时也要保证生产部的设备资源、人力资源以及其他的配套资源利用率得到保证，而要做到这一点，生产部经理胡军深知难度很大。因为根据过去的经验，顾客的订单经常带有很大的突然性，有时深更半夜里突然接到一个大单，生产部不得不紧急安排人手，调配资源来配合顾客的需求，公司也为此付出子很多加班费用；而有时，正在生产中的产品却突然接到顾客的电话，要求暂停生产，弄得他在管理上非常为难。如果说上面的困难生产部还能应对的话，那么销售部与客户之间的马拉松式谈判就让生产部无所适从，因为经常是到了二三月份，销售部的同事居然还没开完年度订货会，当然也就没有正式订单了。市场上的这种异常变化感到生产部要完成公司的成本控制目标存在巨大的困难，他觉得生产部必须要有一个更为切实可行的长期生产计划。为此，经理胡军找到销售部经理李刚，希望销售部能同顾客进行更多的沟通，以便能提前知晓顾客的需求变化，公司生产部也好做出合理的安排。李刚告诉他说："说实在的，我们也非常希望客户能及时地与我们签订合同，能保持订单的平稳，这样我们接单时就不会担心我们生产部是否能及时交货的问题了。你也知道，出现我们这样马拉松式谈判的不只我们电子一个行业，现在正进行的铁矿石供求谈判不也同我们一样吗，都是多少个月都谈不成。当然，我们会经常同客户保持着紧密的联系，一有什么消息他们也会及时通知我，但面对市场的风云变幻，我们也不能给客户提太多的要求，毕竟我们公司还面临着其他公司的强大竞争，所以也只好辛苦他们生产部能制订出更为柔性的计划了。"胡军知道销售部不能为他的生产计划提供更多的帮助了，生产部必须制定万全之策。

生产部为制订下一年度生产计划，召开了一个生产部高级管理人员会议商讨对策。有人提议道：我们生产部要完成公司提出的成本计划，就必须要进行均衡生产，制订均衡生产计划，以不变应万变，这样才能保证我们的资源利用效率。有人反说：这一点我们做生产管理的人当然都非常清楚，问题是均衡生产计划是无法应对突然增加或减少的订单，我们当初所制订的均衡生产计划可能因订单的突然变化而被全部打乱的，到时我们的资源利用效率更没办法保证了。效率与柔性取得均衡的问题让生产部最终制订出了一个他们称之为"万能计划"的生产计划。计划制订的依据主要是对过往年份的生产订单变化情况分析所得结果，以及对未来市场变化的一个简单预测。计划的主要内容是：第一，采用以周为单位的滚动生产计划，尽量将工作精细化，以增加生产线的柔性；第二，保持生产线的开工率为80%左右，这样进可攻、退可守，在应对订单的突然增加方面有余地。下表是他们多条生产线中的一条全自动线生产计划：

计划时间	WK1	WK2	WK3	WK4	WK5	WK6	WK7	WK8	WK9	WK10	WK11	WK12
计划产量（件）	70	70	70	70	70	70	70	70	70	70	70	70
实际产量（件）												

案例评析

生产的效率与生产的柔性这一矛盾是生产管理的一大挑战。均衡生产是企业最大限度地利用生产资源的一种生产方式，绝不是说每天安排生产一样多数量的产品就叫均衡生产。案例中的企业生产计划只是利用了设备产能的80%左右，生产部虽然是"进可攻，退可守"，但却是对生产资源的一种极大浪费，是为了均衡而均衡，并没有实现真正的均衡生产目的。企业应努力与客户及协力厂商形成战略同盟，形成价值链，减少需求波动性对企业的冲击。

第六章　企业产品生产进度计划管理

第一节　仿真模拟实习企业产品生产进度计划管理概述

产品生产进度计划是以企业的最终产品（不展开为零部件）为对象的生产进度计划，它在 MRP 计划体系中叫主生产计划。通过编制产品生产进度计划把计划期内要生产的全部产品在生产进度上作一个统筹安排，尽量使计划期各时段的生产负荷比较均匀，以利实现均衡生产，充分利用企业的生产能力。在制定生产大纲时，已作了计划期内生产负荷和生产能力的总量平衡，此时，在编制产品生产进度计划时，通过对各产品投产和出产日期的具体安排，要进一步对计划期各时段的生产负荷与生产能力进行平衡，以保证计划的可执行性。

在仿真实习中，每个虚拟公司都处于一样的市场环境和一样的产品体系，在产品体系中有成熟的产品和待开发的新产品。每个虚拟公司需要根据自身的战略规划来确定各产品的年度需求，并将这些产品的年度需求量分解到各个时段，比如各月份的需求，这一分解过程需要考虑产品的市场需求波动规律和企业生产负荷的分布情况，以满足生产负荷和生产能力平衡的要求。因此，仿真实习企业的产品进度计划管理，一方面是对年度综合生产计划的具体实施，另一方面却要考虑到每周、甚至是每天的生产能力与负荷的平衡状况，保证生产的顺利实施和满足市场的需要。

第二节　实验环境与条件

一、生产工艺规则

根据产品 BOM 结构，生产每一种产品的原材料不尽相同。P1 产品直接由原材料加工生产；P2、P3、P4 产品都由自制半成品和原材料加工装配而成，需要经过一定的生产工序才能加工装配出产成品。

凡是需要自制半成品才能进一步加工生产产成品的产品，都需要经过两个生产环节，第一步，用原材料加工成半成品。第二步，用自制半成品、其他原材料进一步加工装配成产成品。只有已经完工并经过检验合格的半成品，才能进入下一个环节进行加工或者装配。

产品的生产加工（装配）工艺路线如图6-1所示：

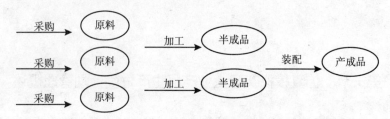

图 6-1 产品生产工艺路线

二、产品生产周期

表 6-1 产品生产周期

产 品	工 序	第一周期	第二周期	说 明
P1	加工	P1	—	直接生产
P2	加工	P1，M3	—	自制 P1、M3 半成品
	装配		P2	
P3	加工	P1，M3	—	自制 P1、M3 半成品
	装配		P3	
P4	加工	P1，M3，M4	—	自制 P1、M3 和 M4 半成品
	装配		P4	

注：（1）P1 产品可以作为产成品对外销售，也可以作为自制半成品继续加工生产其他产成品；

（2）M3、M4 为自制半成品，不能直接销售给客户公司；

（3）供应商不供应半成品；

（4）同一市场中的生产制造公司之间可以进行半成品交易，但必须签订购销合同。

三、原材料准备提前期

根据生产工序对备料的要求，原材料均需一定的提前准备时间，各种原材料要求的上线生产准备提前期分别是：M1、M2 为 2 天；M31、M32 为 3 天；M41、M42 为 5 天。对此，制订物料需求计划时必须考虑原材料准备提前期。根据"木桶原理"，某种产品所需原材料只要有一种材料没有达到准备提前期要求，就不能开工生产该种产品（包括半成品和产成品）。

四、设备产能

设备产能是企业进行生产进度管理的重要依据，企业有关产能规定见本书第四章的"实验环境与条件"一节。

第三节　理论知识点一：大量生产类型产品生产进度计划

对于大量流水生产企业常年连续地重复生产相对固定的少数几种产品，大部分产品和零部件都有自己固定的专用生产线和装配线。计划工作关注的是各生产线的产量（班产量和日产量），毋需对产品的投产日期和出产日期作具体安排。当预测计划期内市场需求有波动时，计划上对产量的安排要做出调整。通常可以采取三种策略来指导计划的安排，即均衡策略、跟踪策略和混合策略。

一、均衡策略

均衡策略是指在计划期内按生产能力的正常水平均衡地安排生产。采用均衡策略的好处是：（1）能充分利用企业现有的生产能力；（2）容易保持正常的生产秩序，从而有利于建立一个良好的工作环境，能保证工人高效地工作和保持产品质量稳定；（3）保持正常的生产秩序，有利于组织好供应工作；（4）有利于搞好生产管理工作，发挥各种规章制度的作用。但是当需求波动时，它容易引起产销脱节，企业需依靠建立相当的库存来维持供需平衡。当需求波动较大时，企业需保持较大的库存量，负担可观的库存管理费和积压一大笔流动资金。在产品的市场寿命越来越短的今天，库存品积压具有很大的风险。

二、跟踪策略

跟踪策略是计划上要使产品的生产量随需求的变化而变化，使产销尽可能保持一致，以尽量降低库存。采用这一策略，可以降低库存风险，减少库存费用支出，加速流动资金周转。但是采用这种策略，对生产管理工作的要求很高。

当需求增大，企业的正常生产能力无法满足时，就需要组织加班突击，这样容易搞乱正常的生产秩序，从而引起一系列的后果。例如，由于生产工人过分疲劳，容易引发质量事故、工伤事故和设备事故；或由于设备得不到正常的维护保养，而造成过度磨损，缩短设备的使用寿命；或由于检验制度的放松，使产品质量得不到保证等。而在市场需求疲软时，则使企业的生产能力部分闲置，生产人员要作临时性的安置等。采用这一策略的条件是，要求企业有较高的管理水平；企业的生产系统具有较大的柔性或有较富裕的生产能力。

三、混合策略

鉴于上述两种策略各有其优点和缺点，为了取长补短，综合两者的优缺点，就产生了第三种策略，即所谓的混合策略。混合策略在总体上采取跟踪策略，它把计划期分为若干时段，各时段的生产水平跟踪市场需求的变化，而在各个时段内则保持均衡生产，不是一步一步地跟踪市场。这一策略特别适用于当产品的生命周期处于成长期或衰退期，对产品的需求量有明显的上升或下降趋势的情况。

四、大量生产进度计划示例

为了更好地理解大量生产进度计划的三种策略，下面举例说明之。

例题 6-1 设已知计划年度各季度对某产品需求量为 200 件、300 件、400 件、300 件，总需求量为 1 200 件。可供选择的调节生产能力因素有：加班加点、存货、延迟交货。正常生产的每件成本 10 元，加班生产 12 元，每件存货费用 1 元，延迟交货每件损失 5 元，年初库存为 0。

现提出三种计划方案：

(1) 采用均匀生产。

(2) 采用跟踪生产，每季生产 250 件，不足部分在第三、四季度加班生产。

(3) 采用混合生产，一、二季度各产出 250 件，第三、四季度各生产 300 件，不足部分在第三、四季度加班补足。

分别计算各方案的总成本，并确定最后执行方案。

1. 均匀生产总成本（元）。

表 6-2 均匀生产总成本计算

季度	1	2	3	4	合计
市场需求	200	300	400	300	1 200
正常产量	300	300	300	300	1 200
加班生产	0	0	0	0	0
余缺	100	0	-100	0	0
期初库存	0	100	100	0	200
期末库存	100	100	0	0	200
平均库存	50	100	50	0	200
延迟交货	0	0	0	0	0
成本					
正常生产成本	3 000	3 000	3 000	3 000	12 000

续表

季 度	1	2	3	4	合 计
加班生产	0	0	0	0	0
存货费用	50	100	50	0	200
延迟损失	0	0	0	0	0
总计					12 200

2. 跟踪生产总成本（元）。

表6-3 跟踪生产总成本计算

季 度	1	2	3	4	合 计
市场需求	200	300	400	300	1 200
正常产量	250	250	250	250	1 000
加班生产	0	0	100	100	200
余缺	50	-50	-50	50	0
期初库存	0	50	0	0	50
期末库存	50	0	0	0	50
平均库存	25	25	0	0	50
延迟交货	0	0	50	0	50
成本					
正常生产成本	2 500	2 500	2 500	2 500	10 000
加班生产	0	0	1 200	1 200	2 400
存货费用	25	25	0	0	50
延迟损失	0	0	250	0	250
总计					12 700

3. 混合生产总成本（元）。

表6-4 混合生产总成本计算

季 度	1	2	3	4	合 计
市场需求	200	300	400	300	1 200
正常产量	250	250	300	300	1 100
加班生产			50	50	100
余缺	50	-50	-50	50	0
期初库存	0	50	0	0	50

续表

季 度	1	2	3	4	合 计
期末库存	50	0	0	0	50
平均库存	25	25	0	0	50
延迟交货	0	0	50	0	50
成本					
正常生产成本	2 500	2 500	3 000	3 000	11 000
加班生产	0	0	600	600	1 200
存货费用	25	25	0	0	50
延迟损失	0	0	250	0	250
总计					12 500

本例中，三种策略生产进度计划的总费用经过测算，以均衡安排生产费用最低，所以在生产进度计划安排上，均衡安排生产可以作为首先考虑的选项。

第四节 理论知识点二：成批生产类型产品生产进度计划

多品种批量生产的产品生产进度计划的主要任务是要在计划期内做好各产品在生产进度上的合理搭配。

一、品种的合理搭配

品种搭配的一般原则是：

（1）首先安排企业的主导产品。由于这类产品的产量相对较大，尽可能采用"细水长流"的方针，使这部分产品能相对稳定地保持均衡生产。

（2）同一系列或同一类型的产品尽量安排在同一时段内集中生产。以减少同时生产的品种数，扩大通用件的生产批量，简化管理工作。

（3）精度要求高、技术难度大的复杂产品和一般的普通产品及大型产品和中、小型产品应合理搭配，以保证各类人员和各种设备有均衡的负荷。不要在某一时段只生产大型复杂产品，而另一时段又只生产中小型结构简单的产品；这样会引起某些设备和人员有时十分紧张，有时又很空闲，造成生产能力的浪费。

（4）新产品不宜集中上场，避免生产准备工作过分集中，车间难以应付。

（5）考虑生产技术准备工作（指产品设计、工艺准备、工装制造等）、物资供应工作与产品生产进度计划的衔接。避免新产品设计好了，工艺准备工作完成了，但没有能力生产。或者有生产能力时，生产技术准备工作还未完成，产品无法投产。

（6）尽量保持出产均衡，以保证资金的均衡回流。

（7）计划的总体安排要在生产能力上适当留有余地，以便能应付某些意外的又是必须解决的紧急任务。

下面举例说明成批生产类型企业产品进度计划品种搭配，见表6-5。

表6-5　　　　　　　　　　　　某企业产品进度计划表

产品名称	全年任务	生产进度											
		一季度			二季度			三季度			四季度		
		1月	2月	3月	4月	5月	6月	7月	8月	9月	10月	11月	12月
A	1 100	80	70	80	90	90	90	100	100	100	100	100	100
B1	160	50	50	60									
B2	450				40	40	50	50	50	60	60	50	50
C1	320			60	60	50	50	50	50				
C2	240			30	30	40	40	50	50				
C3	320	80	80							80	80		
D	180					15	25		60				
E	110		30	30	30							20	30
F	160	40						40			40		
G	80	15	15			15	15			10			10
H	120	30		30	30				30		30		

表6-5中，A为企业的主导产品，全年相对稳定地连续生产，贯彻"细水长流"。B1和B2为B类系列产品，C1、C2和C3为C类系列产品，系列产品中通用件较多，故安排连续生产或适当集中生产。D为新产品、F为复杂产品、E、G和H为轮番生产的一般产品。通过合理搭配，使各月生产的品种不超过5~6种，各月的设备负荷比较均衡。

二、生产负荷与生产能力平衡

编制产品生产进度计划是根据生产大纲和已到手的客户订单的要求，确定各产品在计划期各时段内的产量和投产、出产日期。产品生产进度计划的计划期长度一般为一年，也可以跨年，视产品生产周期的长短而定。计划期的跨度须大于计划对象的生产周期。计划初步排出后，要计算生产负荷，编制粗能力需求计划。通过粗能力需求计划与计划期企业实有的生产能力相对照，调整负荷分布，以期实现负荷与能力的平衡。由于产品生产进度计划的对象是产品，核算生产负荷时只能用产品的台份工时定额。台份工时定额反映的是汇总的整台产品（分工种）的加工工作量，不能反映工作量在时间坐标上的分布情况。通常把加工工作量看作是在生产周期内均匀分布的，这与负荷的实际分布有一定的差异，所以这种能力平衡是比较粗略的。

第五节　仿真模拟实验项目

实验一：制订产品的主生产计划

一、实验内容

在需求预测和已有订单的基础上，制订企业产品的主生产计划，该计划需要从满足客户需求、平衡生产能力角度来进行规划，需要确实可行。

二、实验步骤

1. 收集并分析已有订单，对计划期内的需求进行预测。
2. 制订本期的主生产计划。

三、实验要求

本实验要求对已有订单进行产品分类统计，分析不同时间的交货期。计算主生产计划所需要的各时段的工时负荷，对比公司相应的生产能力，进行相应的平衡工作。最后提交的主生产计划必须是能够实现的。

四、问题与思考

1. 怎样理解主生产计划？主生产计划对公司生产管理来说很重要吗？
2. 主生产计划制订需要注意哪些问题？
3. 主生产计划与企业瓶颈能力之间存在什么关系？
4. 主生产计划的计划期长度是如何确定的？
5. 应如何提升主生产计划的柔性？

实验二：制订产品生产进度计划

一、实验内容

根据产品的需求情况，结合企业的产能等相关数据，制订各种产品的生产进度计划，进度计划在最大限度满足按时向客户交货要求外，还要满足生产成本尽可能低的要求。

二、实验步骤

1. 仔细分析各产品生产工艺要求，制定产品的生产工艺路线，确定每一个工艺过程生产的提前期数据。

2. 依据主生产计划数据和生产工艺数据，制订产品生产进度计划。

三、实验要求

本实验需要完善的生产工艺过程参数，在收集和确定这些参数时必须认真严格，以确保制订的产品生产进度计划具有可操作性。

四、问题与思考

1. 产品生产进度计划制订要遵循什么程序？
2. 产品生产进度计划与企业生产能力有什么关系？
3. 当产品生产进度计划与能力需求计划不平衡时应如何处理？
4. 产品进度计划制订有哪些难点？

〔案例分析〕

高科的"无缝对接"

高科公司新的管理层接手公司的运营后，不但保住了公司原有的市场份额，同时还投入重金，顺利开发出了技术含量更高的 P3 和 P4 产品，使公司的产品线更为丰富。不单于此，客户通过对公司新产品的试用之后都给出了极高的评价，使得公司已经获得了来自客户公司高层的订单口头承诺，并初步签订了建立长期战略伙伴关系的意向书。面对来之不易的新产品研发成果以及市场开拓的成功，公司要求生产部针对市场出现的大好时机，制订切实可行的生产计划，确保公司的产量能满足客户新增的需求。

为确保生产部能完成生产任务，生产部经理小宁立刻投入了紧张的计划制订当中。为了使制订出的生产计划具有可行性，小宁从公司销售部了解到，公司虽然还没有同客户签订正式的订单，但销售部估计公司下一年度获取订单的总量大约在 12 000 件，其中 P2 约 2 000 件，P3 约 5 000 件，P4 约 5 000 件，P1 产品市场由于快速萎缩，公司在这款产品上不盈利，所以销售部将不会接 P1 的订单。等到市场统一召开第十年订货会时，公司就会与客户签订正式合约。调查清楚了公司的生产任务、订单的可靠性以及平稳性之后，生产部着手制订自己的产品生产计划。生产部现有各类生产线（各条线都配备有相应的合乎资质要求的人员）共 10 条（见下表），其中 3 条手工线由于使用年限过长，经常需要维修，生产部在此线上投入的人力物力过大，在经济上已经没有使用价值，因此决定将手工生产线和手工装配线出售。

工作中心	设备数量（条）	年产能（批）	P1，P2，P3，P4，M4		M3	
			每批产量（件）	年产量（件）	每批产量（件）	年产量（件）
手工生产线	2	12	100	1 200	200	2 400
全自动生产线	2	12	200	2 400	400	4 800
柔性生产线	2	12	200	2 400	400	4 800
手工装配线	1	24	100	2 400	—	—
全自动装配线	2	24	200	4 800	—	—
柔性装配线	1	24	200	4 800	—	—

由于公司公司资金周转困难，新的生产设备需要到第十一年度里才会有预算，另外即使贷款购买回了新的设备，也由于设备的安装调试工作需要几个月时间，因此生产部决定将部分产品的生产任务外包。经过对自有产能的全面评估以及与生产服务协作厂商协商之后，高科公司生产部制订出了如下产品生产计划：

高科公司第十年度生产计划

产品名称	使用设备名称	设备数量	1 月	2 月	3 月	4 月	5 月	6 月	7 月	8 月
P1	外包		1 200	1 200	1 200	1 200	1 200	800	800	800
P2	全自动装配线 A	1	400	400	400	400	400			
M3	全自动生产线	2	400	400	400	400	400	400	400	400
P3	全自动装配线 B	1	400	400	400	400	400	400	400	400
M3	柔性动生产线 A	2	400	400	400	400	400	400	400	400
M4	柔性动生产线 B	2	400	400	400	400	400	400	400	400
P4	柔性动装配线	1	400	400	400	400	400	400	400	400

他们称上述生产计划为"无缝对接"的计划，主要是因为他们觉得这份计划既充分利用了公司现有的产能，同时也完整地考虑到了生产的周期性和平滑性，保证了公司资源的利用效率，在资源的利用上基本上做到了"无缝"；另外，公司与其协作厂商建立起了良好的合作关系，供货商也承诺会按照公司所制定的产品进度计划表按时足量提供产品，从而实现了与供应商的"无缝对接"。

该份生产计划顺利通过公司的审核后即将付诸实施。

案例评析

生产进度计划安排既要考虑到满足客户需要，同时也必须保证能充分利用企业的生产资源，要在客户满意与资源效率两者之间找到恰当的平衡。本案例企业在与客户以及协作的供应商、协作厂商进行充分的沟通并与这些厂商取得了共识之后，制订的这份生产进度计划具有较好的可行性，既充分利用了企业的生产资源，保证了资源效率，同时也通过客户、供应商以及协作厂商进行了充分的沟通，并取得了他们的理解和支持，这也是这份计划能顺利实施的前提保证。

第四篇

生产库存与物料管理

第七章 企业库存控制

第一节 仿真模拟实习库存控制概述

库存控制，又称库存量控制。它是根据生产和销售的需要，按照经济合理的原则，对企业库存物料的储备数量进行调节、控制的一种活动。库存控制成为市场需求与企业生产之间的调节器。它涉及库存控制对象、库存种类和条件、库存控制标准、库存控制决策系统、库存控制模式等方面的问题。通过这些控制，为再生产的顺利进行创造必要条件。

仿真模拟企业运作，库存控制是模拟实习的一个重要环节。每个企业在共同的初始化库存资源条件下，企业不同的库存控制策略将显著地影响企业的经营过程，是企业经营绩效差异化的重要影响因素。

不同的企业，库存的对象有所不同。例如，航空公司的库存是其飞机的座位；百货商店的库存是各种各样的商品；电视机厂的库存是各种零部件、产成品等。制造企业的库存可分为原材料、产成品、零部件、在制品等，而服务业的库存则指用于销售的实物和服务管理所必需的供应品。

一、制造企业的库存对象

1. 主要原材料。原材料是构成产品主要实体的物资，是重点储备对象，如原棉、原木、原油等，一般称原料。把原料进一步加工后，作为劳动对象提供的产品，称为材料，如棉花、钢材等。

2. 辅助材料。它是用于生产过程，有助于产品的形成，在生产过程中起辅助作用，不构成产品主要实体，而是使主要材料发生物理或化学反应的材料。如化学反应中的接触剂、催化剂、炼铁用的溶剂等。这类物资虽不构成产品的实体，但供应不上会影响生产。

3. 燃料。它是辅助材料的一种，不加入产品，仅仅帮助产品的形成。燃料是工业能源，如煤炭、石油、汽油、柴油等，都是生产中不可缺少的重要物资。

4. 动力。水、电、气、蒸气、压缩空气等。

5. 工具。工具指生产中消耗的刀具、量具、卡具等。

6. 外协件、外购件。

7. 产成品。生产过程结束，在投入市场销售之前企业中的库存成品。这部分库存的大小取决于生产速度和市场需要速度相互间的增减关系。

二、生产中库存状态及流向

分离的原材料、能源等在生产过程中结合起来，经过一步步加工，逐渐转化为成品。一般过程是供应商—原材料—第一级在制品—第二级在制品—产成品—顾客。越是处于左边的物料越具有可选择、可转移性，即甲原材料做不了这种产品，还可以用做其他产品。但越是处于右边的物料，越具有不可转移性，因为它已经成为某种特定产品了。在这个流转中，库存对象的形态也在不断变化，从原材料变成一级在制品，再变成二级在制品，最后成为可在市场上销售的产品。各个阶段的库存量由流量来衔接，库存更新的速度由储备的供给率和消耗率来决定。

第二节　实验环境与条件

物流部要根据企业生产经营计划制订公司原材料、半成品和产成品的仓储方案和运输方案并负责实施。

1. 仓储业务规则。

（1）现有仓库及其容量、仓储费（见表7-1）。

表7-1　　　　　　　　　　　仓库容量和费用

指　标		原料仓	半成品仓	成品仓
最大容量（单位）		10 000	5 000	5 000
仓储费	元/单位/天	0.08	0.17	0.20
	元/单位/月	2	4.5	5

注：假定所有原材料的单位体积相同；所有半成品的单位体积相同；所有成品的单位体积相同。

（2）出入库。原材料到货必须办理入库手续，并入原料仓。采购到货需要立即投入生产的原材料，可不入库，但需要办理出入库手续。原材料验收入库后，就要计算并支付仓储费用。订购的原材料未到货前不发生仓储费用。

完工的产成品也必须办理入库手续，并入成品仓。

半成品可根据生产计划，决定是否入半成品仓。对于可以立即转入下一个生产环节的半成品，可以不入半成品库，但是必须办理出入库手续，计算半成品成本。

原材料、半成品、产成品入库当月即发生仓储费用。

原材料、半成品、产成品出库必须办理出库手续。

（3）租用第三方物流公司仓位。当自有仓库无法满足公司货品仓储需要，或公司由于整体战略规划的要求，或根据仓储方案进行成本效益的比较分析，可选择租用第三方物流公司仓位。

租用第三方物流公司仓位程序：① 制订仓位租用方案，内容包括储存货品、数量、时间、租用仓位数、公司报价、货品损失责任等。② 租用方案报请物流部经理审批。③ 向第三方物流公司询价。④ 与第三方物流公司协商谈判，签订仓储合同（参见本书第四章中"第三方物流公司业务规则"）。⑤ 总结分析租用效果。

（4）仓储业务管理规则。

① 严格记录所有货品出入库情况。

② 月末必须进行仓库盘点和存货核算，并对当月库存情况进行分析。

③ 月末必须将原材料、半成品库存情况通知生产部；将产成品库存情况通知市场部。

2. 仓库取得规则。公司的各种仓库具有一定容量，公司存货超过仓库容量限制时，除向第三方物流公司租用仓位外，还可以通过分期自建和向租赁公司租入两种方式增加新的仓库。

无论自建还是租用，都需要办理相关手续，取得相应证明。

第三节　理论知识点一：库存控制的标准

一、库存种类与条件

1. 库存种类。按库存的作用和性质划分，库存可分为五类：

（1）预期性库存，指为预期生产或销售的增长而保持的库存；

（2）缓冲性库存，指对未来不确定因素起缓冲作用而保持的库存；

（3）在途性库存，指运输过程中的库存；

（4）周转性库存，指在进货时间间隔中可保证生产连续性而保持的库存；

（5）独立库存与相关库存，指对产品的需求，可分为独立需求和相关需求两类。独立需求是指各种物品的需求之间没有联系，可以分别确定。独立需求由市场状况决定，与生产过程无关。例如，某企业同时生产钢铁和食品，这两种产品都是独立需求。为满足独立需求而建立的库存，为独立库存。相关需求指产品的需求与更高层次上的产品需求相关联，前者的需求由后者决定。与相关需求联系的库存，为相关库存。

库存的特征是：它是企业重要的缓冲手段、调节手段；它是企业的一项投资，占有相当的资金；它是具体的实物，保管实物需要支出库存费用，上述可见，库存是既为生产所必需，又占用资金、支付费用的物资资料储备形式。

2. 库存条件。库存是必要的。企业要不要保持相当的库存，要根据市场条件和管理水平来决定。

（1）供应渠道、货源的保证程度。供应渠道指供应系统。例如，物资由国内或国外供应，由国家统配、地方分配供应，还是自由采购等。货源指该类物资的直接供应者及供应的稳定程序。例如，在既定的系统中，生产该类物资的企业能否保证供应，有无货源保证等。企业内部同样存在相应的渠道、货源问题。

（2）运输。运输指物资供应地点到使用地点之间的运输条件。有了供应渠道和货源保证，运输条件能否满足，能否保证及时运输，保证生产需要，就是库存一个重要条件了。

（3）总费用。总费用指存贮费用和订货费用的总和。存贮费用是保持库存而发生的费用。库存量越大，存贮费用越多。这项费用按每件物资一定时间内（1个月或1年）的平均费用计算，或按库存物资价值的百分比计算。订货费用，指一次订货采购物资而发生的费用。如差旅费、电话、电报费、装卸费、验收费，以及填写订货单、采购单等。订购的次数越多，订购费用的总和就越大。

库存的前两个条件是库存的基本条件。有一个条件不充分，就必须保持库存。库存保持的时间和数量受到上述条件的保证程度的影响。保证程度越差，保持库存的时间越长，数量越多；反之，就越短，越少。这两个条件基本满足了，还要从费用角度考察库存的合理性。如果前两个条件得不到保证，不能保证及时供应，那么，即使库存费用大一些，为保证生产，还要保持库存。

二、物资储备定额

1. 物资储备定额的构成。库存控制就是控制物资的储备数量，库存控制的标准就是物资储备定额。

物资储备定额是指在一定的管理条件下，为保证生产顺利进行所必需的、经济合理的物资储备数量。

物资储备是生产经营活动不可缺少的重要条件，是企业流动资金占用的重要部分。物资储备的理想目标，应该是既保证生产的需要，又要费用最省的经济合理的储备量，也就是物资储备定额。

物资储备包括的范围是从物资入库起到物资投入生产为止的全过程。

物资储备定额由经常储备、保险储备或季节性储备构成。

经常储备定额，是指在前后两批物资运达（进厂）的供应间隔期内，企业为保证生产建设正常进行所必需的、经济合理的储备数量。其特点是储备量经常变动，有最高储备定额与最低储备定额之分。

保险储备定额，是指企业为了防止到货误期等不正常情况下，保证生产正常进行所必需的、经济合理的物资储备量。保险储备定额在正常情况下一般不任意动用。如确需动用，必须经过规定的手续，动用后立即予以补充。对于供应正常的物资或容易补充的物资，一般不需建立保险储备。

季节性储备定额，是指为了防止某些物资的生产、运输、消费受季节性的限制和影响而设置的一种储备。当设置季节性储备时，就不设置保险储备。

2. 物资储备定额的制定方法。

（1）经常储备定额的制定方法。经常储备定额是物资储备定额的主体组成部分。它的制定方法有两种，即以期定量法和经济订购批量法。

① 以期定量法。它是首先确定物资经常储备天数，然后据以确定物资的经常储备量。

物资经常储备天数，指物资供应间隔天数和使用前准备天数之和。

物资供应间隔天数是指前后两批物资运达（到厂）的供应间隔天数。使用前准备天数是指物资在入库后，投产使用之前，还要经过一定的准备时间，即化验、加工和整理工作所需要的时间。如材料进厂后化验、检验数量、验收质量、检验时间、钢材焖火、酸洗、木材干燥、测尺、搭配、调直、调质等。这一时间长短，很大程度上取决于物资的化验、加工和整理工作的组织和效率。当有的物资不需要准备工作时，式中准备天数为零。

有了经常储备天数，乘以平均每天物资的需要量，则得到物资的经常储备量，其计算公式如下：

某种物资的经常储备量 =（物资前后两次入库的间隔天数 + 物资使用前的准备天数）× 平均每天物资的需要量

上式中物资前后两次入库的间隔天数按平均供应间隔天数计算：

$$平均供应间隔天数 = \frac{\sum（每次入库数量 × 每次供应间隔天数）}{\sum 每次入库数量}$$

$$平均每天物资的需求量 = \frac{年度计划产量 × 材料消耗定额}{计划天数}$$

例如，某种型号钢材年需用量 720 吨，平均每天物资需要量为 2 吨，平均供应间隔天数为 30 天，验收入库和投产前技术处理为 2 天，则经常储备定额为：

钢材经常储备量 = $(30 + 2) \times 2 = 64$ （吨）

② 经济订购批量法。经济订购批量，又称 EOQ，是指订购费用和保管费用总和最小所对应的批量。经济订购批量法，是指用计算经济订购批量的方法，从而确定企业存储总费用最低的物资储备定额。这种方法实质是使本企业费用最省来确定物资经常储备的一种方法。

经济订购批量法基本原理同经济制造批量的制定方法。它也有两种方法：一是公式计算法；二是图表法。公式计算法，用一次订购费用代替一次调整费用，一般又分不允许缺货和允许缺货两种情况。在不允许缺货情况下，经济订购批量基本计算公式为：

$$经济订购批量（EOQ） = \sqrt{\frac{2 \times 每次订购费用（C_0） \times 物资年需用量（D）}{单位物资的年保管费用（CH）}}$$

$$EOQ = \sqrt{\frac{2DC_0}{CH}}$$

图表法是指根据订购费用、保管费用和总费用与订货批量的关系画图，求总费用最低点所对应的批量，即经济批量，如图 7 – 1 所示。

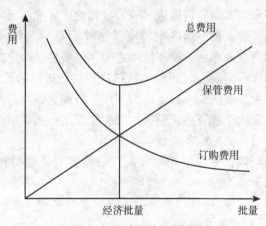

图 7 – 1　经济订购批量图示

从图 7 – 1 可见，保管费用随订购量增大而增大；订购费用随订购量增大而减少。当两者费用相等或总费用曲线最低点时为经济订购批量。

允许缺货的经济批量，是指订购费用、保管费用和缺货损失费用三者之和总费用最小的批量。其计算公式如下：

$$经济订购批量 = \sqrt{\frac{2C_3D}{C_1}} \cdot \sqrt{\frac{C_1 + C_2}{C_2}}$$

式中：C_1——单位物资单位时间的保管费用

C_2——单位物资单位时间的缺货损失费用

C_3——每次订购费用

D——单位时间物资需要量

例如，某企业每月需要某种零件 2 000 个，已知每个零件的保管费用 $C_1 =$ 0. 10 元/月。每次订购费用为 350 元，每个零件的缺货损失费用为 0. 20 元/月。其经济批量计算如下：

$$经济批量 = \sqrt{\frac{2 \times 350 \times 2\ 000}{0.\ 10}} \cdot \sqrt{\frac{0.\ 10 + 0.\ 20}{0.\ 20}}$$

$$= 4\ 583\ （个）$$

（2）保险储备定额制定方法。保险储备量大小主要由保险储备天数和平均每日需用量决定，计算公式如下：

保险储备定额 = 保险储备天数 × 平均每日需用量

在平均每日需用量一定的情况下，保险储备量主要取决于保险天数。一般凭经验或根据报告期平均误期天数来确定保险储备天数。

$$平均误期天数 = \frac{\sum（每次误期天数 \times 每次误期时入库数量）}{\sum 每次误期时入库数量}$$

（3）季节性储备定额制定方法。季节性储备定额主要取决于季节储备天数和平均每日物资需要量。其计算公式如下：

季节性物资储备量 = 季节性储备天数 × 平均每日物资需要量

季节性储备天数是根据自然条件的具体情况和历史统计资料加以分析比较确定。

当有季节性储备时就不用保险储备，因为它有保险性质。

综上所述，物资储备定额一般由经常储备定额和保险储备定额组成。

最高储备定额 = 经常储备定额 + 保险储备定额

最低储备定额 = 保险储备定额

最高物资储备定额 = （物资前后两次入库的间隔天数 + 使用前的准备天数 + 保险或季节储备天数）× 平均每日物资需要量

例如，某企业钢材前后两次入库的间隔天数为 28 天，使用前准备 2 天，保险储备 10 天，平均每日物资需用量 1 000 千克，则：

最高钢材储备定额 = （28 + 2 + 10）× 1 000

$$= 40\ 000\ （千克）$$

最高储备定额和最低储备定额就是库存控制的标准。

第四节　理论知识点二：库存控制的决策系统

一、库存系统的形式

物资库存涉及一系列复杂的因素，是一个系统的概念。根据系统理论，库存系统是一个有输出和输入功能的有机整体。为了满足生产的需要，库存物资不断地发送需用单位。作为库存的输出，其输出的方式可以是连续的，也可以是间断的，而输出的时间和数量是由外部条件所决定的，系统本身不能控制。物资库存由于不断地输出而减少，必须及时进行补充，库存的补充就是库存的输入。其输入方式可以是向外部采购订货，也可以由企业自行组织生产。库存输入时间和数量可以由系统本身来控制。研究库存系统，就是通过调节和控制库存的输出、输入关系来寻求最佳的经济效益。

企业的库存系统一般有以下四种形式：

（1）简单库存系统，指系统只有一个存贮点来满足生产经营的需要。这是一种最简单的库存系统，如图7-2所示。

需求　　补充

图7-2　简单存储示意图

（2）并联库存系统，指系统由多个存储点所组成，同时满足同一种需求。这种库存系统如图7-3所示。

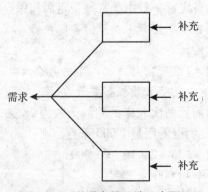

图7-3　关联存储系统示意图

（3）串联库存系统，指系统由多级存贮点组成，每一级逐一地为下一级服务，直到满足最终的需求。例如，企业从原材料库存—在制品库存—半成品库存—成品库存，每一个环节为下一个环节服务，最终满足成品的需求，如图7-4所示。

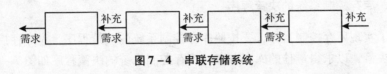

图7-4 串联存储系统

（4）混合库存系统，指系统由关联和串联两种形式组成，最后满足同一需求。这是一种比较复杂的库存系统，如图7-5所示。

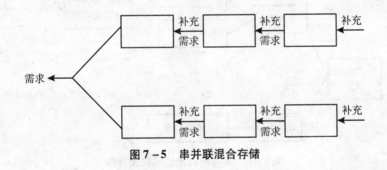

图7-5 串并联混合存储

企业应根据内部生产特点和外部供应条件确定不同的库存系统形式，从而采用不同的控制手段和方法。

二、库存控制系统的因素和结构

1. 库存控制系统的因素。库存控制系统的主要控制因素有两个，即时间和数量。库存控制是通过订货的时间和订货的数量实现库存控制的。库存控制就是要解决何时订货和每次订多少货这两个基本问题，使库存水平不但在时间上，而且在数量上都经济合理。在订货数量一定的条件下，订货时间过迟，将造成物资供应脱节，生产停顿；订货时间过早，将使物资储存时间过长，储存费用和损失增大。在订货时间一定的条件下，订货数量过少，会使物资供应脱节，生产停顿；订货数量过多，会使储存成本上升和储存损耗增大。选择适当的库存模型和库存制度使库存水平在时间和数量上经济合理，是库存理论研究的主要内容。

2. 库存控制系统的结构。库存控制系统的结构分为横向和纵向两方面。从横向看，企业生产经营过程的各阶段，包括原材料供应阶段、生产制造阶段和产品销售阶段，都涉及库存问题。从纵向看，企业生产的各层次，包括工厂层、车间层和工序之间，也涉及库存问题。在生产制造阶段，车间之间和工序之间的物资库存或者物资储备，属于生产进度控制的内容。这里所讨论的库存控制主要集中于工厂层的原材料库存和产成品库存问题。

三、库存控制系统的决策程序

为了实现库存控制目标，要按照库存控制系统的决策程序，对库存控制进行正确的决策，以求得最佳的库存方案。库存控制系统的决策程序如图 7-6 所示。

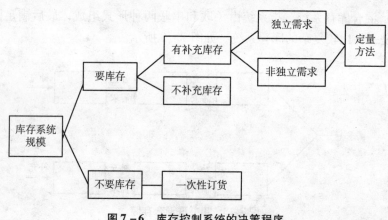

图 7-6　库存控制系统的决策程序

1. 库存系统的规模。库存系统的规模是指库存控制系统的大小。库存控制系统的规模大，意味着库存控制的物资品种多；反之，其规模小，即意味着库存控制的物资品种少。理想的库存控制系统规模应该能对企业的所有库存物资都实行严格控制。但在现实中，企业的物资经常有成千种，对这些复杂繁多的物资都实行严格控制，不仅在人力和管理上很难，而且在经济上也不合理。因此，每个企业都应根据自己的生产经营特点，选择适当的库存控制规模，明确库存控制的重点。

选择库存系统的规模，一般通过 ABC 分类法进行。对 ABC 三类不同的物资，分别采取严格、适当、放宽控制等措施。

2. 要库存或不要库存。哪些物资要库存，哪些物资不要库存，必须通过周密的调查和系统的分析才能做出决定。进行决策时应从物资供应条件和经济效益两个方面综合分析。

从供应条件分析，应考虑三个条件，即有无可靠的物资生产企业、分销渠道和运输条件。如果这三个条件都具备，企业可以考虑不要或少要库存。若三个条件中有一个不具备，则应该保持库存。

从经济效益分析，即使上述三个条件都具备，也不一定能满足不要库存的决策要求，究竟要不要库存，还需要从经济效益的角度做进一步分析，一般可从订购费用和保管费用两个方面进行分析比较。当保管费用大于订购费用时，可考虑不要库存；反之，就应考虑一定数量的库存。

3. 有补充库存与不补充库存。企业已经决定某种物资需要库存后，就要进一步分析采取何种库存方式，是分批采购订货，还是一次性采购订货，必须具体分析。库存方式有两种：一种是有补充库存；另一种是不补充库存。有补充库存是连续补充的库存，指物资的供应不会发生中断，即有可靠的供应来源，企业可以不断地、分批地采购到所需物资。不补充库存是指物资的供应具有时间性或者季节性，企业如果失去采购订货机会，供应就会中断。对于不补充库存，企业应根据生产需要进行一次性采购订货，数量要足够。

4. 独立需求和非独立需求。对有补充的库存物资，在组织订购时需要进一步分析其需求独立程度，即分析研究各种物资之间在数量上的相互关系和依赖程度。独立需求是指某种物资与其他物资在数量上没有依赖关系，其需求量是完全独立的。非独立需求，是指某种物资的需求量是由另一种物资的需求量决定的，相互之间存在着紧密的依赖关系，只要知道某种物资的需求量，就可以推算出其他物资的需求量。正确区分独立需求与非独立需求，有利于正确地编制物资供应计划，防止盲目采购或盲目生产，使库存保持合理水平，节约流动资金，提高经济效益。

第五节　理论知识点三：库存控制模式

一、连续观测库存控制模式

有了储备定额，就可以用来控制实际库存量，使之经常保持在最高储备定额与最低储备定额之间。实际库存量超过最高储备定额，说明物资有积压；实际库存量降至最低储备定额之下，说明生产有停工待料的危险。按照对库存量的观测方式的不同，把库存控制模式分为两种，即连续观测库存控制模式和定期观测库存控制模式。

连续观测库存控制模式，也叫定量控制法或订货点法。它是一种以固定订货点和订购批量为基础的一种库存量控制方法。它采用连续不断地监视库存余量的变化，对发生收发动态的物资随时进行盘点，当库存余量降低到订货点时就提出订购,货到补充库存。每次订购数量相同,而订购时间不固定,通过早买晚买来控制库存。因此,连续观测库存控制模式的关键是正确地确定订货点。订货点是提出订货的时间界限和提出订货时的库存量标准,由订购时间需要量和保险储备量两部分构成:

订购点 = 订购时间需要量 + 保险储备量 = 订购时间 × 平均每日需用量 + 保险储备量

订购时间是指从提出订货,办理订货手续到收进所购物资,能投入使用所需的时间,包括:(1)办理订购手续需要的时间;(2)供货单位发运所需的时间;(3)物资在途运输时间;(4)到货验收入库所需时间;(5)使用前整理加工的准备时间。

订货时间主要由供货单位(或物资市场)的条件、供需方的距离和运输条件决定。在实际工作中,一般可按过去每次订购实际需要的订购时间平均求得。

为了应付订购时间内需要量的变动,包括订购时间的变动和单位时间需要量的变动,需要有保险储备量。一般是根据过去各次订购中订购时间和需要量的变动情况,查定保险储备天数或规定一定的保证供应率来确定保险储备量。

当订购点确定后,每次订购量一般以经济订购批量为依据。在采取物资库存ABC 分类时,可根据分类管理的需要,增大 C 类物资的订购批量,严格控制 A 类物资的订购批量。

在订购时间固定时,连续观测库存控制模式的库存量变化情况,如图 7 – 7 所示。

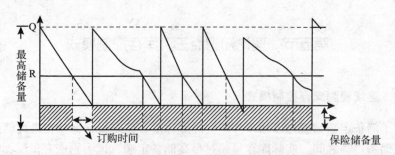

图 7 – 7   连续观测库存控制模式库存量变动示意图

连续观测库存控制模式的特点:对库存余量连续观测,订购点和订购批量是固定的,订购时间和进货时间则不固定。它的优点是能经常掌握物资库存量动态,及时提出订购,不易出现缺货;保险储备量较少;每次订购量固定,能采用经济订购批量;盘点和订购手续比较简便,尤其便于应用计算机来进行控制。它的缺点是订购时间不固定，难以作出周密的采购计划；不适于需要量变化大的物资，不能及时调整订购数量；由于不利于各种物资合并采购，因而会增加订购费用和订购工作量等。这种方法一般适用于单价较低、需用量较稳定、备运时间较短的物资。

二、定期观测库存控制模式

定期观测库存控制模式，又称为定期控制法或订货间隔期法。其模式如图7-8所示。它是一种以固定检查和订货间隔期为基础的库存控制法。在这个控制模式中，以固定的订货间隔期了提出订货。定期控制模式不存在固定的订货点，但有固定的订货间隔期。每次订货的数量不固定，需要根据某种规则补充到库存目标量S。目标库存S与订货间隔期r是事先确定的主要参数。其中S的确定主要考虑为库存设定一个控制限额。订货量由以下规则确定：

设订货时的实际库存为I，则：

当I大于S时，不订货；当I小于S时，需要订货。可按下述公式，确定订购量Q：

订购量 = 平均每日需用量 × (订购时间 + 订购间隔) + 保险储备定额 - 实际库存量 - 订货余额

上式中订货余额是上期已订货，尚未到货的数量。定期观测库存控制模式库存量动态，如图7-8所示。

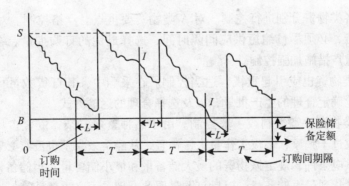

图7-8　定期观测库存控制模式库存量动态图示

例如，某种物资的订购间隔期为30天，即1个月订购1次，订购时间为10天，每日需用量为20吨，保险储备定额为200吨，订购日之实际库存量为450吨，订货余额为零，则：

订购量 = 29 × (10 + 30) + 200 - 450 - 0 = 550（吨）

由上例可见，订购间隔期为 30 天，在通常情况下，一次订购量应为 600(20×30) 吨，而按现在计算则为 550 吨，这是由于实际库存已经超储，因而在订购时对批量作了调整。

这种控制方式可以省去许多库存检查工作，在规定订货的时候检查库存，简化了工作。其缺点是如果某时期需求量突然增大，有可能发生缺货，所以这种方式主要用于重要性较低的物资。

三、ABC 重点控制模式

ABC 重点控制模式是把物资按品种和占用资金大小分类，再按各类重要程度不同分别控制，抓住重点，抓住主要矛盾，进行重点控制。

ABC 重点控制模式的基本原理是从错综复杂、品种繁多的物资中，抓住重点，照顾一般。

ABC 重点控制模式的具体做法，是先把物资分类，再针对重要程度不同的各类物资分别控制。库存物资按企业的物资品种，以及占用资金大小进行分类排队，可分为 A、B、C 三大类。

A 类物资，品种占 15% 左右，占用资金 75% 左右；B 类物资，品种占 30% 左右，占用资金 20% 左右；C 类物资，品种占 55% 左右，占用资金 5% 左右。这三类物资重要程度不同：A 类物资最重要，是主要矛盾；B 类物资次之；C 类物资再次之。这就为物资库存控制工作，抓住重点，照顾一般提供了数量上的依据。

针对各类物资分别进行控制。对 A 类物资要重点、严格控制。对 A 类物资的采购订货，必须尽量缩短供应间隔时间，选择最优的订购批量。在库存控制中，采取重点措施加强控制。

对 B 类物资也应引起重视，适当控制。在采购中，其订货数量可适当照顾到供应企业确定合理的生产批量，以及选择合理的运输方式。

对 C 类物资放宽控制或一般控制。由于品种繁多复杂，资金占用又小，如果订货次数过于频繁，不仅工作量大，而且，从经济效果上也没有必要。一般来说，根据供应条件，规定该物资的最大储备量和最小储备量，当储备量降到最小时，一次订货到最大储备量。以后订购量照此办理。不必重新计算。这样就有利于采购部门和仓库部门集中精力抓好 A 类和 B 类物资的采购和控制。但也不是绝对的，对 C 类物资绝对不管，有时也会造成严重损失。

例如，上海电表厂是个多品种、小批量生产单位，生产计划变动很大，外购物资繁多，他们加强了采购计划人员，对物资采取了 ABC 重点控制，抓住重点进行控制，结果获得了部级某年度物资管理先进单位奖。

　　具体做法：把上级核定的储备资金 827.5 万元，归 6 个采购计划员分管，对 6 个计划员分别管理的资金进行 ABC 分析，其中一个采购计划员是"大头"，共 274 万元，占总数 33％，如图 7－9 所示。

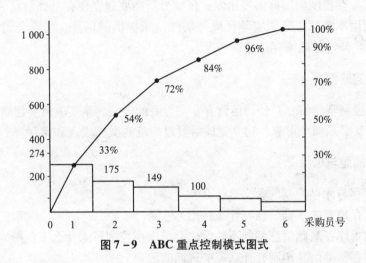

图 7－9　ABC 重点控制模式图式

　　经过分析，领导重点抓这个采购计划员，控制储备资金的耗用。

　　1 号计划员对自己掌握的物资再进行 ABC 分析，从而确定自己重点控制对象（物资）。晶体管的品种在 1 号计划员管理的品种中只占 15％，而资金却占 76％。于是他抓住了晶体管，也就抓住了关键。

　　上海电表厂过去由于采用重点控制模式，实施前后对比，每百元产值占用储备资金数量显著下降，总产值增加了，储备资金下降了。

　　实行 ABC 重点控制模式的好处：对物资控制做到重点与一般相结合，有利于建立正常的物资秩序，有利于降低库存，节约仓库管理费用，节约资金，加速资金周转，提高经济效益，方法简便适用，易于推广，有利于简化控制工作。

第六节　模拟实验项目

实验一：库存控制基础信息集成

一、实验内容

　　库存控制的基础信息，包括库存物料对象、存放仓库类别设定、物料存放分类、物料存放地点、料品编码、库存费用等，本实验将这些信息进行规范建立，作为料品库存控制的基础材料。

二、实验步骤

1. 从库存控制的实际需要出发，仔细分析需要建立库存基础信息的要素。

2. 利用本章第二节"实验环境与条件"所提供的信息，结合公司初始库存资料，建立公司基础库存信息资料库。

三、实验要求

库存控制基础信息对公司运营有非常重要的影响，本实验所要建立的库存控制基础信息必须周全可靠，建立完成后要以规范的文档表现和保存。

四、问题与思考

1. 库存与库存控制的含义是什么？

2. 库存控制的基础信息有什么作用？

3. 如果库存基础信息编制不科学，会给库存控制带来什么不良影响？

4. 库存基础信息编制有什么需要遵循的法则？

实验二：库存量设定和经济订货批量确定

一、实验内容

通过分析一定时期各种料品生产需求情况数据，确定各种料品的库存量上限及订货点，通过经营过程数据的整理分析，依据经济订货批量模型，制定相关料品的经济订货批量。

二、实验步骤

1. 建立需要进行库存控制的料品清单。

2. 确定各料品库存量的上限和订货点，以及进行经济订货批量计算所需的有关参数。

3. 各料品经济订货批量的计算。

三、实验要求

根据实验内容的要求，将各料品的库存量上限和订货点以及经济订货批量用规范表格填制，形成规范文档。各种数据的形成需要详述其来源和依据。

四、问题与思考

1. 物品库存量上限应如何设定？
2. 订货点管理与经济订货批量是否存在矛盾？
3. 你对经济订货批量方法是怎样理解的？
4. 经济订货批量管理适合于什么样的物料需求情形？
5. 要做好库存量控制，实际操作中存在的主要困难有哪些？

实验三：料品库存模式选择

一、实验内容

本章所介绍的料品库存模式，有连续观测库存控制模式和定期观测库存控制模式，根据公司经营的实际情况，制定公司料品的库存控制模式，其中对每种物料的控制参数必须完整给出。

二、实验步骤

1. 对连续观测库存控制模式和定期观测库存控制模式进行仔细分析与比较，说明其各自的特点与适用范围。
2. 确定公司的库存控制模式。

三、实验要求

制定各料品的库存控制模式，对其选择控制模式的依据进行分析。

四、问题与思考

1. 料品库存模式有哪些？怎样理解？
2. 料品库存模式选择要根据企业实际经营情况考虑，两者之间应怎样进行匹配？
3. 本公司生产方式适合什么库存模式？为什么？
4. 简述料品不同库存控制模式的优缺点。

实验四：物料控制的 ABC 分类

一、实验内容

对实习所涉及的全部物料，根据一定时期的经营数据，采用本章所介绍的

ABC 分类方法对物料进行分类，在此基础上制定不同类别的控制方式。

二、实验步骤

1. 根据过去一定时期库存资料，对各料品库存资金状况进行仔细分析。

2. 根据库存资金占用量的大小，按本章介绍的 ABC 分类方法进行料品库存控制的 ABC 分类。

三、实验要求

对各料品 ABC 分类过程进行详细描述，制定规范的料品 ABC 分类控制文件。

四、问题与思考

1. 物料的 ABC 分类管理具体含义是什么？
2. 为什么要实施物料的 ABC 分类管理？
3. 不同类别的物料应采取什么管理方法？
4. 本公司目前的物料状况是否需要进行 ABC 分类管理？

〔案例分析〕

昊天公司的 JIT

昊天公司是企业行为模拟市场上的一家从事电子产品生产的高科技企业，公司经营渐入正轨，为了提升企业管理水平，节约管理费用，公司要求各职能部门在新的一年里压缩管理成本，提升本部门的管理效率，尽量减少资源的占用。

公司物流部新任经理小红面临着巨大的管理压力。经过调查发现，公司在过去的一年里，光是花在物料存储方面的费用就达到 120 万元，另外用于公司运输车辆的维护保养、车队司机、仓库管理人员等人员的工资福利开支、保险等费用也达到了 60 多万元。公司的物流费用（财务上可货币化计量的费用）比同行高出 20%。公司物流管理现状促使小红下定决心对物流部进行彻底的重组，她的目的是重组后的物流部所创造的成绩足以给公司交出一份令人惊奇的答卷。

物流部立即着手对物流部占用的资源进行全面调查，统计结果表明：公司在设备资源方面拥有原材料仓 2 个，半成品仓 2 个，成品仓 1 个，运输用大卡车 5 台，轻型卡车 3 台以及其他辅助设施一批；在人员方面，公司采购部有 5 人，仓库管理人员 20 人，司机 30 人。这些资源对于一般的管理人员来讲应是说得过去的，因为公司要保证供应链运转得顺畅，确保公司不会出现短料或缺料的情况，就必须备有一定量的安全库存，占用仓库资源；另一方面，公司的运作还必须遵守法律法规，在员工的使用及待遇上不能违反劳动合同法，这也就导致了公司物流部规模庞大。

物流部经理小红在摸清现状之后，觉得接下来需要做的是统一公司的管理理念，即公司究竟应该以何种理念来经营企业，因为她深知经营理念直接决定了企业各职能部门的管理模式，同样的一件事情，管理理念不同，处理流程也会不同，有的甚至差别巨大。为此，她联络生产部、销售部以及公司其他重要部门一起对此问题进行了严肃的讨论。因为公司的管理层大多是学管理的科班出身，在管理理念的沟通上比较容易，所以公司上下很快就达成了以丰田公司为标杆的JIT管理模式，因为在他们的心目中，丰田公司是全世界制造业中管理得最为精益的一家公司，其所创造的JIT管理模式更是风行全世界。对于他们这种市场变化迅速的电子制造业来讲，更应采取此种模式。公司各部门，无论是采购、生产、仓储或是销售部门都必须参与到供应链管理中来，同时公司与供应商和客户必须保持最紧密的接触，以尽最大可能地减少库存，从而提升公司的供应链管理水平以及生产制造水平，达到降低管理成本、提升资源利用效率的目标。

为达成公司管理目标，物流部决定将公司现有的5个仓库全部腾空出租，将原材料仓、半成品仓"搬"到生产现场，即公司从供应商处购回的原材料立即投入生产线，不在仓库积压；公司生产全部采用流水式作业，中间的半成品不设半成品仓，直接注入下一工序；而对于成品管理方面，物流部要求销售部人员与客户做好沟通，公司每天将生产好的成品送到客户仓库，即使考虑到交通瘫痪等特殊因素，公司最多也只会保留3天的成品库存量。因此，公司将只会保留足够存放3天产量的成品仓位，其余的成品仓将出租。公司的物流运输工作经过比较之后全部外包给第三方物流公司，公司原有的车队随之解散，并且鼓励富余的仓库管理人以及司机人员成立第三物流公司，公司会为他们的创业提供一定的资金和业务支持。公司经过供应链重组之后，公司内部运作效率得到了大幅提升，内部协作也得以增强，半成品仓库的取消促使各生产流程管理更为精细化、高效化。但昊天公司的JIT运营模式并没有在公司的外部取得显著成效。主要原因在于公司所在的市场整体经营环境不是太好，各公司运作并不规范，公司与供应商以及与客户的供求关系、供求合同谈判费时费力，迟迟无法签订正式的合同，这种状况使公司全力推行的JIT运作模式受到了极大挑战。同时由于公司不能与外部的客户或供应商及时达成协议，导致公司正常的进出货数量与时间受到严重影响，公司面临缺货风险。另外这一状况也已经引起第三方物流公司的不满，他们已经明确表示，若公司的物流服务需求经常处于这样的不稳定状态，他们物流公司亦没有办法按计划为昊天公司提供及时足额的物流服务，这无异于宣布支持公司 JIT 运营模式的一大支柱失去了支撑作用。

面对市场的这种状态，公司的 JIT 运营模式还要坚持下去吗？物流部经理小红陷入了沉思之中。

案例评析

JIT 生产方式是全世界生产制造企业所追求的高效生产方式，但目前只在少数国家以及少数企业里得以实现，其根源是 JIT 的实现受制于企业的供应链管理能力、生产水平、设备的稳定性、工艺技术的稳定性等因素。案例中的企业追求 JIT 生产方式无疑是正确的，但一定要与实际环境相结合，如果与企业有业务往来的其他企业无法做到 JIT，那么企业就应调整自己的生产策略，否则就是纸上谈兵，必败无疑。

第八章　企业物料需求与零部件
生产进度管理

第一节　仿真模拟实习企业物料需求与零部件生产进度管理概述

一个生产企业，如果其产品是由原材料和零部件来构成，那么它的物料需求和零部件生产进度管理就可由一种称作物料需求计划的计划技术来完成。物料需求计划的英文简称为 MRP，全称为 Material Requirement Planning，是目前在生产作业计划中被广泛应用的计划系统。

一、物料需求计划的由来与发展

物料需求计划是一种将库存管理和生产进度计划结合在一起的计算机辅助生产计划管理系统。20 世纪 20 年代以来在生产计划和库存管理方面一直流行的是订货点法。

1965 年美国 J. A. 奥列基博士（Dr. Joseph A. Orlicky）提出独立需求与相关需求的概念，并指出订货点法适用于独立需求项目，对于相关需求，则应根据与独立需求的相关关系编制计划。如果将订货点法用于相关需求项目，会引起人为的需求误差，因而造成过多的库存和浪费。基于这一理论，随后 IBM 公司就推出了用于解决相关需求的 COPICS 软件，这就是最初的物料需求计划。

随着计算机在产业界的广泛应用，MRP 计划迅速得到推广，并在降低库存方面取得了显著的效果。20 世纪 70 年代在 "美国生产与库存管理协会（API-CS）"的大力宣传与推动下，在美国掀起了一个应用 MRP 的热潮，当时采用 MRP 系统的企业已超过千家。

MRP 计划在使用过程中也暴露出不少问题，主要是计划只考虑了需求，没有考虑生产能力的约束，编排出的计划的可执行性存在问题。于是随后提出了能力需求计划（Capacity Requirement Planning，CRP）的概念。根据物料需求计划编制 CRP，去测算计划期各时段对生产能力的需求，进而对企业各时段的生产能力进行规划和调整，合理平衡负荷，包括采取外包和外协等措施来弥补本企业能力的不足。通过能力需求计划使物料需求计划的可执行性大大提高。另外，加强了车间作业统计，使 MRP 计划的执行情况随时反馈，以便能根据实际情况对计划及时进行调整和修改。以上形成一个由计划、反馈和控制等环节组成的闭环系统。这就是 MRP 进入发展的第二个阶段，即闭环 MRP 阶段。

在闭环 MRP 的发展过程中，广大企业又感到闭环 MRP 虽然较好地解决了企业生产计划中物流和信息流的集成，实现了计划制订与计划实施的统一性。但是没有把资金流包括进去，在管理上仍存在很多的不方便。到 20 世纪 70 年代末 80 年代初，在闭环 MRP 的基础上又把系统的范围和功能进一步扩展，增加了财会管理职能，把生产、库存、采购、销售、财务和成本等子系统，进行信息集成，逐渐发展成为一个覆盖企业全部制造资源的管理信息系统。除此之外，它还把企业的经营计划放进系统之中，至此它已包含企业生产经营管理的全部主要功能。1977 年 9 月美国著名生产管理专家奥列弗·怀特（Oliver W. Wight）倡议给功能扩展后的 MRP 系统一个新的名称——制造资源计划。为了表明它是 MRP 的延续和发展，用了同样以 MRP 为首的三个英文字，即 Manufacturing Resource Planning，同时，为了与第一代 MRP 相区别，取名 MRPⅡ，以示它是第二代的 MRP。

随着市场竞争的不断加剧和 IT 技术的飞速发展，企业信息化的进程在不断深化。为了适应加强供应链管理和客户关系管理的需求，MRPⅡ 的功能又有了新的扩展。到 20 世纪 90 年代初美国著名的管理咨询公司 Gartner Group Inc. 首先提出 ERP（企业资源规划）的概念，并将 ERP 和 MRPⅡ 做了对比。

MRPⅡ是属于一个企业内部的供、产、销和人、财、物信息集成的管理信息系统。ERP 则把顾客需求及供应商的制造资源和企业的生产经营活动整合在一起，进行整体化管理。ERP 的管理范围向企业外部两头扩展了。例如，有些 ERP 软件已经把客户关系管理（Customer Relationship Management，CRM）和企业自己集成在一起了。为了加强对新产品研制开发进程的管理，ERP 中增加了"项目管理"模块。除此，还增加了实验室管理、配方管理、正交设计等模块。为了更好地为企业领导层提供综合查询和经营决策服务，ERP 增强了决策支持系统（Decision Support System，DSS）的功能，供领导随时查询企业的经营情况，并提供决策的备选方案和相关的分析资料；把人事档案管理提升为人力资源管理；同时还把办公自动化 OA 系统与 ERP 集成起来，共用一个数据库。总之，ERP 提供的是一个以数据仓库为核心的标准化企业信息平台，在此平台上可以建立实现各种不同功能的模块。

二、仿真模拟实习企业物料需求计划的必要性和可行性

作为对真实企业生产计划过程的业务模拟，仿真实习过程必须要达到仿真，即不能见到和操作真实产品的现实计划生产过程，但必须将真实的业务过程在实习中体现。我们这里的仿真是将业务过程的数据流、单据流依生产运作的实际过程来模拟，

达到不见产品实物的真实数据流、单据流的体验过程。通过这样的业务流模拟实习，就能够对真实企业的生产经营管理、生产经营哲学有一个逻辑上的、较真实的感受，尽可能弥合理论与现实所产生的鸿沟，因此，仿真实习的必要性是显而易见的。

仿真模拟实习物料需求计划管理技术应用的可行性，是建立在下述资料基础之上的。一是提供了模拟实习企业三年时间企业经营的截面数据，包括截面财务数据、库存数据、固定资产数据、生产设备资料等；二是产品资料数据，包括全自动洗衣机、电脑和数码相机的产品结构清单、产品基本资料数据、产品规划资料数据等，这为应用物料需求计划管理技术提供了前提；三是产品生产工艺和工序中心资料，这个资料规定了产品生产过程工序流程及生产能力；四是供应商和客户有关资料，这使企业运作有了完整的价值链体系；五是 ERP（企业资源计划）管理信息系统，通过在系统中建立相应数据资料，就可完整地应用物料需求计划管理技术。

第二节 实验环境与条件

在仿真实习环境下，产品设定为 P1、P2、P3 和 P4，有关规划信息分别说明如下：

一、各种产品的产品结构树（BOM）

1. P1 结构。

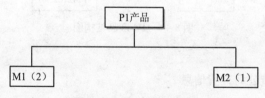

图 8 – 1 P1 产品结构图

2. P2 产品。

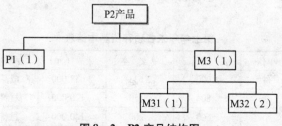

图 8 – 2 P2 产品结构图

3. P3 产品。

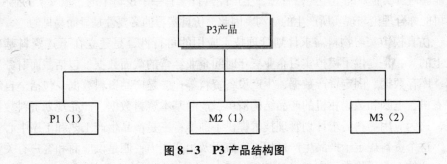

图 8 - 3 P3 产品结构图

4. P4 产品。

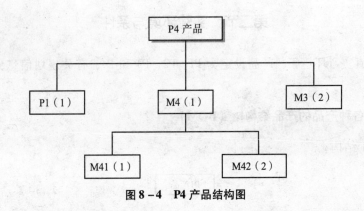

图 8 - 4 P4 产品结构图

二、生产制造公司存货信息

公司目前主要拥有 P1 产品、M1、M2 原材料三种存货。第七年年末，公司有三种存货，一是原材料 M1 和 M2，二是产成品，存货价值为 287.30 万元，占公司流动资产的 19.81%。原材料、产成品的基本信息如表 8 - 1 所示：

表 8 - 1 第七年年末各项存货基本信息

存货名称	单位	存货数量	单位成本	金额（元）	存放地点	属性
P1 产品	件	1 000	2 633	2 633 000	成品仓	销售
M1 材料	个	800	150	120 000	材料仓	采购
M2 材料	个	600	200	120 000	材料仓	采购
合 计	—	—	—	2 873 000	—	—

三、原材料准备提前期

根据生产工序对备料的要求，原材料均需一定的提前准备时间，各种原材料要求的上线生产准备提前期分别是：M1、M2 为 2 天；M31、M32 为 3 天；M41、M42 为 5 天。对此，制订物料需求计划时必须考虑原材料准备提前期。根据"木桶原理"，某种产品所需原材料只要有一种材料没有达到准备提前期要求，就不能开工生产该种产品（包括半成品和产成品）。

第三节 理论基础知识一：MRP 计划系统

MRP 计划系统是 MRP II 和 ERP 的核心，MRP II 系统通常由十几个最基本的功能模块组成。这里包含：主生产计划（Master Production Scheduling，MPS）、粗能力需求计划（Rough Cut Capacity Planning，RCCP）、物料需求计划（MRP）、物料清单（Bill of Material，BOM）、能力需求计划（CRP）、车间作业管理（Shop Floor Control，SFC）、物料采购管理、库存管理、生产作业监控、销售管理、成本管理、财务管理等模块。下面用一张图来反映 MRP II 系统的组成模块和它们之间的关系（见图 8 - 5）。

从图 8 - 5 可见 MRP II 是一个在企业战略规划和经营目标指导下的，以企业经营计划为依据，以生产计划系统为核心的，包含营销、生产和财务三大职能，集成度相当高的管理信息系统。至于 ERP 系统，由于自 Gartner 公司提出之后，随着 IT 技术的飞速发展和管理理念的进步，它的功能一直都在扩展和不断完善，目前许多软件公司提供的商品软件其系统构成常有很大差别。所以现在很难给出一个标准的 ERP 构成图。

如果把今天的发展中的 ERP 与传统的 MRP II 进行比较，它们的主要区别可表述如下：

MRP II 是面向企业内部管理的产供销物流和资金流集成的管理信息系统，而ERP 则是超出一个企业的范围，包含供应商、分销商和顾客在内的，面向供应链管理的集成化的管理信息系统。另外，ERP 系统还充分应用最新的 IT 技术，使 MRP II 原有的功能也得到了改善和加强。

从企业内部管理功能来看，在原来 MRP II 的基础上，ERP 把产品质量管理、设备维修管理、人力资源管理和办公自动化系统等都集成在一起；通过项目管理模块、实验室管理模块等，加强了对新产品研制开发过程的管理，特别是通过建立综合查询和决策支持子系统，为企业领导层提供了许多有用的功能。

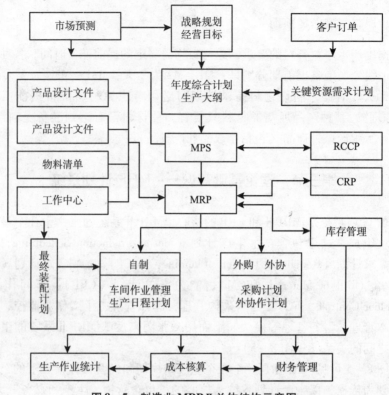

图 8 – 5　制造业 MRP Ⅱ 总体结构示意图

　　从供应链管理方面来看，ERP 系统通过供应商评估，建立供应商档案，通过网络在生产计划与库存方面与供应商直接沟通，加强了对供应商的管理，有利于与供应商协同工作，实现 JIT 供应。另一方面，通过对分销商、代理商评估和建立相应的档案，加强了对分销系统的管理。还通过 CRM 建立与顾客直接沟通的渠道，为企业的营销部门、销售部门和售后服务部门提供顾客的详细情况，以便提高对顾客的服务质量，充分发掘和利用顾客所能提供的各种信息资源。

　　本章的研究对象是生产作业计划，在 MRP Ⅱ 系统内，生产作业计划的三个层次是主生产计划、物料需求计划和基层的生产日程计划，故有关 MRP Ⅱ 和 ERP 的其他模块和功能，不在此处讨论。

第四节　理论基础知识二：MRP 计划编制的原理和方法

一、MRP 的计划原理

　　MRP 计划是以零部件为对象的生产进度计划。但是它并不是孤立地去安排各种零件的生产进度，而是以产品结构为依据，保持各零件在产品结构中的层次关系，以此来编排各零件的生产进度。它是通过 BOM（Bill of Material，物料清单）文件来描述各零件在产品中的层次关系和数量。

MRP 计划系统的重要功能之一，是可以根据产品设计文件、工艺文件、物料文件和生产提前期（Leadtime）等资料自动生成 BOM 表。BOM 的内容包含了10 项产品的所有物料，不仅包含产品本身的所有零部件和原材料，还包含产品的包装箱、包装材料和产品的附件、附带工具等。BOM 要反映各种零部件在产品中的层次关系和数量关系，还要表明它们的出产提前期和投入提前期；它们的制造性质，是自制，还是外购；它们的物料分类，属 A 类，还是 B 类或 C 类。对于有些物料还要注明它的有效期限。BOM 文件中包含十分丰富的信息，是企业各主要业务部门都需要使用的基本而且重要的管理文件。BOM 文件中数据的准确性直接影响 MRP 系统的质量。由于产品的结构设计和制造工艺经常要修改，材料也可以代用，BOM 中的数据经常需要修改，所以必须建立严格的制度保证对 BOM 文件的数据及时进行维护，以保证 BOM 的准确性。

MRP 在编排零部件的生产进度时，它是以产品的交货期（或计划完工日期）为基准，朝着工艺过程的逆向，按生产投入提前期的长度，采用倒排法来编制的。在确定各零件的生产进度时，暂不考虑生产能力的约束，故此种计划编制方法又称无限能力计划法。现假设产品 A 由部件 A1 和 A2 及零件 a3 构成，A1 和A2 又分别由 a11、A12、a13 和 a21、a22 组成。A12 由 a121 和 a122 组成。A 的产品结构图可用图 8-6 来表示。

以 A 产品为例，其 BOM 表的形式参见表 8-2。

产品名称：A；物料代码：10000；计量单位：台；重量：15kg

生产批量：30 台，投入提前期（总）：5.5 周，装配提前期：1 周

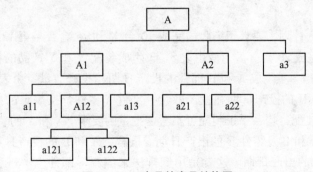

图 8-6 A 产品的产品结构图

表 8 – 2 A 产品的 BOM 表

物料 名称	物料号	层次	计量 单位	每台 件数	制造 类型	ABC 分类码	投入 提前期	生效日期	失效日期
A1	11000	–1	件	1	自制	A	2.5 周	2007.01.01	
a11	11100	–2	件	2	自制	B	3.0 周	2007.01.01	
A12	11200	–2	件	1	自制	A	3.5 周	2007.01.01	
a121	11210	–3	件	1	自制	B	5.5 周	2007.01.01	
a122	11220	–3	个	4	外购	C	4.5 周	2007.01.01	
a13	11300	–2	个	2	自制	C	3.0 周	2007.01.01	
A2	12000	–1	件	1	自制	B	2.0 周	2007.01.01	
a21	12100	–2	件	1	自制	C	2.5 周	2007.01.01	
a22	12200	–2	个	2	外购	C	3.0 周	2007.01.01	
a3	13000	–1	件	1	外购	B	2.0 周	2007.01.01	2009.12.31

以产品 X 的计划完工日期为基准，产品的生产进度是采用倒排法来进行规划的。

二、MRP 计划编制的步骤和方法

MRP 的计划依据是主生产计划（MPS）。MPS 规定了各产品的产量和要求的完工日期及大致的开工日期。编制 MRP 计划的步骤如图 8 – 7 所示。

如图 8 – 7 所示，计算机按上述编制步骤，根据 BOM 表的资料，可自动生成 MRP 计划，而且是对计划期要生产的所有产品同时编制，一次完成。下面通过一个例子来说明 MRP 计划的生成过程。

假设计划期内 MPS 包含 X 和 Y 两种产品，X 和 Y 的产品结构如图 8 – 8 所示。

根据 MPS 计划，要求于第 8 周完成 10 台 X 和 15 台 Y，第 12 周完成 12 台 X，第 14 周完成 20 台 Y。下面由表 8 – 3 生成装配 X 和 Y 产品的投产日期和投产数量。由表 8 – 4 生成 A 和 B 部件的投产日期和投产数量。由表 8 – 5 生成零件 E、F、G、H 的投产日期和投产数量。部件和零件都按规定的批量投产，产品 X 和 Y 的装配，均系手工装配可不考虑批量的要求。X 和 Y 的装配投入日期，决定了部件 A 和 B 及零件 G 的出产日期。同样，A 和 B 的投产日期，决定了零件 E、F 和 H 的出产日期。这就是用倒排法来编制零部件生产进度表的编制过程。由上可知，多个产品的生产进度表可以一次生成。

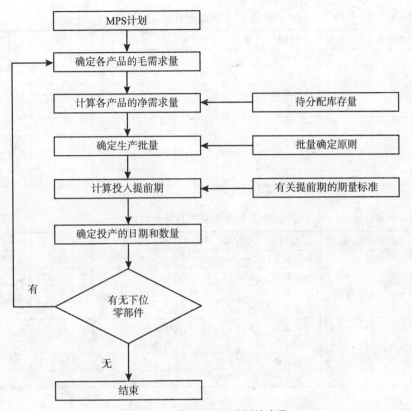

图 8 – 7 编制 MRP 计划的步骤

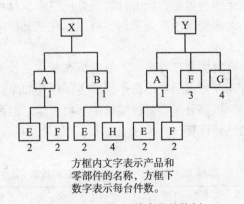

方框内文字表示产品和
零部件的名称，方框下
数字表示每台件数。

图 8 – 8 X 和 Y 的产品结构树

表 8 – 3　　　　　　　　　产品 X 和 Y 的投产日期与数量

项目	提前期	生产批量	时间	1	2	3	4	5	6	7	8	9	10	11	12	13	14
X	2 周		毛需求量								10				12		
			可用库存								0				0		
			净需求量								10				12		
			订货量						10					12			
Y	1 周		毛需求量								15						20
			可用库存														
			净需求量								15						20
			订货量							15					20		

表 8 – 4　　　　　　　　　部件 A 和 B 的投产日期与数量

项目	提前期	生产批量	时间	1	2	3	4	5	6	7	8	9	10	11	12	13	14
A	2 周		毛需求量						10	15			12			20	
			可用库存	12	12	12	12	12	2		7	7		15	15		15
			净需求量						0	13			5			5	
			订货量					20			20			20			
B	1 周		毛需求量						10				12				
			可用库存	6	6	6	6	6		6	6	6		4	4	4	4
			净需求量						4				6				
			订货量					10				10					

以上运算中：净需求量 = 毛需求量 – 可用库存量

计算出的净需求量如为负值，此时计算机会把净需求量自动置零，表示可用库存可以满足需求，无须安排生产或采购。可用库存量又称待分配库存量，它可由下式计算得到。

待分配库存量 = 现在实有库存量 – 已分配库存量 + 预计入库量 – 安全库存量

式中，现在实有库存量表示在库房中当前实际存在的库存。已分配库存量表示在现在实有库存中，该部分库存量已安排给某项用途，但尚未被领用，尚未出库。预计入库量是指已经订货（外购或自制），于该计划周应该到货的数量。

表 8 – 5　　　　　　　　零件 E、F、G、H 的投产日期和数量

项目	提前期	生产批量	需求量	1	2	3	4	5	6	7	8	9	10	11	12	13	14
E	1 周	40	毛需求量					60			40	20		40			
			可用库存	25	25	25	25		5	5			25		25	25	25
			净需求量					35			35	15		15			
			订货量				40			40	40		40				

续表

项目	提前期	生产批量	需求量	1	2	3	4	5	6	7	8	9	10	11	12	13	14
F	2周	60	毛需求量					40		45	40			40		60	
			可用库存	18	18	18	18		38		13	13	13		33		33
			净需求量					22		7				27		27	
			订货量			60		60				60		60			
G	1周	80	毛需求量							60						80	
			可用库存	32	32	32	32	32	32		52	52	52	52	52		52
			净需求量							28						80	
			订货量						80						80		
H	1周	50	毛需求量					40				40					
			可用库存	16	16	16	16		26	26	26		36	36	36	36	36
			净需求量					24				14					
			订货量				50				50						

三、关于计划的时区选择和滚动编制问题

滚动计划（Rolling Plan）是一种动态编制计划的计划方法。滚动编制计划，每走一步向前看两步，增强了计划的预见性和计划间的衔接，提高了计划的应变能力，是一种先进的计划编制方法。图8-9是一滚动计划的示意图。

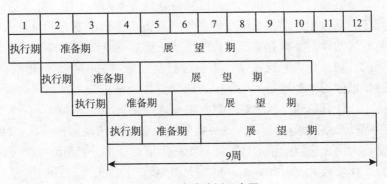

图8-9 滚动计划示意图

传统的方法是每一个计划期（如图8-9中计划期为9周）编一次计划。当计划期较长时，在计划实施的后期，往往由于实际情况已发生很多变化，原来的计划失去了指导意义，此时只能靠临时调度来解决。滚动计划一般把计划期分为三个时期：执行期、准备期、展望期。离当前最近的为执行期，稍远的与执行期

衔接的为准备期,最远的为展望期。

图 8-9 中某项计划的计划期为 9 周。如果令执行期的长度为 1 周,准备期为 2 周,则展望期为 6 周。

按滚动计划的编制方法是每经一个执行期编一次计划,每个计划的长度仍为 9 周。每次应根据实际情况的变化,及时修正计划,使计划切合实际,可执行性强。同时仍保持在计划期内(9 周)做全面安排,保持计划的前瞻性和整体性。滚动编制使两个计划期之间计划的连续性、衔接性好,从而使计划的质量得到提高。但是滚动计划使编制计划的工作量大为增加,因此靠手工编制是难以进行的。MRP 计划系统采用滚动编制,正好发挥计算机运算速度快和数据处理能力强的优势,故可取得理想的效果。

时区的时间单位称为时段。MRP 计划系统不仅对计划期提供划分时区的功能,而且对不同的时区,可供选择不同的时间单位。一般对马上要实施的近期计划,采用小的时间单位,以便把计划安排得更细致、具体,便于更好地指导实施。而对展望期时区则采用较大的时段,因为该时区的计划离开实施的时间尚远,不确定性因素多,发生变动的可能性大,所以计划可以粗略些,不宜做得很细。这样既可节省计划编制工作量,又可使计划具有较大的灵活性。

时区与时区的交界点称为时界。准备期与展望期的时界是计划被确认的时刻。当 MRP 计划编排出来后,要通过编制能力需求计划进行能力平衡,能力与负荷平衡后的计划可以给予确认。已经确认的计划可以进入准备时区,进入准备时区的计划不宜随便修改,以免打乱已协调好的各方面的平衡。在准备时区的各项计划任务,通过生产准备工作检查,生产准备工作已准备好的可进入执行期。进入执行时区的计划,没有生产厂长的批准一般是不允许修改的。因为已经做好生产准备的计划,如再修改变动,不但会打乱已安排好的计划,影响计划的实施,而且使已做的生产准备工作作废,造成直接经济损失。在时区之间设时界,目的是为了让计算机通过时界对计划的实施进行控制。

一般 MPS 的滚动期设为月,或每接受一批新订单滚动编制一次。MRP 的滚动期通常设为周,班组的生产日程计划则每天滚动一次。每滚动一次,计划就重编一次,工作量较大,因此,不一定在 MRP 系统上每天进行计划重编。计划重编一般有两种方法:净改变(Net Change)和完全重编(Regeneration)。净改变只修改计划期内有变化的部分,局部重编。完全重编则要重新运行一次计划编制程序,重编一个新计划。采用何种方法进行重编,应视需修改的范围和修改的量而定。

四、闭环 MRP 计划实施中存在的问题

关于能力需求计划（CRP）的编制，从理论上说，MRP 计划编制完成后，只要分时段分工种汇总 MRP 的工作量就可得到能力需求计划。例如，根据表 8 – 5 可以得到表 8 – 6 所示的各周的加工任务。

表 8 – 6 　　　　　　　　　3 ~ 12 周的能力需求计划

周次	3	4	5	6	7	8	9	10	11	12
投产任务	60F	40E 50H	60F	80G	40E	40E 50H	60F	40E	60F	80G

根据 E、F、G、H 这些零件的工艺文件，可以知道加工这些零件涉及哪些工种，需用哪些设备和有多大的工作量。经过汇总，可以得到一张各周各类设备负荷情况的计划表，这就是所谓的能力需求计划。把计算所得的各周的工作负荷与各周企业实有的生产能力相对照，可以预见各类设备的负荷率情况。通过调整每一种设备（工作中心）上各周的负荷，进行能力平衡（包括当本企业的能力无法满足时，可采取外包和外协等措施进行平衡）。经过能力平衡的计划才是一个可执行的计划。

这里需要说明的一点是 MRP 计划的编制，从理论上讲它有一个先天性的缺陷。MRP 计划是用事前规定的生产提前期（Lead time）来确定零部件的生产进度。然而，在实际提前期的时间构成中，包含大量的工序之间的等待时间等不确定因素。由于工序间的等待时间与后工序设备的负荷状况密切相关，如后工序设备的负荷重，必然排队等待的零件多，等待的时间就长。反之，如后工序的设备负荷率低，很多时间闲着，则由前工序来的零件常常不需排队等待或等待时间很短。因此提前期不可能是一个事前给定的值，它与计划期的任务状况有关。特别是多品种小批量生产，工序间等待时间在生产周期中占很大的比重，当品种多，任务经常变动的情况下，它的变化毫无规律性。所以实际的提前期，变化幅度会很大，与原先规定的提前期常有很大的出入。按事前给定的提前期计算得到MRP 计划，其负荷在时间上的分布，与计划实际执行时必然也会有很大的出入。这样就使前面进行的能力平衡工作失去意义，这会大大降低计划的可执行性。而且生产加工时间与批量大小成正比，用固定的生产提前期来计算不同批量的生产时间，就会导致很大的时间误差，可以说，固定的生产提前期是 MRP 计划系统的先天不足。只有当生产重复运行的规律性较强时，才有可能制定出一套相对稳定的符合实际的提前期。因此只有在较稳定的重复性生产的条件下，闭环 MRP

计划才能较好地实施。

这个问题是计划原理上的问题，对国外企业同样存在，只是国外很多企业工艺比较先进，大量采用加工中心和数控机床，一个中等复杂零件用 4 ~ 5 道工序就可完成，不像国内很多企业用的主要是普通机床，一个中等复杂零件常需十几道、二十几道工序。工艺过程的工序越多，工序间等待时间这一不确定因素也就相应增大，因此能力需求计划的准确性变差，MRP 的实施难度就大为增加。另外，国外工业发达国家的社会生产协作条件较好，企业可以方便地利用外包外协来进行能力平衡。如丰田汽车公司的外包外协量占总量的 70%。相比之下，我国很多企业常常是大而全、小而全，零件的自制率高，生产过程复杂，相应地在计划管理上就要复杂得多，因此在实施闭环 MRP 上存在更多的不利因素。这是造成我国制造企业实施 MRP 成功率比国外企业低的重要原因之一。

第五节　模拟实验项目

实验一：MPS 数据构建和均化方案选择

一、实验内容

利用前述各章所涉及的产品需求和产品进度计划，制订主生产计划（MPS），主生产计划可以按季度作为时间单位，对已确定好的 MPS 进行均化方案选择。对主生产计划的展开要求尽可能满足已有销售订单供货的要求，同时要求主生产计划的计划需求数据对相应产品的库存进行冲抵作业。

二、实验步骤

1. 确定 MPS 的计划其时间长度，该时间长度是由生产系统的产品生产制造周期来决定的，主生产计划的时间长度不能低于生产系统中产品制造周期最长的时间。

2. 确定主生产计划期各时间段内各种产品的需求数据，需求的确定可以按照产品需求管理一章中介绍的方法进行预测。

3. 确定好主生产计划后，进行均化方案的选择，可以选择均化或不均化。若选择不均化，则生产中对需求是一次下达的；若选择均化，还要选择按周、或按月、或按季进行均化，这样就可使产品生产批量按选择的均化时间进行平均，生产系统的负荷比较均衡。

三、实验要求

实验中要求认真做好主生产计划，对各时间段的产品需求做好预测工作，务求尽可能科学合理，避免完全的主观臆断，同时做好均化类型的选择。

四、问题与思考

1. 你是如何理解物料需求计划（MRP）的？简述之。

2. 怎样理解主生产计划？它其实就是产品需求预测吗？

3. 对主生产计划进行均化处理的意义何在？

4. 主生产计划的计划期时间长度为什么不能低于生产系统中制造周期最长的时间？

5. 做好主生产计划的关键工作在哪些方面？

实验二：MRP 展开

一、实验内容

在实验一的基础上，以实验一的主生产计划数据为依据，作为 MRP 过程的数据输入源，然后展开 MRP 过程。展开 MRP 需要借助于产品的 BOM 和生产系统的库存数据，BOM 的作用是通过 MRP 展开系统能够计算各料品的毛需求（按 BOM 的比例计算的需求），而库存数据的作用是让系统计算料品的净需求。

二、实验步骤

1. 熟悉产品的 BOM，仔细清理产品、部件和原材料的库存数据，库存数据包括仓库现有实物可用存量和预计到货量两个部分，整理好库存数据后列出库存数据清单，以便物料需求展开时备用。

2. 根据主生产计划的输出数据，利用物料清单展开，展开过程要特别注意与库存数据的冲抵作业，避免放大了物料需求，最后形成所有物料的净需求关系。

三、实验要求

实验过程中要认真做好库存数据的整理工作，它关系到物料需求计划处理结果的准确性，当严格按照规定方法处理完成物料需求后，制定完备的物料需求清单文件提交。

四、问题与思考

1. 物料需求计划方法适用于什么样的企业？为什么？
2. 物料需求计划的基本原理怎样进行理解？
3. 主生产计划、物料清单以及库存三者之间是一个什么关系？请说明之。
4. 物料需求计划结果输出的准确性和可靠性主要取决于哪些方面？为什么？
5. 你在物料需求计划处理过程当中遇到什么困难？怎么解决？

〔案例分析〕

"失效"的 MRP

　　飞龙公司在经过近十年的拼搏之后，成长为一家实力雄厚，产品技术含量高，被模拟市场认定为高新技术企业。公司的产品包括 P1、P2、P3、P4 等一个完整的系列，其产品也获得了国内外客户的一致好评。为了提升企业效益，促进管理水平，使公司能够通过更为精细化、科学化的管理，来更快速地响应市场的变化，公司决定暂时引进一套教学版本 ERP 管理软件，使公司的管理实现信息化、即时化。公司要求所有的管理信息、管理指令都尽可能通过新建设的信息化平台下达，缩短信息传递路径，使信息能在第一时间内传递到相关的人员。公司采用教学版本 ERP 软件是基于两个目的：第一，利用这套软件来培养公司这方面的专业人才，为将来正式引进完整版本软件打下基础；第二，检验这套软件与公司的实际运营环境的匹配性，以确定公司未来的软件选型。生产部被指定为这套试用软件的试用者。

　　为了使这套软件能派上用场，生产部经理王虎展开了一系列工作。他首先弄明白了 ERP 对于生产部来说就是 MRP，即通过软件中的 MRP 系统，实现企业的供应链管理，同时也实现了对生产制造资源的精确管理，可以方便、有效地发现生产管理中的问题所在。生产部要想利用好 MRP 系统，需要解决的两个首要问题是：产品生产计划和 BOM。经过与销售部的认真研究和仔细核对之后，他们制订出如下表所示的产品制造计划。

飞龙公司第十年度生产计划

产品名称	使用设备名称	设备数量	1 月	2 月	3 月	4 月	5 月	6 月	7 月	8 月
P1	外包		1 000	1 000	1 000	1 000	1 000	1 000	1 000	1 000
P2	全自动装配线 A	1	300	300	300	300	300	300	300	300

续表

产品名称	使用设备名称	设备数量	1月	2月	3月	4月	5月	6月	7月	8月
M3	全自动生产线	2	300	300	300	300	300	300	300	300
P3	全自动装配线 B	1	300	300	300	300	300	300	300	300
M3	柔性动生产线 A	2	300	300	300	300	300	300	300	300
M4	柔性动生产线 B	2	300	300	300	300	300	300	300	300
P4	柔性动装配线	1	300	300	300	300	300	300	300	300

对于 BOM 则通过实习资料很快弄清。在准备好这两项之后，他们就打开了 ERP 软件，准备将这些数据输入到系统，通过系统自动展开为可执行的具体到天的每一种产品的生产计划。可当他们准备将这些数据输入到系统中时，发现还需要物料的编码，于是他们又编制了如下表所示的飞龙公司物料编码。

物料名称	M1	M2	M31	M32	M41	M42	P1	P2	P3	P4
物料编码	1	2	3	4	5	6	7	8	9	10

当他们将所有的数据全部输入系统，并试图展开为 MRP 时，却怎么也得不到他们想象中的可执行产品生产计划表，同时系统却总是在提醒计划时间出错。他们一时半会找不到解决问题的方法，而生产计划必须赶快制订出来，因此决定暂时先采用之前所熟悉的 Excel 表格来编制详细具体的产品制造计划，等到 ERP 专家到来之后再行解决。有的同事甚至说：ERP 系统好看不好用，整得过于复杂，还不如我们的 Excel 好用。先进的 ERP 系统在飞龙公司暂时失效了。

案例评析

ERP 管理系统是企业规范管理流程，提升资源利用效率的有力武器。当企业生产所需物料种类较多时，企业都倾向于采用 ERP 系统（或简单或复杂的系统）。但 ERP 系统有自己独特的运行规则，需要对企业的物料进行严格的编码管理，每一种物料的编码必须是唯一的，且必须符合物料编码规则。案例中的企业 MRP 无法展开，就是因为企业没有对物料进行严格的编码管理，才导致无法运行 MRP。

第九章　企业物料采购管理

第一节　仿真模拟实习物料采购管理概述

采购是各个企业所共有的功能，仿真实习企业运作同样离不开对物料的采购管理。随着企业规模的不断扩大及精细管理和信息技术的广泛应用，采购的作用日益突出。它不仅是保证生产正常运转的必要条件，而且也为企业降低成本、增加盈利创造条件。

一、采购的基本含义

狭义的采购是买物品，就是企业根据需求提出采购计划、审核计划、选好供应商、经过商务谈判确定价格和交货条件，最终签订合同并按要求收获付款的过程。这种以货币换取物品的方式，可以说是最普通的采购途径，无论个人还是企业机构，其消费或者生产的需求大都是通过购买的方式来满足。因此，在狭义的采购之下，买方一定要先具备支付能力，才能换取他人的物品来满足自身的需要。

广义的采购是指除了以购买的方式占有物品外，还可以通过其他途径取得物品的使用权，来达到满足需求的目的，如租赁、借贷和交换等途径也是广义采购的范畴。

二、采购的地位和作用

在传统的思维里，采购就是拿钱买东西，目的就是以最少的钱买到最好的商品。但是，随着市场经济的发展、技术的进步和竞争的日益激烈，采购已由单纯的商品买卖发展成为一种职能，一种可以为企业节省成本、增加利润、获取服务的职能，使采购由过去企业的战术运作上升为一种战略运作。

1. 采购的地位。采购已经成为企业经营的一个核心环节，是获取利润的重要来源，在企业的产品开发、质量保证、供应链管理及经营管理中起着极其重要的作用。采购的地位可以从价值、供应和质量三个方面来论述。

（1）采购的价值地位。采购成本是企业成本管理中的主体和核心部分，采购是企业管理中"最有价值"的部分。在工业企业的产品成本构成中，采购的原材料和零部件成本占企业总成本的比例随行业的不同而不同，大体在30%~90%，平均水平在60%以上。从世界范围来说，对于一个典型的企业，一般采购成本（包括原材料和零部件）要占60%，工资和福利占20%，管理费用占15%，利润占5%。而我们中国工业企业中，各种物资采购成本占到企业销售成本的70%。在现实中，许多企业在控制成本时将大量的时间和精力放在不到总成本40%的企业管理费用及工资和福利上，而忽视其主体部分——采购成本，往往是事倍功半、收效甚微。

（2）采购的供应地位。从供应的角度来说，采购是整体供应链管理中"上游控制"的主导力量。

在工业企业中，利润是同制造及供应过程中的物流和信息流流动速度成正比的。在商品生产和交换的整体供应链中，每个企业既是顾客又是供应商。为了满足最终顾客的需求，企业都力求以最低的成本将高质量的产品以最快的速度供应到市场，以获取最大利润。从整体供应链的角度看，企业为了获得尽可能多的利润，都会想方设法加快物料和信息的流动，这样就必须依靠采购的力量，充分发挥供应商的作用，因为占成本60%的物料及相关的信息都发生或来自供应商。供应商提高其供应可靠性及灵活性、缩短交货期、增加送货频率可以极大地改进工业企业的管理水平，如缩短生产周期、提高生产效率、减少库存、增强对市场的应变能力等。

（3）采购的质量地位。质量是产品的生命。采购物料不只是价格的问题，更多的是质量水平、质量保证能力、售后服务及服务水平、综合实力等。有时买到的设备、零件或原材料很便宜，但却经常维修、经常不能正常工作，从而大大增加了使用成本。所以，采购的质量地位可以说是采购工作的根本核心。

由于产品中价值的60%是经采购由供应商提供的，毫无疑问，产品的质量很大程度上受采购品质量控制（Incoming Quality Control，简称IQC）的影响。也就是说，保证企业产品"质量"不仅靠企业内部的质量控制，更依赖于对供应商的质量控制，这也是"上游质量控制"的体现。上游质量控制得好，不仅可以为下游质量控制打下基础，同时也可以降低质量成本，减少企业来货检验费用（降低IQC检验频率，甚至免检）等。

采购不但能够减少所采购的物资或服务的价格，而且能够通过多种方式增加企业的价值，这些方式主要有支持企业战略、改善库存管理、稳步推进与主要供应商的关系，密切了解供应市场趋势等。因此，加强采购管理对企业提升核心竞争力也具有十分重要的意义。

2. 采购管理的作用。

(1) 直接作用。采购管理在以下几个方面对经营的成功具有重大的贡献：一是采购管理可以通过实际成本的节约显著提高营业利润；二是通过与供应商一起对质量和物流更好的安排，采购管理能为更高的资本周转率做出贡献；三是通过科学的采购流程管理，能够对企业的业务流程重组及组织结构的改革作出贡献；四是提供信息源的作用，采购部门与市场的接触可以为企业内部各部门提供有用的信息，包括价格、产品的可用性、新供应源、新产品及新技术信息等。

(2) 间接作用。除了直接降低采购成本，采购职能也能够以一种间接的方式对公司竞争地位的提高作出贡献。这种间接贡献以产品品种的标准化、质量成本（与检查、报废、修理有关的成本）的降低和产品交货时间的缩短等形式出现。在实践中，这些间接贡献通常比直接节省的成本更加实在。

总之，采购管理在企业管理中占有至关重要的地位，采购环节是整个经营中关键的一环。因此，搞好采购工作和做好采购管理，是企业在激烈的市场竞争中发展的基本条件。

三、采购的基本程序和原则

1. 采购的基本程序。

(1) 提出需求。任何采购都产生于企业中某个部门的确切需求，如需要什么、需要多少、何时需要等，采购部门必须依照各个部门发出的物料需求清单来进行采购作业。

(2) 描述需求。使用部门在发出需求申请时，必须对要采购的物品或服务有一个准确的描述，可以说这也是采购部门或跨职能采购团体的共同责任。如果通过对需求情况做某种调整，企业可能获得更多的满足，那采购部门就应该对现存的需求描述提出质疑。采购部门和需求部门在确定需求的早期阶段进行交流有着重要的意义，否则可能会因为提出需求的描述不够准确而浪费时间，甚至会产生严重的财务后果并导致供应的中断及企业内部关系的恶化。

由于在具体的规格要求交给供应商之前，采购部门是能见到它的最后一个部门，因此需要对其进行最后一次检查。如果采购人员对申请采购的产品或服务不熟悉，这种检查就不可能产生实效，所以，采购人员对所需采购的物品熟悉程度如何极大地影响采购效率。

(3) 选择可能的供应来源，评价供应商。根据需求情况来选择有资质、有质量保证、有信用的供应商，供应商是企业外部影响企业生产运作系统运行的最直接因素，也是保证产品质量、价格、交货期和服务的关键因素。因此，在确定供应商之前，对供应商的评价显得尤其重要。

（4）确定适宜的价格。确定了可能的供应商后，企业就需要与供应商进行价格谈判，确定适宜的价格。

（5）发出采购订单。对报价进行分析并选择好供应商后，就要发出订单。

（6）订单跟踪与催货。采购订单发给供应商之后，采购部门应对订单进行跟踪和催货。企业在采购订单发出时，同时会确定相应的跟踪催货日期，在一些企业中，甚至会设有一些专职的跟踪催货人员。

（7）产品检验。采购合同上应明确产品检验体系，该体系应在采购合同签订之前由供应商和采购方达成协议。如可信赖的供应商质量保证体系、供应商提交检查检验数据和统计的程序控制记录、收货时由采购方进行的抽样检查或检验、在发送前或在规定的程序中由采购方进行检查、由独立的认证机构进行认证等，以上这些途径之一都可用于产品检验。

（8）不符与退货处理。如果供应商所交货品与合同规定不符而验收不合格，应依据合同规定退货，并立即办理重购。

（9）结案。凡验收合格付款，或验收不合格退货，均须办理结案手续，清查各项书面资料有无缺失以及绩效好坏等，签报高级管理层或权责部门核阅批示。

（10）记录与档案维护。凡经过结案批示后的采购项目，应列入档案登记编号分类保管，以便参阅或事后发生问题的查考，同时，档案应该具有一定保管期限的规定。

2. 采购的原则。采购决策应该以正确的商业导向为基础，兼顾对其他部门的影响，并且以适应企业内部用户要求为目的。

（1）商业原则。企业采购的商业原则，就是要弄清企业目标市场是什么？市场中未来的主要发展状况如何？企业所面临的是什么样的竞争？企业在制定价格政策时有什么余地？原料价格上涨能以何种程度转嫁到最终用户身上？这种方法是否可行？企业在新产品和新技术方面有何计划？何种产品会在未来一年中退出市场？理解这些问题是十分重要的，因为它将决定采购和供应战略如何对实现公司的商业目标给予支持。

（2）整体效应原则。采购决策不能孤立地制定，并且不能仅以采购业绩的最优为目标。制定采购决策时应该考虑这些决策对于其他主要活动的影响（如生产计划、物料管理和运输）。因此，制定采购决策需要以平衡企业总成本为基础。

（3）适用性原则。在企业组织中，采购虽然是一种服务职能的角色，但并不仅仅限于如此，采购部门应该有主动适应企业内部用户要求的意识。对于内部用户提出的采购申请，采购部门应当有能力提出其他更加符合企业生产实际的、更为节约的采购方案，并能与内部用户进行有效沟通。采购部门必须努力追求提高企业所购买的产品和服务的性能价格比，为此，采购部门必须提出现有的产品设计、所使用的原料或部件的备选方案和备选的供应商。

四、仿真实习采购管理的必要性

仿真实习中，通过对真实企业运营的模拟来达到认识企业、了解企业和初步掌握企业管理的要义，所以对企业采购管理的模拟运作是仿真实习必不可少的一个环节。

仿真模拟企业的采购运作，其采购的基本程序和上述所描述的 10 个步骤是一样的，即仿真实习中要模拟产品（信息层面而非实物层面）、要有产品结构清单、要有生产计划、要有采购计划、要有供应商、要有用户等，要模拟供应市场和销售市场，这些方方面面的模拟是采购管理得以模拟运作的重要条件。

第二节　实验环境与条件

一、采购规则

生产制造公司可自主选择原材料供应商和设备供应商，决定采购的品种与数量、采购报价、采购时间。

（一）采购业务规则

采购部应该根据生产部、物流部的采购请求、库存原材料的种类、数量，考虑原材料供求形势、供应商的交货期和供货率、运输时间等因素，科学确定采购时间、采购批量、采购批次和报价，确保原材料的及时供应，保证生产能够连续进行及采购的最佳经济效益。

1. 价格及折扣。

（1）采购价格为不含税价，增值税率为 17%，计算并缴纳增值税，采购时如果取得增值税专用发票，则申报增值税时可以向税务部门申请抵扣。

（2）一年采购次数不限，但每次采购视为出差行为，每次采购的固定成本（包括差旅费、谈判及合同处理等）为 5 000 元。

（3）原材料和设备价格。原材料和设备价格的相关信息参见本规则"供应商与原材料、设备交易规则"中"原材料、设备供给与价格信息"。

（4）供求关系与价格。原材料和设备的市场供求状况会直接影响原材料和设备的采购价格。每年原材料的实际供应量由供应商决定，当然，供应商的实际供给量与市场供给变动趋势基本一致。原材料需求量则取决于8家生产制造公司的生产需要，实际供应量和需求量决定了当年原材料的供求形势。生产制造公司的基本采购成交价格由买卖双方洽谈决定，以购销合同相应条款为执行依据。

值得注意的是，需要了解第8~10年原材料供应量的客户，请参见本规则"供应商与原材料、设备交易规则"中"原材料、设备供给与价格信息"的相关内容。

（5）原材料批量价格折扣（见表9-1）。

表9-1　　　　　　　　　　原材料采购批量价格折扣表

原材料	M1	M2	M31	M32	M41	M42
折扣批量1（单位）	4 000	2 000	5 000	10 000	5 000	10 000
折扣率（%）	2	2	2	2	2	2
折扣批量2（单位）	10 000	5 000	15 000	30 000	15 000	30 000
折扣率（%）	5	5	5	5	5	5

（6）付款方式和现金折扣。签订购销合同时客户可以就定金问题与供应商协商，对于市场供应比较紧张的原材料可以适当支付部分定金，定金一般不超过合同额的30%。

客户在收到供应商提交的货物后立即付现，现金折扣为5%；第二个月付现，现金折扣为2%；第三个月付现，现金折扣为1%；第四个月以后付现，无现金折扣。商业汇票分无息和带息两种，带息商业汇票月息为1%。托收承付结算方式不计算利息。具体付款期限和付款方式由交易双方协商后约定，以购销合同相应条款为执行依据。

2. 采购提前期与供货率。供应商对生产制造公司的每一次订货并不能保证随时满足供应，能否按时按量供货取决于订货提前期的长短。当月订货，现货供货率最高为90%；提前1个月订货，期货供货率为95%；提前2个月订货，期货供货率为98%~100%。

不同供应商的供货率可以根据生产制造公司订购的原材料品种、数量、成交价格等因素，在规定的供货率的基础上，上下浮动1%。实际供货率以供需双方签订的购销合同的相关条款为执行依据。

订购的原材料期货不发生仓储费用，原材料验收入库后，就要计算并支付仓储费用。

3. 原材料和设备合格率。据权威机构预测，供应商供应的原材料合格率一般在95%~100%之间。每批成交的原材料的合格率在签订购销合同后抽签随机确认。不合格原材料的损失应在签订合同时双方协商确定责任承担办法。

供应商供应的所有设备合格率为100%。

4. 采购程序。

(1) 根据生产部、物流部的采购请求、库存原材料的种类、数量，考虑原材料供求形势、供应商的供货期、到货率等因素，制订采购计划。实施采购前，必须明确本次采购要求。

(2) 进行供应商分析，对拟采购的原材料和设备向供应商询价、报价，选择可能的供应商，准备采购订单。

(3) 依据采购订单和采购要求与供应商洽谈、签约（参见本规则"供应商与原材料、设备交易规则"中"原材料、设备市场交易规则"）。

(4) 通知财务部支付货款或者确认应支付的款项。

(5) 跟踪原材料和设备的发货、到货情况。

(6) 评价采购结果。

(二) 采购业务管理规则

1. 原材料和设备采购必须有采购订单和规范的书面购货合同。

2. 期初需要做好采购计划、采购费用预算，期末需进行采购分析。

3. 必须对采购订单执行情况进行跟踪管理。

4. 采购货物到货，必须办理入库手续、取得采购发票，并进行结算。

5. 必须对每批采购的原材料、设备计算采购成本，并报财务部。

6. 必须保持与生产部、物流部的信息畅通。

7. 年末必须对供应商履行合同情况进行评估分析。

所有供应商需进行工商登记、税务登记，并取得营业执照、税务登记号、银行账号才可正式营业。

二、供应商业务规则

1. 建立供货业务关系。每个供应商都有资格与所有生产制造公司建立购销业务关系，销售本公司经营范围内的原材料或设备，但是否与某一制造商发生业务往来，还需双方谈判协商，并以签订购销合同为准。

供应商应积极主动联系客户，提高本公司的销售业绩。

2. 确定原材料与设备供应量。每年初，召开全体供应商会议，供应商要预测生产制造公司当年对原材料和设备的需求，并结合原材料总体供应情况，确定本年度每种原材料和设备的总供给量及价格区间。

各供应商应该做好市场需求调查，评估（预测）本年原材料供求形势，确定本公司年度供应计划。各原材料供应商的计划包括供应的品种（在经营范围内选择不少于 4 种）和数量。设备供应商的计划只需确定经营范围内所有设备的供应数量。各供应商将本公司的供应计划同时交给指导教师，指导教师汇总每种原材料的供应总量，将这个供应总量与年初供应商会议确定的本年度原材料供应总量比较。若二者基本一致（不超过 ±5%），即确认每个供应商提出的供应品种和数量有效，这些原材料视为该供应商的资产，可作为公司当年交易量的依据。若二者出入较大（超过 ±5%），指导教师提出参考意见，要求各供应商修改，重新提出本年度供应计划，再交由指导老师汇总，直至达到要求，确定出每个供应商的供应品种和数量。下一年度供应品种及数量的确定依此类推，但要将上年未实现销售的数量计算进来。

年初确定的供应计划，供应商不得擅自改变。各供应商本年度的实际供应品种和数量不得超出年初确定的供应品种和数量。供应商本年度未实现销售的原材料和设备，可留到下一年销售，作为下一年度计划供应量的一部分。但本公司必须承担资金占用成本和仓储费用（标准见本规则"第三方物流公司"中"仓储服务报价"规则）。

工商行政管理部门监督本规定的执行，对交易情况定期检查，超出供应计划的交易将视为无效，并处以 10 万元罚款。同时，各供应商有义务相互监督本规定的执行，维持市场公平竞争。

3. 原材料、设备的仓储和运输。供应商在经营过程中，可能发生仓储和运输费用。经购销双方协商，需由供应商承担原材料、设备的仓储和运输时，供应商只能委托第三方物流公司代理仓储和运输服务，并支付此项服务中发生的各种费用。

三、供应商提交资料及成果

1. 购销合同范本。
2. 原材料需求预测报告与公司年度供应计划（包括原材料品种、数量、价格政策、供货期保证政策等信息）。
3. 年初确定的公司供应品种和数量登记表。
4. 公司年度供货业务记录表。
5. 公司年度销售合同。
6. 公司年度销售业务统计台账。
7. 公司年度业务统计分析报告。
8. 信息中心要求提供的公司基本信息和市场公共信息。
9. 仿真运作（实习）结束时，提交公司工作总结报告。

第三节　理论知识点一：物料采购的模式

一、集中采购

（一）集中采购的含义

集中采购是相对于分散采购而言的，它是指企业在核心管理层建立专门的采购机构，统一组织企业所需物品的采购进货业务，苹果公司的全球采购部门的建设是集中采购的典型应用。它以组建内部采购部门的方式，来统一管理其分布于世界各地分支机构的采购业务，减少采购渠道，通过批量采购获得价格优惠。

随着连锁经营、特许经营和外包制造（Original Equipment Manufacturer，OEM）模式的增加，集中采购更是体现了经营主体的权利、利益、意志、品质和制度，是经营主体赢得市场，保护产权、技术和商业秘密，提高效率，取得最大利益的战略和制度安排，因此，集中采购将成为未来企业采购的主要方式，具有很好的发展前景。

（二）实施集中采购的优势

实施集中采购有以下的优势：

1. 有利于获得采购规模效益，降低进货成本和物流成本，争取主动权。

2. 易于稳定本企业与供应商之间的关系，得到供应商在技术开发、货款结算、售后服务支持等诸方面的支持与合作。

3. 集中采购责任重大，采取公开招标、集体决策的方式，可以有效地制止腐败。

4. 有利于采购决策中专业分工和专业技能的发展，同时也有利于提高工作效率。

5. 如果采购决策都集中控制的话，所购物料就比较容易达到标准化。

6. 减少了管理上的重复劳动，这样就不必让每一个部门的负责人都去填采购订单，只需采购部门针对公司的全部需求填一张订单即可。

7. 可以节省运费和获得供应商折扣，由于合并了多个部门的需求，采购部门找到供应商时，其手上的订单数量就足以引起供应商的兴趣，采购部门可以说服供应商尽快发送或给予数量折扣。除此之外因为集中了所有的需求后货物可以整车地进行装运，因此可以节省运费。

8. 对于供应商而言，这也可以推动其有效管理，他们不必同时与公司内的许多人打交道，而只需和采购经理联系。

（三）集中采购所适用的采购主体和采购客体

1. 所适用的采购主体。

（1）集团范围实施的采购活动。

（2）跨国公司的采购。

（3）连锁经营、OEM 厂商、特许经营企业的采购。

2. 所适用的采购客体。

（1）大宗或批量物品，价值高或总价多。

（2）关键零部件、原材料或其他战略物资，保密程度高、产权约束多的物品。

（3）容易出问题的物品。

（4）最好是定期采购的物品，以免影响决策者的正常工作。

（四）集中采购的实施步骤

1. 根据企业所处的国内外政治、经济、社会、文化等环境及竞争状况，制定本企业的采购战略。

2. 根据本企业产品销售状况、市场开发情况、生产能力，确定采购计划。

3. 定期或根据大宗物品采购要求作出集中采购决策，决策时要考虑市场反馈意见，同时需要结合生产过程中工艺情况和质量情况。

4. 当决策作出后，由采购管理部门实施信息分析、市场调查及询价，并根据库存情况进行战术安排。

5. 由采购部门根据资源供给情况、自身采购规模和采购进度安排，结合最有利的采购方式实施采购，并办理检验送货手续，及时保障生产需要。

6. 对于符合适时、适量、适价、适地的物品，经检验合格后要及时办理资金转账手续，保证信誉，争取下次合作。

二、分散采购

（一）分散采购的含义

与集中采购相对应，分散采购是由企业下属各单位，如子公司、分厂、车间或分店实施的满足自身生产经营需要的采购。这是集团将权力分散的采购活动。

分散采购是集中采购的完善和补充，有利于采购环节与存货、供料等环节的协调配合，有利于增强基层工作责任心，使基层工作富有弹性和成效。

分散采购方式具有如下基本特点：

（1）批量小或单件物品，且价值低、开支小。

（2）过程短、手续简、决策层次低。

（3）问题反馈快，针对性强，方便灵活。

（4）占用资金少，库存空间小，保管简单、方便。

（二）分散采购的优劣势比较

分散采购的优势与劣势如表 9-2 所示。

表 9-2

表 9-2　　　　　　　　　　分散采购的优势与劣势

优　势	劣　势
对利润中心直接负责	缺乏规模经济
对于内部用户有更强的顾客导向	缺乏对供应商统一的态度
较少的官僚采购程序	分散的市场调查
较少需要内部协调	在采购和物料方面形成专业技能的可能性有限
与供应商直接沟通	对不同的经营单位可能存在不同的采购条件

（三）分散采购适用的采购主体和客体

1. 分散采购适用的采购主体。

（1）二级法人单位、子公司、分厂、车间。

（2）离主厂区或集团供应基地较远，其供应成本低于集中采购成本的情况。

（3）异国、异地供应的情况。

2. 分散采购适用的采购客体。

（1）小批量、单件、价值低、总支出在产品经营费用中所占比重小的物品（各厂情况不同，自己确定）。

（2）分散采购优于集中采购的物品，包括费用、时间、效率、质量等因素均有利，不影响正常的生产与经营的情况。

（3）市场资源有保证，易于送达，较少物流费用的物品。

（4）分散后，各基层有这方面的采购与检测能力的物品。

（5）产品开发研制、试验所需的物品。

（四）分散采购的程序和方法

分散采购的程序与集中采购大致相同，只是取消了集中决策环节，直接实施其他步骤。企业下属单位的生产研发人员根据生产、科研、维护、办公的需要，填写请购单，由基层主管审核、签字，到指定财务部门领取支票或汇票或现金，然后到市场或厂家购买、进货、检验、领取或核销、结算即可。采购时一般采用现货交易方式。

三、选择集中采购或分散采购时应该考虑的标准

集中采购的优势就是分散采购的劣势，分散采购的优点也正是集中采购的不

足。在实际采购中要趋利避害、扬长避短，根据企业自身的条件、资源状况、市场需要，灵活地做出制度安排，并积极创新采购方式和内容，使企业在市场竞争中处于有利的地位。

在决定采购是集中或分散进行时，应该考虑下面的因素或标准：

（1）采购需求的通用性。经营单位对购买产品所要求的通用性越高，从集中的或协作的方法中得到的好处就越多。这就是为什么大型公司中的原材料和包装材料的购买通常集中在一个地点的原因。

（2）地理位置。当经营单位位于不同的国家或地区时，就可能会极大地阻碍协作的努力。例如，在欧洲和美国之间的贸易和管理实践就存在较大的差异，甚至在欧洲范围内也存在着重大的文化差异。一些大型公司已经将全球的协作战略转为地区的协作战略。

（3）供应市场结构。有时，公司会在它的一些供应市场上选择一个或数量有限的几个大型供应商组织。在这种情况下，力量的分散肯定对供应商有利，而采用协同的采购方法则可以获得一个更好的谈判地位。

（4）潜在的节约。一些类型的原材料的价格对采购数量非常敏感。在这种情况下，购买更多的数量会立刻带来成本的节约。对于标准商品和高技术部件都是如此。

（5）所需的专门技术。有时，有效的采购需要非常高的专业技术，例如对高技术半导体和微芯片的采购。因此，大多数电子产品制造商已经将这些产品的购买集中化。在购买软件和硬件时也是如此。

（6）价格波动。如果物资（例如果汁、小麦、咖啡）价格对政治和经济气候的敏感程度很高，集中的采购方法就会受到偏爱。

（7）客户需求。有时，客户会向制造商指定他所需产品应具备的条件。这种现象在飞机制造工业中非常普遍。这些条件是与负责产品制造的经营单位商定的，这种情况下不适于采取集中采购模式。

除了以上需要考虑的因素外，选择集中采购时，还应该以有利于资源的合理配置、减少交易环节、加速周转、简化手续、满足要求、节约物品、提高综合利用率、保证和促进生产的发展，调动各方的积极性、促进企业整体目标的实现等为原则。

当然，集中和分散采购并不是完全对立的，仅靠一种采购方式不能满足生产需要。大多数公司在两个极端之间进行平衡：在某个时候它们会采用集中的采购组织，而在几年以后也许他们选择更加分散的采购形式。

四、询价采购

所谓询价采购，就是采购者向选定的若干个供应商发出询价函，让供应商报价，然后根据各个供应商的报价而选定供应商的方法。询价采购是国际上通用的一种采购方法。

（一）询价采购的特点

1. 不是面向整个社会所有的供应商，而是在充分调查的基础上，筛选了一些比较有实力的供应商。所选择的供应商数量不是很多，但是其产品质量好、价格低、企业实力强、服务好、信用度高。

2. 采购过程比较简单、工作量小。因为备选供应商的数量少、范围窄，所以无论是通信联系、采购进货都比较方便、灵活，采购程序比较简单、工作量小、采购成本低、效率高。

3. 邀请性采购。询价采购通常是分别向各个供应商发询价函，供应商并不面对面地竞争，因此各自的产品价格和质量能比较客观、正常地反映出来，避免了面对面竞争时常常发生的价格扭曲、质量走样的事情。

正是询价采购这样的特点和优点，才被广泛地应用于企业采购和政府采购活动之中。尽管询价采购具有上述优点，但它还具局限性，就是它所选的供应商数量少、范围窄，可能选中的供应商不一定是最优的。与其他采购方式相比较，询价采购较适用于数量少、价值低的商品或急需商品的采购。

（二）询价采购的实施步骤

1. 供应商的调查和选择。为发挥询价采购的特点和优越性、克服其局限性，最关键的一条，就是要对资源市场进行充分调查，了解掌握供应商的基本情况。只有这一步做好了，才能保证询价采购的供应商都是优秀的供应商。

2. 编制及发出询价函。询价采购不同于招标等采购方式，为充分发挥其特点，尽量简化手续，提高办事效率，应编制简单明了的询价函。询价函包括以下几项内容：

（1）项目名称、数量、技术参数要求。

（2）履约期限及交货地点。

（3）供应商应携带的资质证明材料。

（4）递交报价单地点、截止时间。

（5）报价单位法人代表或委托人签字盖章。

询价函编制好后，应至少选择向 3 家以上的供应商发出。

3. 报价单的递交及评审。

（1）递交。供应商在报价截止日前，将报价单密封并在封口处加盖公章，递交到采购机关。

（2）评审。采购机关应在规定时间内组成评审小组，对供应商的报价进行详细分析、比较。为了确保商品质量、性能达到需方单位要求，对于一些专业性较强或非常规的商品，可以由需方单位及供应商共同磋商，或到供、需双方现场考察商品的质量和运行环境。为了更加有效地利用资金，可在原有的报价的基础上与供应商进行谈判，争取少花钱，多办事，办好事。

应该注意的是，省钱并不是采购的唯一目的，不要单纯为了追求节支率，而无限度地压价。有些供应商为了抢占采购市场，甚至以低于成本的价格竞价，从而导致供应商之间的恶性竞争。长此以往，供应商会逐渐对参与询价采购活动失去兴趣或产生一些投机取巧的行为，从长远角度来讲不利于采购的健康发展。

4. 合同的签订及验收、付款程序。

（1）签订合同。选中供应商后，供应商与需方单位按询价采购的程序签订采购合同，合同中应明确采购项目名称、数量、金额、交货方式、履约期限、双方权利与义务、保修期、验收方法、付款方式及违约责任等条款。

（2）验收、付款。合同履行完毕，由采购机关会同需方单位对商品进行验收，对技术性要求高的商品，可邀请专业人士协助验收。验收合格后，由需方单位填制验收单，交采购机关审验，办理有关付款手续。

5. 履约保证金。为了约束供应商切实履行合同，中标的供应商应在签订合同时向采购机关交纳一定数额的履约保证金。在合同履行完毕，质量无问题时，予以结清。

如果在采购活动中，邀请到的供应商不足3家，或者3家报价均高于控制价格，应该根据实际情况采取二次询价或者改变采购方式来确定供应商。

五、即时采购

即时制（JIT）采购是在20世纪90年代，受即时制生产（JIT生产）管理思想的启发而出现的。即时制生产方式最初是由日本丰田汽车公司在20世纪60年代率先使用的。在1973年爆发的危机中，这种生产方式使丰田公司渡过了难关，因此受到了日本和其他国家生产企业的重视，并逐渐引起了欧洲和美国的日资企业及当地企业的重视。近年来，JIT模式不仅作为一种生产方式，也作为一种采购模式开始流行起来。

（一）即时制采购的原理

即时制生产的基本思想是"彻底杜绝浪费"，"只在需要的时间、按需要的量生产所需要的产品"。这种生产方式的核心是追求一种无库存生产系统，或是库存量达到最低的生产系统。即时制的管理思想目前已经被运用到采购、运输、储存以及预测等领域。

即时制采购是一种先进的采购模式，它的基本思想是：在恰当的时间、恰当的地点、以恰当的数量、恰当的质量提供恰当的物品。它是从即时生产发展而来的，是为了消除库存和不必要的浪费而进行持续性改进的采购模式。要进行即时化生产必须有即时的供应，因此即时制采购是即时化生产管理模式的必然要求。它和传统的采购方法在质量控制、供需关系、供应商的数目、交货期的管理等方面有许多不同，其中，供应商的选择、质量控制是其核心内容。

即时制采购对即时制生产思想的继承也在于对"零库存"的要求，这就需要和供应商签订在需要的时候提供需要数量的原材料的协议。这意味着可能一天一次，一天两次、甚至每小时好几次的物资采购。即时制采购的核心要素包括减少批量、频繁而可靠的交货、提前期压缩并且高度可靠、保持一贯的高质量。

（二）即时制采购与传统采购的比较

供应链环境下的即时制采购模式与传统的采购模式的不同之处在于采用订单驱动的方式。这种订单驱动的方式使供应与需求双方都围绕订单运作，也就是实现了即时制、同步化运作。传统的采购模式下，采购的目的就是为了补充库存，而即时制采购模式追求的是零库存。

即时制采购与传统采购的不同主要表现在以下方面：

1. 供应商的数量不同。传统采购通常采用多头采购，供应商的数目较多，企业与供应商的关系是通过价格竞争而选择供应商的短期合作关系；即时制采购采用的是较少的供应商，甚至只选择一个供应商，且与供应商的关系是长期合作关系。

2. 对交货时间的要求不同。即时制采购的一个重要特点是要求即时交货。能否即时交货是用户评价供应商的一个重要条件，能否即时交货取决于供应商的生产与运输条件。作为供应商来说，要使交货即时，可从以下几个方面着手：不断改进企业的生产条件，提高生产的可靠性和稳定性，减少由于生产过程的不稳定导致延迟交货现象。作为即时化供应链管理的一部分，供应商同样应该采用即时化的生产管理模式，以提高生产过程的即时性。另一方面，为了提高交货即时性，运输问题不可忽视。在物流管理中，运输是一个很重要的问题，它决定即时交货的可能性。特别是全球的供应链系统，运输过程长，而且可能要先后经过不同的运输工具，需要中转运输等，因此就有必要进行有效的运输计划与管理。

3. 选择供应商的标准不同。在传统的采购模式中，一般通过价格竞争选择供应商，供应商与用户的关系是短期的合作关系，当发现供应商不合适时，可以通过市场竞标的方式重新选择供应商。但在 JIT 采购模式中，由于供应商和用户是长期的合作关系，供应商的合作能力将影响企业的长期经济利益，因此对供应商的要求就比较高。在选择供应商时，需要对供应商进行综合的评价，评价的标准应包括产品质量、交货期、价格、技术能力、应变能力、批量柔性、交货期与价格的均衡、价格与批量的均衡、地理位置等，而不像传统采购那样主要依靠价格标准。

4. 制定采购批量的策略不同。小批量采购是即时制采购的一个基本特征。即时制采购和传统的采购模式的一个重要不同之处在于：即时制生产需要减小生产批量，因此采购的物资也应采用小批量办法。从另外一个角度看，由于企业生产对原材料和外购件的需求是不确定的，而 JIT 采购又旨在消除原材料和外购件库存，为了保证即时、按质、按量供应所需的原材料和外购件，采购必然是小批量的。

5. 对送货和包装的不同要求。由于 JIT 采购消除了原材料和外购件的缓冲库存，供应商交货的失误和送货的延迟必将导致企业生产线的停工待料。因此，可靠的送货是实施 JIT 采购的前提条件。

6. 对信息交流的需求不同。JIT 采购要求供应与需求双方信息高度共享，保证供应与需求信息的准确性和实时性。由于双方的战略合作关系，企业在生产计划、库存、质量等各方面的信息都可以及时进行交流，以便出现问题时能够及时处理。只有供需双方进行可靠而快速的双向信息交流，才能保证所需的原材料和外购件的即时按量供应；同时，充分的信息交换可以增强供应商的应变能力。所以，实施 JIT 采购，就要求供应商和制造商之间进行有效的信息交换。信息交换的内容包括生产作业计划、产品设计、工程数据、质量、成本、交货期等。信息交换的手段包括电报、电传、电话、信函、卫星通信等。现代信息技术的发展，为高效的信息交换提供了有力的支持。

（三）即时制采购的优点

JIT 采购是关于采购的一种全新的思路，根据资料统计，JIT 采购在以下几个方面已经取得了令人满意的成果：

1. 大幅度减少原材料和外购件的库存。根据国外一些实施 JIT 采购策略企业的测算，JIT 采购可以使原材料和外购件的库存降低 40%～85%。原材料和外购件库存的降低，有利于减少流动资金的占用，加速流动资金的周转，同时也有利于节省原材料和外购件库存占用的空间，从而降低库存成本。

2. 提高采购物资的质量。实施 JIT 采购后，企业的原材料和外购件的库存很少以至于为零。因此，为了保障企业生产经营的顺利进行，采购物资的质量必须从根源上抓起。也就是说，购买的原材料和外购件的质量保证，应由供应商负责，而不是企业的采购部门。JIT 采购就是要把质量责任返回给供应商，从根源上保障采购质量。为此，供应商必须参与制造商的产品设计过程，制造商也应帮助供应商提高技术能力和管理水平。

在现阶段，我国主要是由制造商来负责监督购买物资的质量；验收部门负责购买物资的接收、确认、点数统计，并将不合格的物资退回供应商，因而增加了采购成本。实施 JIT 采购后，从根源上保证了采购质量。

一般来说，实施 JIT 采购，可以使购买的原材料和外购件的质量提高 2 ~ 3 倍。而且，原材料和外购件质量的提高，又会引致质量成本的降低。据估计，实施 JIT 采购可使质量成本减少 26% ~ 63%。

3. 降低原材料和外购件的采购价格。由于供应商和制造商的密切合作及内部规模效益与长期订货，再加上消除了采购过程中的一些浪费（如订货手续、装卸环节、检验手续等），就使得购买的原材料和外购件的价格得以降低。例如，生产复印机的美国施乐（Xerox）公司，通过实施 JIT 采购策略，其采购物资的价格下降了 40% ~ 50%。

此外，推行 JIT 采购策略，不仅缩短了交货时间，节约了采购过程所需资源（包括人力、资金、设备等），而且提高了企业的劳动生产率，增强了企业的适应能力。

（四）即时制采购带来的问题及其解决办法

1. 小批量采购带来的问题及其解决。小批量采购必然增加运输次数和运输成本，对供应商来说，这是很为难的事情，特别是供应商在远距离的情形，在这种情况下实施 JIT 采购的难度就很大。解决这一问题的方法有四种：一是使供应商在地理位置上靠近制造商，如日本汽车制造商扩展到哪里，其供应商就跟到哪里；二是供应商在制造商附近建立临时仓库，实质上，这只是将负担转嫁给了供应商，而未从根本上解决问题；三是由一个专门的运输承包商或第三方物流企业负责送货，按照事先达成的协议，集中分布在不同地方的供应商的小批量物料，即时按量送到制造商的生产线上；四是让一个供应商负责供应多种原材料和外购件。

2. 采用单源供应带来的风险。采用单一供货商的采购模式有很大的风险，比如供应商有可能因意外原因中断交货。另外，采取单源供应，使企业不能得到竞争性的采购价格，对供应商的依赖性过大等。因此，必须与供应商建立长期互利合作的新型伙伴关系。在日本，98% 的 JIT 企业采取单源供应。但实际上，一些企业常采用同一原材料或外购件由两个供应商供货的方法，其中一个供应商为主，另一个供应商为辅。许多企业也不是很愿意成为单一供应商。原因很简单，一方面，供应商是具有独立性较强的商业竞争者，不愿意把自己的成本数据披露给用户；另一方面，供应商不愿意成为用户的一个产品库存点。

3. 库存管理压力。工业企业在实施 JIT 采购时，其中一个重要环节就是要减少库存与生产周期，要做到这两点，采购及供应商的管理至关重要。事实上，控制、减少原材料的库存、缩短原材料的交货周期、在原材料供应过程中实施 JIT 采购，相对于企业内部实施 JIT 生产来说见效更快，而且实施起来更容易，一方面能为本企业实施 JIT 打下基础，另一方面也能推动企业整体供应链的优化。

（五）即时制采购的实施

1. 实施条件。即时制采购的成功实施需要具备一定的前提条件，实施即时制采购的最基本的条件如下：

（1）供应商与企业的距离越近越好。供应商和用户企业的空间距离越小越好。距离太远，操作不方便，发挥不了即时制采购的优越性，很难实现零库存。

（2）制造商和供应商建立互利合作的战略伙伴关系。即时制采购策略的推行，有赖于制造商和供应商之间建立起长期的、互利合作的新型关系，相互信任、相互支持、共同获益。

（3）注重基础设施的建设。良好的交通运输和通信条件是实施即时制采购策略的重要保证，企业基础设施建设的标准化，对即时制采购的推行至关重要。所以，要想成功实施即时制采购策略，制造商和供应商都应注重基础设施的建设。当然，这些条件的改善，不仅仅取决于制造商和供应商的努力，各级政府也须加大投入。

（4）强调供应商的参与。即时制采购不只是企业采购部门的事，它也离不开供应商的积极参与。供应商的参与，不仅体现在准时、按质、按量供应制造商所需的原材料和外购件上，而且体现在积极参与制造商的产品开发设计过程中。与此同时，制造商有义务帮助供应商改善产品质量，提高劳动生产率，降低供货成本。

（5）建立实施即时制采购策略的组织。企业领导必须从战略高度来认识即时制采购的意义，并建立相应的企业组织来保证该采购策略的成功实施。这一组织的构成，不仅应有企业的采购部门，还应包括产品设计部门、生产部门、质量部门、财务部门等。其任务是：提出实施方案、具体组织实施、对实施效果进行评价进行连续不断的改进。

（6）制造商向供应商提供综合的、稳定的生产计划和作业数据。综合的、稳定的生产计划和作业数据可以使供应商及早准备，精心安排生产，确保准时、按质、按量交货；否则，供应商就不得不求助于缓冲库存，从而增加其供货成本。有些供应商在制造商工厂附近建立仓库以满足制造商的即时制采购要求，实质上这不是真正的即时制采购，而只是库存负担转移。

（7）注重教育与培训。通过教育和培训，使制造商和供应商充分认识到实施即时制采购的意义，并使其掌握即时制采购的技术和标准，以便对即时制采购进行不断的改进。

（8）加强信息技术的应用。即时制采购建立在有效信息交换的基础上，信息技术的应用可以保证制造商和供应商之间的信息交换。因此，制造商和供应商都必须加强对信息技术，特别是电子数据交换技术的投资，以便更加有效地推行即时制采购策略。

2. 实施步骤。开展即时制采购同其他工作一样，需遵循计划、实施、检查、总结提高的基本思路，具体包括以下步骤：

（1）创建即时制采购团队。世界一流企业的专业采购人员有 3 个责任：寻找货源、商定价格、发展与供应商的协作关系并不断改进。因此，专业化的高素质采购队伍对实施即时制采购至关重要。为此，首先要成立两个团队：一个是专门处理供应商事务的团队，该团队的责任是认定资格、评估供应商的信誉和能力、与供应商谈判签订即时制采购合同、向供应商发放免检签证等，同时要负责供应商的培训与教育；另外一个团队专门负责消除采购中的浪费。这些团队中的人员应该对即时制采购的方法有充分的了解和认识，必要时要进行培训。如果这些人员本身对即时制采购的认识和了解都不彻底，就不可能指望供应商的合作了。

（2）分析现状、确定供应商。首先根据采购物品的分类选择价值量大、体积大的主要原材料及零部件，结合供应商的关系，优先选择伙伴型或优先型供应商进行即时制采购可行性分析，确定可实施即时制采购模式的供应商。分析采购物品及供应商情况时要考虑的因素有原材料或零部件的采购量、年采购额、物品的重要性（对本公司产品生产、质量等的影响）、供应商的合作态度、供应商的地理位置、物品的包装及运输方式、物品的储存条件及存放周期、供应商现有供应管理水平、供应商参与改进的主动性、该物品的供应周期、供应商生产该物品的生产周期及重要原材料采购周期、供应商现有的送货频率、该物品的库存量等。然后根据现状，进一步分析问题所在以及导致问题产生的原因。

（3）设定目标。针对供应商目前的供应状态，提出改进目标。改进目标包括供货周期、供货频次、库存等。改进目标应有时间要求。

（4）制订实施计划。实施计划要明确主要的行动点、行动负责人、完成时间、进度检查方法及时间、进度考核指标等。其中，本公司内的主要行动有：

① 将原来的固定订单改为灵活订单，订单的订购量分成两部分：一部分是已确定的、供应商必须按时按量交货的部分，另一部分是可能因市场变化而增减的，供应商准备原材料、安排生产计划时参考的预测采购量。订单内容取决于本公司的生产周期、供应商的生产交货周期、最小批产量等。

② 调整相应的运作程序及参数设置；在公司内相关人员之间进行沟通、交

流，统一认识、协调行动。

③ 确定相应人员的职责及任务分工等。

在供应商方面，需要对供应商进行沟通、培训，使供应商接受即时制采购的理念，确认本公司提出的改进目标，包括缩短供应时间、增加供应频次、保持合适的原材料、在制品及成品的库存等。同时供应商也相应认可有关的配合人员的责任、行动完成时间等。

（5）改进实施。改进实施的前提是供应原材料的质量改进和保障，同时要考虑采用标准、循环使用的包装、周转材料与器具，以缩短送货的装卸、出入库时间。改进实施的主要环节是将原来独立开具的固定订单改成滚动下单，并将订单与预测结合起来。首先，可定期（如每季）向供应商提供半年或全年采购预测，便于供应商提前安排物料采购及生产安排；其次，定期定时（如每周或每月）向供应商提供每周、每半月或每月、每季的流动订单。流动订单包括固定和可变的两部分，供应商按流动订单的要求定期、定量送货。为更好地体现供应商在整体供应链中的作用，供应商最好定期（每周、每半月或每月）向制造商提供库存（含原材料、在制品、成品）报告，以便制造商在接受客户订单及订单调整时能准确、迅速、清晰了解供应商的反应能力。实施即时制采购还应注意改进行政效率，充分利用电话、传真及电子邮件等手段进行信息传递以保证信息传递的及时性、准确性、可靠性。在开展即时制采购的过程中，最重要的是要有纪律性，要严格按确定的时间做该做的事情（如编制采购预测、开具订单、提交库存报告等），同时要有合作精神与团队意识。只有采购、计划、仓管、运输、收验货、供应商等密切配合，才能保证即时制采购顺利实施。

（6）绩效衡量。衡量即时制采购实施绩效要定期检查进度，以绩效指标（目标的具体化指标）来控制实施过程。采购部门或即时制采购实施改进小组要定期（如每月）对照计划检查各项行动的进展情况、各项工作指标、主要目标的完成情况，并用书面形式采用图表等方式体现出来。对于未如期完成的部分应重新提出进一步的跟进行动，调整工作方法，必要时调整工作目标。

第四节　理论知识点二：采购计划和采购预算

一、采购业务计划

（一）编制采购计划的目的

一般而言，制造业的经营活动开始于原材料、零部件的采购，然后经加工制造或经组合装配成为产品，再通过销售获取利润。因此，通过何种渠道、在什么时间购入多少原材料和零部件是采购工作的重点所在。采购计划就是为了维持正常的产销活动，对在某一特定的期间内应在何时购入多少何种材料的一种预先安排。该项计划应达到下列的目的：

（1）预估材料需用数量与时间，防止供应中断，影响产销活动。

（2）避免材料储存过多、积压资金和占用存储的空间。

（3）配合公司生产计划与资金调度。

（4）使采购部门事先有所准备，选择有利时机购入材料。

（5）确立材料耗用标准，以便管理材料的购入数量和成本。

（二）编制采购计划的基础资料

1. 生产计划（Production Schedule）。根据企业的销售预测，再加上人为的判断，就可以拟订销售目标和销售计划。销售计划表明各种产品在不同时间的预期销售数量；而生产计划则是依据销售数量，加上预期的期末存货减去期初存货来制定的。

2. 物料清单（Bill of Material，BOM）。一般生产计划只列出产成品的数量，而不能表示某一产品需用哪些物料，以及数量多少，因此必须借助于物料清单。物料清单是由研究开发或产品设计部门制定的，根据物料清单可以精确地计算出制造每一种产品的物料需求数量（Material Requirement）。将物料清单上所列的耗用量即通称的标准用量，与实际用量相互比较，可作为用料管理的依据。

3. 存量卡（RinCard）。如果产成品有存货，那么生产数量不一定要等于销售数量。同理，若材料有库存，则材料采购数量也不一定要等于材料需用量。因此，必须建立物料的存量卡，以表明某一物料目前的库存状况；再依据需求数量，并考虑购料的时间和安全库存量，算出正确的采购数量，然后才开具请购单，进行采购活动。

（三）采购计划的编制程序

采购计划的编制主要有以下几个环节：

1. 准备订单计划。准备订单计划主要分为四个方面的内容：

（1）了解市场需求。市场需求是启动生产供应程序的基础，要想制定比较准确的订单计划，首先必须掌握市场需求计划或者是市场销售计划。市场需求的进一步分解便得到生产需求计划。企业的年度销售计划一般在上年的年末制定，并报送至各个相关部门，同时下发到销售部门、计划部门、采购部门，以便指导全年的企业运转；根据年度计划，再制定季度、月度的市场销售需求计划。

（2）了解生产需求。生产需求在采购中也可以称为生产物料需求。生产物料需求的时间是根据生产计划而产生的，通常生产物料需求计划是订单计划的主要来源。为了便于理解生产物料需求，采购计划人员需要深入分析生产计划以及工艺常识。在 MRP 系统中，物料需求计划是主生产计划的细化，它主要来源于主生产计划、独立需求的预测、物料清单、库存信息。编制物料需求计划的主要步骤包括：① 决定毛需求；② 决定净需求；③ 对订单下达日期及订单数量进行计划。

（3）准备订单背景资料。准备订单背景资料是非常重要的一项内容。订单背景是在订单物料的认证完毕之后形成的，订单背景资料主要包括：① 订单物料的供应商消息；② 订单比例信息（对有多家供应商的物料来说，每一个供应商分摊的下单比例称为订单比例，该比例由供应商管理人员规划并给予维护）；③ 最小包装信息；④ 订单周期。订单周期是指从下单到交货的时间间隔，一般是以天为单位的。

订单背景资料一般使用信息系统管理。订单人员根据生产需求的物料项目，从信息系统中查询了解该物料的采购参数。

（4）制定订单计划说明书。制定订单计划说明书也就是准备好订单计划所需要的资料，其主要内容包括：① 订单计划说明书（物料名称、需求数量、到货日期等）；②附件，如市场需求计划、生产需求计划、订单背景资料等。

2. 评估订单需求。评估订单需求是采购计划中非常重要的一个环节。只有准确地评估订单需求，才能为计算订单容量提供依据，以便制订出好的订单计划。它主要包括以下三个方面的内容：

（1）分析市场需求。市场需求和生产需求是评估订单需求的两个重要方面。订单计划不仅仅来源于生产计划。一方面，订单计划首先要考虑的是企业的生产需求，生产需求的大小直接决定了订单需求的大小；另一方面，制订订单计划还得兼顾企业的市场战略以及潜在的市场需求等；此外，制订订单计划还需要去分析市场资料的可信度。

因此，必须仔细分析签订合同的数量、还没有签订合同的数量（包括没有及时交货的合同）等一系列数据，同时研究其变化趋势，全面考虑订单计划的规范性和严谨性。只有这样，才能对市场需求有一个全面的了解，从而制订出一个满足企业远期发展与近期实际需求相结合的订单计划。

（2）分析生产需求。分析生产需求是评估订单需求首先要做的工作。要分析生产需求，首先就需要研究生产需求的产生过程，其次再分析生产需求量和要货时间。例如，企业根据生产计划，对零部件的清单进行检查。

每周都有不同的毛需求量和入库量，于是就产生了不同的生产需求，企业要对不同时期产生的不同生产需求进行分析。

（3）确定订单需求。根据对市场需求和对生产需求的分析结果，我们就可以确定订单需求。通常来讲，订单需求的内容是：通过订单管理，在未来指定的时间内，将指定数量的合格物料采购入库。

3. 计算订单容量。计算订单容量是采购计划中的重要组成部分。只有准确地计算好订单容量，才能对比需求和容量，经过综合平衡，最后制订出正确的订单计划。计算订单容量主要有以下四个方面的内容：

（1）分析供应资料。对于采购工作来讲，所要采购物料的供应商的信息是非常重要的一项信息资料。如果没有供应商供应物料，那么无论是生产需求还是紧急的市场需求，一切都无从谈起。从一个简单的例子来看，某企业想设计一家练歌房的隔音系统，隔音玻璃棉是完成该系统的关键材料，经过考察，该种材料被垄断在少数供应商的手中。在这种情况下，企业的计划人员就应充分利用这些情报，在下达订单计划时就会有的放矢了。

（2）计算总体订单容量。总体订单容量是多方面内容的组合，其中主要是两个方面：一是可供给物料的数量，另一方面是可供给物料的交货时间。举一个例子来说明这两方面的结合情况：A供应商在12月31日之前可供应5万个特种按钮（Ⅰ型3万个，Ⅱ型2万个），B供应商在12月31日之前可供应8万个特种按钮（Ⅰ型4万个，Ⅱ型4万个），那么12月31日之前Ⅰ和Ⅱ两种按钮的总体订单容量为13万个，其中Ⅱ型按钮的总体订单容量为6万个。

（3）计算承接订单容量。承接订单是指某供应商在指定的时间内已经签下的订单。仍以前一个例子来说明：A供应商在12月31日之前可以供给5万个特种按钮（Ⅰ型3万个，Ⅱ型2万个），若是已经承接Ⅰ型特种按钮2万个，Ⅱ型2万个，那么对Ⅰ型和Ⅱ型物料已承接的订单量就比较清楚（Ⅰ型2万个＋Ⅱ型2万个＝4万个）。

（4）确定剩余订单容量。剩余订单容量是指某物料所有供应商群体的剩余的可供物料的总量，可以用下面的公式表示：

物料剩余订单容量＝物料供应商群体总体订单容量－已承接订单量

4. 制订订单计划。制订订单计划是采购计划的最后一个环节，也是最重要的环节。它主要包括以下四个方面的内容：

（1）对比需求与容量。对比需求与容量是制订订单计划的首要环节，只有比较出需求与容量的关系才能科学地制订订单计划。如果经过对比发现需求小于容量，即无论需求多大，容量总能满足需求，则企业要根据物料需求来制订订单计划。如果供应商的容量小于企业的物料需求，则要求企业根据容量制订合适的物料需求计划。这样就产生了剩余物料需求，需要对剩余物料需求重新制订计划。

（2）综合平衡。综合平衡是指综合考虑市场、生产、订单容量等要素，分析物料订单需求的可行性，必要时调整订单计划，计算容量不能满足的剩余订单需求。

（3）确定余量计划。在对比需求与容量的时候，如果容量小于需求就会产生剩余需求，对于剩余需求，要提交计划制订者处理，并确定能否按照物料需求规定的时间及数量交货。

（4）制订订单计划。制订订单计划是采购计划的最后一个环节，订单计划做好之后就可以按照计划进行采购工作了。一份订单包含的内容有下单数量和下单时间两个方面。

下单数量 = 生产需求量 − 计划入库量 − 现有库存量 + 安全库存量

下单时间 = 要求到货时间 − 认证周期 − 订单周期 − 缓冲时间

表9−3、表9−4给出了两个典型的企业采购计划表。

表9−3 　　　　　　　某电子公司采购计划表 　　　　　　单位：t

材料编号	材料名称	材料规格	三月底库存		四月				五月				六月			
			仓库	验收前	已购未入量	总存量	计划用量	本月底结存	已购未入量	总存量	计划用量	本月底结存	已购未入量	总存量	计划用量	月底结存
			700		1 200	800	400	1 400	1 400	1 800	1 200	600	1 800	2 400	1 600	800

表9−4 　　　　　　　某人造纤维公司采购数量计划表

供应商	本日存货		本日存货耗用期限	订购日期	L/C申请日期	L/C开出日期	装船			船到入库后总存量/t
	日期	存量/t					装船量/t	开船日期	抵达日期	

二、采购预算

所谓预算就是一种用金额来表示的计划，是将企业未来一定期间经营决策的目标通过数据系统地反映出来，是对经营决策的具体化和数量化。预算的时间范围要与企业的计划期保持一致，不能过长或过短。长于计划期的预算没有实际意义，会浪费人力、财力和物力，而过短的预算则又不能保证计划的顺利执行。企业所能获得的可分配的资金在一定程度上是有限的，企业的管理者必须通过科学地分配有限的资源，来提高效率以获得最大的收益。一个良好的企业不仅要赚取合理的利润，还要保证企业有良好的资金流，因此，良好的预算既要注重工作实践，又要强调财务业绩。

原材料预算。原材料预算的主要目的是：确定用于生产既定数量的产品或者提供既定水平的服务的原材料的成本。原材料预算的时间通常是一年或更短。预算的依据是生产或销售的预期水平以及未来原材料的估计价格，这就意味着实际费用有可能偏离预算。因此，很多组织采用灵活的预算（灵活的预算要反映条件的变化，比如产品的增加或减少）来调整实际的采购支出。

采购费用预算。采购费用预算的内容包括采购业务中发生的各项费用。通常，这项预算是根据预期和业务和行政工作量来制定的。这些花费包括工资、供热费、电费、通信费、差旅费，以及购买办公用品等的费用。采购业务费用预算应该反映组织的总体目标。例如，如果组织的目标是减少间接费用，那么业务预算中的间接费预算就应该反映出这一点。

第五节　理论知识点三：供应商管理

一、供应商的选择标准

（一）供应商选择的短期标准

选择供应商的短期标准一般是商品质量合适、价格水平低、交易费用少、交付及时、整体服务水平好。采购单位可以通过市场调查获得有关供应单位的资料，把获得的信息编制成一览表（如表9-5所示），并从这几个方面进行比较，依据比较结论作出正确决策。

表9-5　　　　　　　　　　　供应单位一览表

商品名称：　　　　　　　　品种规格：　　　　　　　　计量单位：

供应单位	质量	价格	地址	运费	其他费用	生产情况	交付情况	服务措施	附注

1. 物品质量合适。采购物品的质量合乎采购单位的要求是企业生产经营活动正常进行的必要条件，是采购单位进行商品采购时首要考虑的因素。质量次、价格偏低的商品，虽然采购成本低，但实际上会导致企业的总成本的增加。因为质量不合格的产品在企业投入使用的过程中，往往会影响生产的连续性和产成品的质量，这些最终都将会反映到企业总成本中去。另一方面，质量过高并不意味着采购物品适合企业生产所用，如果质量过高，远远超过了生产要求的质量，对于企业而言也是一种浪费。因此，采购中对于质量的要求是符合企业生产所需，要求过高或过低都是错误的。评价供应商产品的质量，不仅要从商品检验入手，而且要从供应商企业内部去考察，如企业内部的质量检测系统是否完善、是否已

经通过了 ISO9000 论证等。

2. 成本低。对供应商的报价单进行成本分析，是有效甄选供应商的方式之一。成本不仅仅包括采购价格，而且包括原料或零部件使用过程中或生命周期结束前所发生的一切支出。采购价格低对于降低企业生产经营成本，提高竞争力和增加利润，有着明显的作用，因而它是选择供应商的一个重要条件。但是价格最低的供应商不一定就是最合适的，因为如果在产品质量、交货时间上达不到要求，或者由于地理位置过远而使运输费用增加，都会使总成本增加，因此总成本最低才是选择供应商时考虑的主要因素。总成本包括取得成本、作业成本和处置成本。

3. 交货及时。供应商能否按约定的交货期限和交货条件组织供货，直接影响企业生产和供应活动的连续性，因此交货时间也是选择供应商时所要考虑的因素之一。企业在考虑交货时间时，一方面要降低原料的库存数量，另一方面又要降低断料停工的风险。影响供应商交货时间的因素主要有：（1）供应商从取得原料、加工到包装所需的生产周期；（2）供应商生产计划的规划与弹性；（3）供应商的库存准备；（4）所采购原料或零部件在生产过程中所需要的供应商数目；（5）运输条件及能力。供应商交货的及时性一般用合同完成率或委托任务完成率来表示。

4. 整体服务水平好。供应商的整体服务水平是指供应商内部各作业环节能够配合购买者的能力与态度，如各种技术服务项目、方便订购的措施、为订购者节约费用的措施等。评价供应商整体服务水平的主要指标安装服务、培训服务、维修服务、升级服务、技术支持服务等。

5. 履行合同的承诺与能力。确定供应商有无履行合同的承诺与能力时要考虑以下几点：

（1）要先确认供应商对采购的项目、订单金额及数量是否感兴趣。订单数量大，供应商可能生产能力不足，而订单数量少，供应商可能缺乏兴趣。

（2）供应商处理订单的时间。

（3）供应商在需要采购的项目上是否具有核心能力。

（4）供应商是否具有自行研发产品的能力。

（5）供应商目前的闲置设备状况，以了解其接单情况和生产设备的利用率。

（二）供应商选择的长期标准

选择供应商的长期标准主要在于评估供应商是否能保证长期而稳定的供应，其生产能力是否能配合公司的成长而相对扩展，是否具有健全的企业体制、与公司相近的经营理念，其产品未来的发展方向能否符合公司的需求，以及是否具有长期合作的意愿等。供应商的长期生产能力主要体现在以下几个方面：

1. 供应商的财务状况是否稳定。供应商的财务状况直接影响到其交货和履约的绩效，如果供应商的财务出现问题，周转不灵，就会影响供货进而影响企业生产，甚至出现停工的严重危机。虽然判断一家供应商的财务状况并不容易，但是可以利用资产负债表来考核供应商一段时期营运的成果，观察其所拥有的资产和负债情况；通过损益表，考察供应商一段时期内的销售业绩与成本费用情况。如果供应商是上市公司还可以利用公司的年度报表中的信息来计算各种财务比率，以观察其现金流动情况、应收应付账款的状况、库存周转率、获利能力等。

2. 供应商内部组织与管理是否良好。供应商内部组织与管理关系到日后供应商供货效率和服务质量。如果供应商组织机构设置混乱，采购的效率与质量就会因此下降，甚至会由于供应商部门之间的互相扯皮而导致供应活动不能及时地、高质量地完成。另外，供应商的高层主管是否将采购单位视为主要客户也是影响供应质量的一个因素。如果供应商的高层没有将买主视为主要客户，在面临一些突发状况时，便无法取得优先处理的机会。

除此之外，还可以从供应商机器设备的新旧程度及保养状况看出管理者对生产工具、产品质量的重视程度以及内部管理的好坏。另外，可以参考供应商同业之间的评价及在所属产业的地位。对客户满意程度的认知、对工厂的管理、对原材料来源的掌握、对生产流程的控制，也是评估供应商内部管理时的管理指标。

3. 供应商员工的状况是否稳定。供应商员工的状况也是反映企业管理中是否存在问题的一个重要指标。例如，若员工平均年龄偏高，表明供应商员工的流动率较低，或供应商无法吸收新员工的加入，从而缺乏新观念、新技术的引进。另外，供应商员工的工作态度及受培训的水平会直接影响到产出的效率，这些都是可以在现场参观时观察到的。

二、供应商选择的方法

选择合乎要求的供应商，需要采用一些科学和严格的方法。选择供应商，要根据具体的情况采用合适的方法。常用的方法主要有直观判断、考核选择、招标选择和协商选择。

1. 直观判断。直观判断法是指通过调查、征询意见、综合分析和判断来选择供应商的一种方法，是一种主观性较强的判断方法，主要是倾听和采纳有经验的采购人员的意见，或者直接由采购人员凭经验作出判断。这种方法的质量取决于对供应商资料是否正确、齐全和决策者的分析判断能力与经验。这种方法运作方式简单、快速、方便，但是缺乏科学性，受掌握信息详尽程度的限制，常用于选择企业非主要原材料的供应商。

2. 考核选择。所谓考核选择，就是在对供应商充分调查了解的基础上，再经过认真考核、分析比较后选择供应商的方法。考核选择的方法包括调查了解供应商、考察供应商、考核选择供应商等。可以看出，考核选择供应商是一个时间较长的深入细致的工作。这个工作需要采购管理部门牵头负责、全厂各个部门共同协调才能完成。当供应商选定之后，应当终止试运行期，签订正式的供应关系合同。进入正式运行期后，就开始了比较稳定正常的供需关系运作。

3. 招标选择。当采购物资数量大、供应市场竞争激烈时，可以采用招标方法来选择供应商。招标采购详见本书第四章。

4. 协商选择。在潜在供应商较多、采购者难以抉择时，也可以采用协商选择方法，即由采购单位选出供应条件较为有利的几个供应商，同它们分别进行协商，再确定合适的供应商。和招标方法比较，协商选择方法因双方能充分协商，在商品质量、交货日期和售后服务等方面较有保证；但由于选择范围有限，不一定能得到最便宜、供应条件最有利的供应商。当采购时间紧迫、投标单位少、供应商竞争不激烈、订购物资规格和技术条件比较复杂时，协商选择方法比招标方法更为合适。

三、供应商审核

供应商审核是在供应商认证前进行的，目的是确认、筛选出最好的供应商，优化供应商结构，提高竞争优势。

（一）供应商审核的层次

就采购供应的控制层次来说，供应商审核可局限在产品层次、工艺过程层次，也可深入到质量保证体系层次甚至供应商的公司整体经营管理体系层次。

（1）产品层次的审核主要是确认、改进供应商的产品质量。实施办法有正式供应前的产品或样品认可检验，以及供货过程中的来料质量检查。

（2）工艺过程层次的审核主要针对那些质量对生产工艺有很强依赖性的产品。要保证供货质量的可靠性，往往必须深入到供应商的生产现场了解其工艺过程，确认其工艺水平、质量控制体系及相应的设备设施能够满足产品的质量要求。这一层次的审核包括供应商审核时工艺过程的评审，也包括供应过程中因质量不稳定而进行的供应商现场工艺确认与调整。

（3）质量保证体系层次的审核是就供应商的整个质量体系和过程，参照ISO9000标准或其他质量体系标准而进行的审核。

（4）公司层次的评审是对供应商进行评审的最高层次，它不仅要考察供应商的质量体系，还要评审供应商经营管理水平、财务与成本控制、计划制造系统、信息系统和设计工程能力等各主要企业管理过程。

在实际情况中，对于那些普通型供应商，采购商一般只局限于产品层次和工艺过程层次的评审。但是如果采购商要挑选合作伙伴，情况就不一样了，特别是那些管理严格、技术先进的国际大公司，它们通常会大量采用质量保证体系和公司层次的评审来控制供应链体系。

（二）供应商审核的方法

供应商审核的主要方法可以分为主观判断法和客观判断法。所谓主观判断法是指依据个人的印象和经验对供应商进行判断，这种评判缺乏科学标准，评判的依据十分笼统、模糊；客观判断法是指依据事先制定的标准或准则对供应商进行量化的考核和审定，包括调查法、现场打分评比法、供应商绩效考评、供应商综合评审、总体成本法等方法。

（1）调查法。调查法是指事先准备一些标准格式的调查表格发给不同的供应商填写，收回后进行比较的方法。这种方法常用于招标、询价及供应情况的初步搜集等。

（2）现场打分评比法。现场打分评比法是预先准备一些问题并格式化，然后组织不同部门的专业人员到供应商的现场进行检查确认的方法。

（3）供应商绩效考评。供应商绩效考评是指对已经供货的现有供应商在供货、质量、价格等方面的表现进行跟踪、考核和评比。

（4）供应商综合评审。供应商综合评审是针对供应商公司层次而组织的包括质量、工程、企划、采购等专业人员参与的全面评审，它通常将问卷调查和现场评审结合起来。

（5）总体成本法。总体成本法是一种以降低供应商的总体成本，从而降低采购价格为目的一种方法。它需要供应商的通力合作，由采购商组织强有力的综合专家团队对供应商的财务及成本进行全面、细致的分析，找出降低成本的方法，并要求供应商付诸实施与改进，改进的效果则由双方共享。

（三）供应商审核的程序

1. 市场调研，搜集供应商信息。供应商审核是在对供应市场进行调研分析的基础上进行的。对供应市场调研，搜集供应商的信息、资料是评审的前提。只有掌握了供应商翔实的资料，才能对供应商作出客观、公正的评审。在市场调研阶段，主要应该从供应商的市场分布，采购物品的质量、价格，供应商的生产规模等方面搜集供应商的情况。

2. 确定供应商审核的主要指标。对于不同的供应商，审核的指标也不同，因此应该针对供应商的实际情况和本单位所采购物品的特性，对所要评审的供应商制定具体的评审指标。

3. 成立供应商审核小组。对供应商的评审，应视不同的采购物品成立相应的评审小组。对于一些标准品以及金额比较低的物品，可以用采购人员自行决定的方式，由采购人员组成评审小组。这种方式最简单，也最为快速、方便。对于非标准品、价值金额较大的物品，则可以成立跨功能小组或商品小组来执行评审的任务。

所谓跨功能小组是指依据采购物品的性质，由采购部门、物料管理部门、工程及研发部门、主管或财务部门的人员共同组成的临时性的供应商审核组织。

4. 综合评分。供应商审核的最后一个环节是对供应商进行综合评分。针对每个评审项目，权衡彼此的重要性，分别给予不同的权数，评审小组决定了供应的评审内容及权重后，可根据供应商反馈的调查表及实地调查的资料，编制出供应商的资格评分表。

（四）供应商审核的内容

由于供应商自身条件的差别，各有优劣，因此必须有客观的评分的项目作为选拔合格供应商的依据。因此，供应商审核应该制定详细的评审内容，通常包括下列各项：

（1）供应商的经营状况：供应商经营的历史、负责人的资历、注册资本金额、员工人数、完工记录及绩效、主要的客户、财务状况。

（2）供应商的生产能力：供应商的生产设备是否先进、生产能力是否已充分利用、厂房的空间距离，以及生产作业的人力是否充足。

（3）技术能力：供应商的技术是自行开发还是从外引进、有无与国际知名技术开发机构的合作、现有产品或试制样品的技术评估、产品的开发周期、技术人员的数量及受教育程度等。

（4）管理制度：生产流程是否顺畅合理、产出效率如何、物料控制是否自动化、生产计划是否经常改变、采购作业是否为成本计算提供良好的基础。

（5）质量管理：质量管理方针、政策；质量管理制度的执行及落实情况；有无质量管理制度手册；有无质量保证的作业方案；有无年度质量检验的目标；有无政府机构的评鉴等级；是否通过 ISO9000 认证。

四、供应商资质认证

（一）供应商认证流程

供应商认证是供应商管理的一项重要内容。在供应商认证之前，供应商至少要满足 3 个方面的条件：供应商提交的文件已经通过认证；价格及其他商务条款符合要求；供应商审核必须合格。

新供应商认证往往需要企业高层管理者批准、财务部门调查，客户指定的需出具确认函件、供应商调查等文件。作为供应商而言，需要提供的信息包括工商文件（工商营业执照、税务登记证、资信等级证明、注册资本、经营范围）、行业资质和资格证书、产品质量文件、资源（工厂分布、运输、技术支持、服务等级）、客户名单、公司 SWOT 分析等。企业在必要时可由资信调查公司对供应商进行财务状况、信用等级调查，也可以安排专门项目调查小组进行市场调查。

企业供应商认证流程主要由以下几个环节构成，如图 9 - 1 所示。

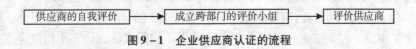

图 9 - 1　企业供应商认证的流程

具体来说，供应商的认证流程如下：

（1）供应商自我认证。对供应商进行认证之前应要求供应商先进行自我评价。一般是先发信给供应商，让供应商先对自己做出自我评价，然后再组织有关人员进行认证。

（2）成立供应商认证小组。收到供应商自我认证的资料后，应着手成立供应商认证小组。供应商认证小组应包括不同部门成员，主要有质量管理、工程、生产等部门。认证小组成立后应确认对供应商认证采取的形式和认证的指标体系。

（3）针对认证的内容，确定相应的指标评分体系。对于供应商的认证要针对不同的供应商采取不同的评分体系。但一般情况下供应商认证的评分体系包括领导班子和风格、信息系统及分析、战略计划、人力资源、过程控制、商务运作、客户满意程度、供应管理、销售管理、时间管理、环境管理等子系统。

（4）会同质量、工程、生产等部门进行现场调查。对供应商的现场调查中，要了解供应商的管理机构设置情况，各个部门之间的分工及汇报流程；考察供应商质量控制与管理体系、生产工艺、顾客服务、环境体系等内容。在现场考察的同时应根据预先设置的评分体系，进行子系统的评价，并给出相应的分值。

（5）各部门汇总评分。进行现场考察后，各个部门应通过现场观察情况，并结合供应商的相关文件、先前的市场调查情况、与供应商的客户和供应商的会谈情况，进行综合评分，得出供应商最终认证的总成绩。各部门进行汇总评分后，组织现场调查的部门应写出考察报告，呈报上级领导，并且将考察的资料进行备案并存档。

（6）将认证情况反馈给供应商。对供应商进行认证的最终结果应反馈给供应商，让供应商明确自己的不足之处，以便进行改进与提高。

（7）供应商认证跟踪。对供应商进行认证后，要进行跟踪。供应商的认证不仅仅是审查和评估的过程，而且也是一个反馈与跟踪的过程，要随时监测供应商的执行情况，不断督促供应商进行改进。总之，供应商的认证是一个长期的、动态的过程，是通过评估来确认和培养供应商的过程。

（二）供应商认证的主要内容

1. 供应商的基本情况。供应商认证的基本情况的主要内容有以下几个方面：

（1）企业的经营环境：主要包括企业所在国家的政治、经济和法律环境的稳定性、进出口是否有限制、货币的可兑换性、近几年来的通货膨胀情况、基础设施情况、有无地理限制等内容。

（2）企业近几年的财务状况：主要包括各种会计报表、银行报表、企业经营报告等。

（3）企业在同行业中的信誉及地位：主要包括同行对企业产品质量、交货可靠性、交货周期及灵活性、客户服务及支持、成本等各项的评价。

（4）企业近几年的销售情况：包括销售量及趋势、人均销售量、本公司产品产量占行业总产量的比例。

（5）企业现有的紧密的、伙伴型的合作关系：包括与本公司的竞争对手，与其他客户或供应商之间的关系。

（6）地理位置：主要包括与本公司的距离和海关通关的难易程度。

（7）企业的员工情况：主要有员工的教育程度、出勤率、流失率、工作时间、平均工资水平、生产工人与员工总数的比例等。

2. 供应商的企业管理情况。对供应商企业管理情况的认证要考虑以下的因素：

（1）企业管理的组织框架，各组织之间的功能分配，以及组织之间的协调情况。

（2）企业的经营战略及目标、企业的产品质量改进措施、技术革新的情况、生产率及降低成本的主要举措、员工的培训及发展情况、质量体系及是否通过ISO9000认证、对供应商的管理战略及情况等。

3. 供应商的质量体系及保证情况。供应商质量体系及保证的主要内容有：

（1）质量管理机构的设置情况及功能。

（2）供应商的质量体系是否完整，主要包括质量保证文件的完整性与正确性、有无质量管理的目标与计划、质量的审核情况、与质量管理相关的培训工作如何等。

（3）企业产品的质量水平，主要包括产品质量、过程质量、供应商质量及顾客质量投诉情况。

（4）质量改进情况，主要包括与顾客的质量协议、与供应商的质量协议、是否参与顾客的质量改进、是否参与供应商的质量改进、质量成本控制情况、是否接受顾客对其质量的审核等。

4. 供应商的设计、工程与工艺情况。这部分主要包括：

（1）相关机构的设立与相应职责。

（2）工程技术人员的能力，主要包括工程技术人员受教育的情况、工作经验、在本公司产品开发方面的水平、在公司产品生产方面的工艺水平、工程人员的流失情况。

（3）开发与设计情况，主要有开发设计的试验、试验情况、与顾客共同开发的情况、与供应商共同开发的情况、产品开发的周期及工艺开发程序、对顾客资料的保密情况等。

5. 供应商的生产情况。供应商生产情况认证的主要内容包括生产机构、生产工艺过程及生产人员的情况。具体包括：

（1）生产机构的设置情况及职能。

（2）生产工艺过程情况，主要有工艺布置、设备（工艺）的可靠性、生产工艺的改进情况、设备利用率、工艺的灵活性、作业指导的情况、生产能力等。

（3）生产人员的情况，主要有职工参与生产管理的程度、生产的现场管理情况、生产报表及信息的控制情况、外协加工控制情况、生产现场环境与清洁情况等。

6. 供应商的企划与物流管理情况。

（1）相关机构的设立情况。

（2）物流管理系统的情况，主要包括物流管理、物料的可追溯性、仓储条件与管理、仓储量、MRP 系统等。

（3）发货交单情况，主要包括发货交单的可靠性、灵活性，即时供应能力、包装及运输情况，交货的准确程度。

（4）供应商管理情况，主要有供应商的选择、审核情况，供应商表现考评的情况，供应商的分类管理情况，供应商的改进与优化情况等。

7. 供应商的环境管理情况。

（1）环境管理机构的设置及其管理职能。

（2）环境管理体系，主要有环境管理的文件体系、环境管理的方针与计划等。

（3）环境控制的情况，主要有环境控制的运作情况、沟通与培训情况、应急措施、环境监测情况、环境管理体系的审核情况。

8. 供应商对市场及顾客服务支持的情况。

（1）相关机构的设置情况。

（2）交货周期及条件，主要有正常交货的周期、紧急交货的周期、交货与付款的条件、保险与承诺。

（3）价格与沟通情况，主要包括合同的评审、降低价格与成本的态度、电子邮件与联系手段、收单与发货沟通的情况。

（4）顾客投诉与服务情况，主要包括顾客投诉的处理程序、顾客投诉处理的情况与反映时间、顾客的满意程度、售后服务机构、顾客数量及伙伴顾客的数量等。

五、供应商质量体系审核

供应商质量体系审核通常是依据 ISO9000 标准制定相应的审核检查表，由采购员和品质工程师共同实施。参与质量体系审核的人员应当了解 ISO9000 标准的要求并具有内审资格。

供应商质量体系审核也可以用于供应商年审，一般由采购部门会同品质部门根据实际情况每年制订一份供应商质量体系审核计划并知会供应商认可后付诸实施。审核作为供应商整体改进计划的一部分，应针对那些需要提高改进质量体系的供应商，每年不宜超过 10 家。

审核原则上必须在供应商生产现场进行，审核范围应集中在供应商工厂与本公司产品相关的行政及生产区域，审核结果按不同的目的可作为供应商认可的评审依据或提交反馈给供应商，要求供应商限期改进。

质量体系审核的主要内容包括：

（1）管理职责：总则、顾客需求、法规要求、质量方针、质量目标与计划、质量管理体系、管理评审。

（2）资源管理：总则、人力资源、其他资源：信息、基础设施、工作环境。

（3）过程管理：总则、与顾客相关的过程、设计与开发、采购、生产与服务运作、不合格品（项）的控制、售后服务。

（4）监测、分析与改进：总则、监测、数据分析、改进。

经典资料中附有质量体系审核检查表

六、供应商的绩效考核

为了科学、客观地反映供应商供应活动的运作情况，应该建立与之相适应的供应商绩效考评指标体系。在制定考核指标体系时，应该突出重点，对关键指标进行重点分析，尽可能地采用实时分析与考核的方法，要把绩效度量范围扩大到能反映供应活动的信息上去，因为这要比做事后分析有价值得多。评估供应商绩效的指标主要有质量、交货时间、价格、服务水平等。

1. 质量指标。供应商质量指标是供应商考评的最基本指标，包括来料批次合格率、来料抽检缺陷率、来料在线报废率、供应商来料免检等，其中，来料批次合格率是最为常用的质量考核指标之一。这些指标的计算方法如下：

来料批次合格率：（合格来料批次÷来料总批次）×100%

来料抽检缺陷率：（抽检缺陷总数÷抽检样品总数）×100%

来料在线报废率：（来料总报废数÷来料总数）×100%

其中，来料总报废数包括在线生产时发现的废品。

来料免检率：（来料免检的种类数÷该供应商供应的产品总种类数）×100%。

此外，还有的公司将供应商体系、质量信息等也纳入考核，比如供应商是否通过了 ISO9000 认证或供应商的质量体系审核是否达到一定的水平。还有些公司要求供应商在提供产品的同时，要提供相应的质量文件如过程质量检验报告、出货质量检验报告、产品成分性能测试报告等。

2. 供应指标。供应指标又称为企业指标，是同供应商的交货表现以及供应商企划管理水平相关的考核因素，其中最主要的是准时交货率、交货周期、订单变化接受率等。

准时交货率：（按时按量交货的实际批次÷订单确认的交货总批次）×100%

交货周期指自订单开出之日到收货之时的时间长度，常以天为单位。

订单变化接受率是衡量供应商对订单变化灵活性反应的一个指标，是指在双方确认的交货周期中可接受的订单增加或减少的比率。

订单变化接受率：（订单增加或减少的交货数量÷订单原定的交货数量）×100%

值得一提的是，供应商能够接受的订单增加接受率与订单减少接受率往往不同，前者取决于供应商生产能力的弹性、生产计划安排与反应快慢以及库存大小与状态（原材料、半成品或成品）；后者主要取决于供应的反应、库存（包括原材料与在制品）大小以及对减单可能造成损失的承受力。

3. 经济指标。供应商考核的经济指标总是与采购价格、成本相联系。质量与供应商考核通常每月进行一次，而经济指标则相对稳定，多数企业是每季度考核一次，此外经济指标往往都是定性的，难以量化。经济指标的具体考核点有：价格水平、报价是否及时、降低成本的态度及行动、分享降价成果和付款等。

4. 支持、配合与服务指标。同经济类指标一样，考核供应商在支持、配合与服务方面的表现通常也是定性的考核，每季度一次。相关的指标有反映与沟通、表现合作态度、参与本公司的改进与开发项目、售后服务等。

七、供应商关系的发展

传统的企业与供应商的关系是一种短期的、松散的、竞争对手的关系。在这样一种基本关系之下，采购方和供应商的交易如同"0－1对策"，一方所赢则是另一方所失，与长期互惠相比，短期内的优势更受重视。采购方总是试图将价格压到最低，而供应商总是以特殊的质量要求、特殊服务和订货量的变化等为理由尽量提高价格，哪一方能取胜主要取决于哪一方在交易中占上风。例如，采购方的购买量占供应商销售额总量的百分比很大，采购方可容易地从其他供应商那里得到所需物品，改换供应商不需要花费多少转换成本等情况下，采购方均会占上风；反之，则有可能是供应商占上风。

相反，另一种与供应商的关系模式，即合作模式，在当今受到了越来越多企业的重视，尤其是这种模式在日本企业中取得了很大成功并广为流传之后。在这种模式之下，采购方和供应商互相视对方为"伙伴"，双方保持一种长期互惠的关系。两种模式的特点对比可如表9－6所示。

表 9 - 6　　　　　　　供需之间"竞争模式"与"合作模式"的比较

名称	主要特征	缺陷
竞争模式	（1）采购方以权势压人来讨价还价。采购方以招标的方式挑选供应商，报价最低的供应商被选中；而供应商为能中标，会报出低于成本的价格。 （2）供应商名义上的最低报价并不能带来真正的低采购成本。供应商一旦被选中，就会以各种借口要求采购方企业调整价格，因此，最初的低报价往往是暂时的。 （3）技术、管理资源的相互保密。由于采购方和供应商之间是受市场支配的竞争关系，因而双方的技术、成本等信息都小心加以保护，不利于新技术、新管理方式的传播。 （4）双方的高库存、高成本。由于关系松散，双方都会用较高的库存来缓解出现需求波动或其他意外情况时的影响，而这种成本的增加，实际上最后都转嫁到了消费者身上。 （5）不完善的质量保证体系。以次品率来进行质量考核，并采取事后检查的方式，造成查到问题时产品已投入市场，仍要不断地解决问题。 （6）采购方的供应商数目很多。每一种物料都有若干个供应商，供应商之间的竞争使采购方从中获利。	由于采购方和供应商之间的讨价还价，双方缺乏信息交流，成本难以下降，质量也不能很好地满足要求，难以适应快速响应市场的要求。
合作模式	（1）供应商的分层管理。采购方将供应商分层，尽可能地将完整部件的生产甚至设计交给第一层供应商，这样采购方企业的零件设计总量则大大减少，有利于缩短新产品的开发周期。这样还使采购方可以只与数目较少的第一层供应商发生关系，从而降低了采购管理费用。 （2）双方共同降低成本。采购方与供应商在一种确定的目标价格下，共同分析成本，共享利润。采购方充分利用自己在技术、管理、专业人员等方面的优势，帮助供应商降低成本。 由于通过降低成本供应商也能获利，因此调动了供应商不断改进生产过程的积极性，从而有可能使价格不断下降，在市场上的竞争力不断提高。 （3）共同保证和提高质量。由于买卖双方认识到不良产品会给双方都带来损失，因此能够共同致力于提高质量。一旦出现质量问题，采购方会与供应商一起通过"5w"等方法来分析原因，解决问题。由于双方建立起了一种信任关系，互相沟通产品质量情况，因此采购方甚至可以对供应物料不进行检查就直接使用。 （4）信息共享。采购方积极主动地向供应商提供自己的技术、管理等方面的信息和经验，供应商的成本控制信息也不再对采购方保密。除此之外，供应商还可以随时了解采购方的生产计划、未来的长期发展计划以及供货计划。 （5）JIT 式的交货。即只在需要的时候按需要的量供应所需的物品。由于买卖双方建立起了一种长期信任的关系，不必为每次采购谈判和讨价还价，不必对每批物料进行质量检查，而且双方都互相了解对方的生产计划，这样就有可能做到 JIT 式的交货，而这种做法使双方的库存都大为降低，从而得益。 （6）采购方只持有较少数目的供应商。一般一种物料只有 1～2 个供应商，这样可以使供应商获得规模优势。当来自采购方的订货量很大，又是长期合同时，供应商甚至可以考虑扩大设施和设备能力，并考虑将新设备建在采购方附近，这样几乎就等于采购方的一种"延伸"组织。	（1）如果一种材料只有 1～2 个供应商，那么供应中断的风险则增加。 （2）保持长期合同关系的供应商缺乏竞争压力，从而有可能缺乏不断创新的动力。 （3）JIT 式的交货方式有中断生产的风险。

第六节　模拟实验项目

实验一：采购物品询价及供应商确定

一、实验内容

采购物品询价就是对将要采购的物品向供应商进行询价，通过对不同供应商进行询价对比后，综合各方面的信息来遴选供应商。

二、实验步骤

1. 仔细统计需要采购的物品，建立采购物品清单，对每一种物品确定两个或两个以上的供应商。
2. 向供应商进行询价，作对比分析，确定入选的供应商。

三、实验要求

供应商的选择对公司运营管理关系重大，要认真了解供应商的情况，包括供应商实力、经营能力、产品质量、社会评价等众多要素，进行综合对比分析后确定入选供应商。

四、问题与思考

1. 你对公司采购管理有什么认识？请简述之。
2. 物品询价需要做好哪些工作？为什么？
3. 当向多家供应商对一种物品或多种物品进行询价时，你将如何进行对比分析？
4. 你可能采用什么方法来确定供应商？
5. 供应商选择出现失误通常来源于哪些方面？

实验二：制订采购计划

一、实验内容

通过物料需求计划方法，确定当期物料需求情况，再结合即时需求，确定当期的物料采购计划。物料采购计划必须具备如下要素：物料对象、需求数量、下单日期、到货日期等。

二、实验步骤

1. 从物料需求计划数据中确定需要采购的物品清单，该清单应包含物品品种、需求数量、下单时间、到货时间等信息。

2. 对每一种物品的需求制定相应的采购请求（或采购合同），采购请求中要包含物品名称、需求数量、制单时间、到货日期、供应商等信息，这些采购请求的集合就形成采购计划。

三、实验要求

认真做好采购计划的制订，特别是要分析物料需求计划的数据，不要出现遗漏，确保采购计划的完整以支持生产计划的完成。

四、问题与思考

1. 采购计划与物料需求计划之间存在什么样的关系？
2. 一个采购计划应该包括哪些要素？
3. 采购谈判工作由哪些方面构成？
4. 如果采购计划制订不合理，可能的原因有哪些？
5. 一份周密的采购计划应如何制订？

实验三：供应商绩效评估

一、实验内容

对经过多次采购的供应商，通过设计绩效评价要素，对每个供应商的绩效进行评价，由此确定不同级别的供应商。

供应商绩效评价至少应包括如下评价要素：供货价格、供货数量、供货质量、供货及时性、供货延误率、售后服务水平等。

二、实验步骤

1. 整理分析供应商资料，建立供应商绩效评价体系要素。

2. 对供应商绩效评价要素进行评议，给出相应得分，最后给出每一个供应商总评价得分。

三、实验要求

科学合理地建立供应商评价要素体系，通过对供应商的绩效进行评价，获得供应商的等级排名。

四、问题与思考

1. 怎样理解供应商的绩效评价？
2. 请解析你的公司供应商绩效评价体系。
3. 供应商绩效评价体系从哪些方面将可能提升企业的竞争力？
4. 在供应商绩效评价体系要素中，通过调研来确定这些要素的重要性程度排序。
5. 对供应商绩效评价的结果，应如何与供应商进行沟通？

〔案例分析〕

两难的抉择

　　模拟市场中的天泽公司在新的管理层努力经营下，已经成长为一家具有相当实力，产品线宽的高新技术企业。公司可生产的产品包括 P1、P2、P3、P4 等一个完整的系列。由于公司生产的产品线过宽，其在高端市场上所拥有的优势无法完全得到发挥，资源利用过于分散，没有发挥出天泽公司的长处，公司决定对其产品线进行战略调整，将资源集中投入于 P3 和 P4 的生产和研发当中。为顺利实现新战略，公司决定淘汰原有的手工生产线和半自动生产线，以租赁融资方式上马全新的全自动生产线和柔性线，以提高公司产品质量，扩大产能，希望能以大规模、低成本制造方式，以总成本领先的竞争战略抢占 P3、P4 市场份额，继而成为这两款产品市场的领导者。

　　采购部经理小方明白，公司撤掉了手工线及半自动生产线后，采购部的任务比以前就更加重了。采购部除了要完成之前的 M1、M2、M31、M32、M41、M42 等原材料的采购任务之外，这次还要完成新增的 P1 采购任务。由于 P1 是作为生产 P3、P4 等更高级别产品的原材料，现有的供应市场并没有商家能有 P1 的供应能力，要想完成 P1 的采购任务，则必须从天泽公司的竞争对手处采购。这可能吗？竞争对手会成为我们的协作厂商吗？为了确定 P1 供应商，采购部开始了市场调查研究工作。经过调查发现，在模拟市场中，虽然各公司之间是直接的竞争关系，但由于各公司的战略定位、融资能力、人才资源、经营模式等方面的不同，不同公司在产品选择上呈现出多元化的现象，这为采购部从竞争对手中选择 P1 供应商提供了可能。

　　在对大量数据的分析研究之后，A、B 两家制造商进入了天泽公司的视野。A 公司从一开始就定位于低端产品，他们认为尽管 P3、P4 产品看起来未来前景较好，但前期的研发投入费用大，且存在研发不成功的风险，而且企业需要为生产 P3、P4 产品配备昂贵的生产设备以及高级别的技术工人，公司日常运转费用高，一旦市场销量出现问题，公司很快就会陷入困境，因此他们以 P1 和 P2 作为主打产品。而 B 公司则是从 P1 到 P4 都生产，只是由于该企业的市场开拓不尽如人意，今年未能接到多少订单，使得企业有多余的产能，所以可向外边供货。在大致摸清了情况之后，天泽公司采购部与 A、B 两家公司展开了采购谈判。A 公司负责人说："你知道，我们公司的主打产品是 P1 和 P2，在这两款产品市场里，我们公司无论是制造水平、产品质量、交货期还是售后服务等方面都具备其他公司所不能具有的优势。为确保生产的稳定性、质量的可靠性以及客户的满意性，我们公司投入了大量资源，运作成本相对于那些不能保证上述几个方面的厂家来说要高些，因此我们的供货价格一般会比市场高出 5% 左右。一旦我们公司接受了你们的订单，将会与你们通力合作，确保这条供应链的顺利和流畅。"采购部经理小方到 A 公司实地考察之后，对 A 公司的 P1 供应能力、管理水平、品质系统等方面都非常满意，可价格却让他为难。小方深知，一般电子产品的利润率也就在 10% 左右，如果所采购的原材料成本上升 5%，那将会对企业的盈利水平是一个严重的威胁，小方决定再到 B 公司看看。B 公司管理人员正在为多余的产能犯愁，见到天泽公司的采购经理到来，自然热情地接待了他。B 公司人员领着小方参观了他们的厂房设施、生产现场，查阅了他们的管理记录。小方觉得 B 公司这些方面与 A 公司比起来有些逊色，但总体也算符合要求。见小方还在犹豫，B 公司负责人说："对于我们的产品供应能力、产品质量、今后服务等方面，你尽管可以放心，我们一定会满足你们的要求，我们还可以建立起长期的合作关系。为了表示我们的合作诚意，我们可以将 P1 价格按市场价下浮 5%。"价格这个敏感的字眼让小方有些动心，但他心里也明白，B 公司只是因为产能过剩才对外接单，一旦他们的市场开拓情况好转，P1 的供应能力可能会受到影响，但市场的事谁能说得清呢？也许真的能与 B 公司结成战略合作伙伴。

但眼下的供应商选择问题该作如何抉择？

案例评析

采购管理是企业供应链管理的重要组成部分。企业在选择供应商时，首先必须确保供应商能够从质量上、数量上满足企业的需求，并且能够享受到供应商的迅捷的售后服务，在这些基础之上再与供应商谈判供应价格。从风险管理的角度来看，即除了价格这一点会削弱公司的营利能力之外，A 公司的风险应该是可控的；但 B 公司却是除了能给企业带来短期的价格优势之外，其他的风险完全不可控，增大了企业经营风险。若必须在二者之间进行选择，则选 A 公司会较为合理，同时与 A 公司形成战略伙伴，通过信息共享，资源互补来降低供应价格，增加公司营利能力。

生产成本与销售管理

第十章　企业生产成本控制

第一节　仿真模拟实习企业生产成本控制概述

一、成本控制的意义

成本控制是指实施成本控制的主体（成本管理者），对企业的生产经营活动全过程中所发生的各项费用的支出及影响成本的各种因素加以规划、调解，发现其与目标成本的差距，及时采取纠正措施，以保证达到成本标准和实现成本目标。

成本控制对于实现企业目标成本，目标利润，成本领先战略，发展供应链管理，提高企业经济效益，建立企业竞争优势，保证企业生存和发展具有深远的意义。

二、成本控制的种类

成本控制的种类，因划分标志不同而不同。

按控制的标准不同划分为：目标成本控制、标准成本控制、预算成本控制。

按时间划分为：事前成本控制、事中成本控制和事后成本控制。

按控制原理划分为：前馈性成本控制、制度性成本控制和反馈性成本控制。

按成本控制对象划分为：产品成本控制、质量成本控制、设备维修成本控制、人力资源成本控制、资金成本控制等。

按控制手段划分为：绝对成本控制和相对成本控制。

一般成本控制的程序是制定控制标准、核算成本控制绩效、偏差分析和采取控制措施。

三、成本控制的原则

1. 全面性原则。因为成本涉及企业的所有部门与全体职工的工作业绩和企业与各方面的利益关系，所以，成本控制应实行全员控制、全过程控制和全方位控制。

2. 开源与节流相结合原则。成本控制首先要求厉行节约，精打细算，杜绝浪费，严格按照成本开支范围和各项规章制度进行监督和限制，即节流。但是，要进行观念更新，从单纯依靠节流的方法转变到开源和节流双管齐下的方法。这里特别强调，要抓好产品投产前的成本控制，开展价值工程活动，加强产品质量成本管理等，以充分挖掘企业内部潜力，在增产节约、增收节支方面狠下工夫。

3. 目标管理原则。成本控制是目标成本管理的一项重要内容，必须以目标成本为依据，对企业各项成本开支进行严格地限制、监督和指导，力求做到以最少的成本耗费，获得最佳的经济效益。

对目标成本，应层层分解、归口，具体落实到各车间、部门、工段、小组以至个人，形成一个成本控制系统，使成本控制真正落到实处，充分发挥各方面的主动性和积极性，全力以赴的去完成企业的总目标成本。

4. 责权利相结合原则。要使成本控制取得满意的效益，必须按照经济责任制的要求，使落实到每一个车间、部门、班组或个人的目标成本与其责任及履行职责的权力相一致。此外，为了充分调动控制人员的主观能动性，还必须定期对他们的实绩进行评价和考核，并同员工本身的经济利益密切挂钩。这样，才能做到奖优罚劣、奖惩分明，以保证对成本实行有效控制。

5. 例外管理原则。例外管理原则是指在日常实施全面控制中，重点关注异常关键性的成本差异。例外管理原则是成本效益原则和重要性原则在成本控制方面的体现。按照这一原则，企业管理人员应该突出重点，把精力集中在非正常的、不符合常规的关键性的差异上。对这类差异一定要查明原因，及时采取有效措施，加以纠正；而对于其他的差异则可一般控制。这样，既可保证成本控制的目的得以实现，又可以大大降低成本控制的耗费。

不同企业确定"例外"的具体标准有所不同。在实践中，确定"例外"的标准有三项：重要性、一贯性和特殊性。

重要性是根据成本差异金额的大小来决定的，通常用差异占原预算的百分比和一个最低金额加以限制。

一贯性是指有些成本差异虽然未达到重要性标准，但却一贯在控制标准之下徘徊，则应引起管理人员的警惕。因为这种"例外"产生原因是原定的标准已失效和成本控制不严造成的。对前者应及时调整标准，对后者应加强控制，加速纠偏。

特殊性是指对企业的长期获利能力有重大影响的特殊的成本项目，其差异不论是否符合重要性标准，均应视为"例外"，并要追根溯源。

四、仿真实习企业生产成本控制的主要内容

仿真实习过程是模拟真实企业的运作，生产活动的主要过程包括物料采购、生产制造、仓储管理、设备更新与折旧、生产物流与销售物流等，这些过程都会在仿真模拟中发生，因此，仿真模拟企业运作的生产成本控制是仿真实习企业运作的一项重要活动。

仿真实习企业生产成本控制的主要内容可以归结为：采购成本控制、生产制造费用成本控制、仓储成本控制、物流成本控制、销售成本控制等。

第二节　实验环境与条件

一、建筑物取得规则

公司可以购买或者建造的厂房类型共有 6 种，目前已经搜集到第七年市场上关于厂房的基本信息，这些信息是变动的，只能作为参考依据，不能据此直接进行决策。

表 10 – 1　　　　　　　　　　　　厂房基本信息

厂房	容量（条）	价值（万元）	残值（万元）	折旧年限（年）	自建周期（季度）	建造成本（万元/季）	租赁费用（万元/季）
A 厂房	4	310	10	20	4	77.50	10
B 厂房	2	210	10	20	2	105	7
C 厂房	2	215	15	20	2	107.50	8
D 厂房	2	220	20	20	2	110	8
E 厂房	2	230	30	20	2	115	8
F 厂房	2	240	40	20	2	120	8

注：(1) A 厂房为自有厂房，公司随时可以出售、出租；
(2) 公司自有厂房可以出售、出租，但是只能出租给租赁公司，不得在生产制造公司之间租赁；
(3) 厂房只能按年租用，一次性签订一年以上租期租赁合同的，其价格需要考虑市场未来发展变化情况，按市价确定租赁价格；
(4) 本表中厂房租赁价格和建造价格为第七年的价格信息，厂房的市场租赁价格和建造价格将随着供求关系和宏观经济环境的变化而变化，厂房未来的租赁价格由租赁公司根据市场情况浮动定价。

二、仓库取得规则

生产制造公司的仓库包括原材料仓库、半成品仓库和产成品仓库。公司可以

购买建筑材料分期自建仓库，也可以从租赁公司直接租入使用。无论自建还是租用，都需要搜集市场价格和市场供求状况等信息，按照当时的市场价格进行交易，同时办理相关手续，取得相应证明。

公司需要的仓库有3种类型，目前已经搜集到第七年市场上关于仓库的基本信息，这些信息是变动的，只能为参考，不能据此直接进行仓库取得方式的决策。

表10－2 仓库基本信息

厂房	容量	价值（万元）	残值（万元）	折旧年限（年）	自建周期（季度）	建造成本（万元/季）	租赁价格（万元/季）
原材料仓	10 000	105	5	10	2	52.50	10
半成品仓	5 000	85	5	10	2	47.50	7
产成品仓	5 000	110	10	10	2	55.00	8

注：（1）对于自有仓库，公司随时可以出售、出租；
（2）公司自有仓库可以出售、出租，但是只能出租给租赁公司，不得在制造商之间租赁；
（3）仓库只能按年租用；
（4）上表中仓库租赁价格和建造价格为第七年的价格信息，仓库的市场租赁价格和建造价格将随着供求关系和宏观经济环境的变化而变化，仓库未来的租赁价格由租赁公司根据市场情况浮动定价。

三、行政大楼的取得规则

生产制造公司已经拥有自己的行政大楼，不需要另行建造。

四、生产设备投资、租赁规则

生产制造公司的设备包括生产设备和运输设备等，其中生产设备包括生产设备和辅助生产设备。

生产制造公司的生产设备可以购买并支付安装费用，分期安装，也可以采用经营租赁的方式从租赁公司租用。无论购买还是租用，都需要搜集市场价格和市场供求状况等信息，按照当时的市场价格进行交易，同时办理相关手续，取得相应证明。

生产制造公司如果决定购买生产设备，则付款方式可以选择分期付款和一次性付款。

公司需要各种类型的生产设备，目前已经搜集到第七年市场上关于设备的基本信息，这些信息可能是经常变动的，这些信息只能参考，不能作为决策的唯一依据。

表 10 –3　　　　　　　　　　　　生产设备基本信息表

设备类型	价值（万元）	残值（万元）	折旧年限（年）	安装周期（月）	分期付款（万/季）	租赁费用（万/季）
手工生产线	205	5	5	0	205	—
手工装配线	205	5	5	0	205	—
半自动生产线	410	10	5	2	205	40
半自动装配线	410	10	5	2	205	40
全自动生产线	730	30	5	4	182.5	80
全自动装配线	730	30	5	4	182.5	80
柔性生产线	1 050	50	5	4	262.5	100
柔性装配线	1 050	50	5	4	262.5	100
动力设备	220	20	10	2	110	—

注：（1）自有设备可以出售、出租，但是只能出租给租赁公司，不得在制造商之间租赁；
（2）生产设备可以按季度或者年度租用，租赁期不同可能租赁价格不同；
（3）本表中生产设备租赁价格和购买价格为第七年的价格信息，设备的市场租赁价格和购买价格都将随着供求关系和宏观经济环境的变化而变化，设备未来的租赁价格由租赁公司根据市场浮动定价；
（4）租入设备需要安装调试才能使用；
（5）每一套动力设备只能为 4 条生产线（装配线）提供动力，生产制造公司若增加生产线（装配线），需要考虑增加相应的动力设备。

五、动力设备运营费用规则

公司拥有一套动力设备，就可以为 4 条生产线（装配线）提供足够的动力。同一套动力设备可以为各类生产设备提供动力服务，各类生产设备消耗的动力费用分为变动动力费用和固定动力费用。

动力设备需要日常维护保养，暂不考虑大修理。

表 10 –4　　　　　　　　　　动力费用基本信息表

动力设备服务对象	变动动力费（元/件）	固定动力费（万元）
手工线（生产、装配）	5	动力设备每年计提折旧费动力设备的日常维护费
半自动线（生产、装配）	10	
全自动线（生产、装配）	15	
柔性线（生产、装配）	20	

六、设备变更与维护规则

在一段时间内，一类生产设备一般都只能生产（装配）某一种产品，同一设备如果要生产不同产品，就需要改装、变更。设备需要经常维护保养，才能维持正常使用。

1. 设备变更规则。符合一定生产技术要求的生产设备（包括装配设备），可以生产（装配）任何产品；但是一旦开始生产（装配）某种产品，就不能生产（装配）其他产品。如果需要生产（装配）另一种产品（包括半成品），该设备需要花费一定时间进行调整，调整到位后才能生产（装配）另一种产品或者半成品。调整时间和调整费用标准如表 10－5 所示：

表 10－5　　　　　　　　　　　　设备变更信息表

设备	变更周期（月）	变更费用（万/月）	备　注
手工线（生产、装配）	0	0	变更需要清空线上的在制品，变更周期为停工周期
半自动线（生产、装配）	1	5	
全自动线（生产、装配）	3	5	
柔性线（生产、装配）	0	0	

注：装配不同产成品需要的同一半成品，可以在同一设备上加工。

2. 设备维护和修理规则。为了保证生产连续不断进行，需要对机器设备进行维护保养，甚至是维修。本规则规定每条生产线或者装配线每年需要支付固定的维护保养费；每两年大修理一次，在设备大修理期间要求全面停工。

只维护不大修的设备将提前两年报废；连续两年没有进行维护保养的设备，将提前一年报废。

表 10－6　　　　　　　　　　　　设备维护与修理费用标准

设　备	维护费（万元/年/条或套）	大修理费用（万元/2 年）	停工时间（天）
手工线（生产、装配）	5	—	—
半自动线（生产、装配）	5	10	15
全自动线（生产、装配）	10	20	30
柔性线（生产、装配）	10	30	30
动力设备	10	—	—

注：(1) 租赁设备不需支付大修理费；
　　(2) 租赁设备在租赁期内需要支付维护保养费；
　　(3) 当年新增自有设备不需要支付维护费；
　　(4) 当年出售的自有设备不需要支付维护费。

第三节　理论知识点一：目标成本控制

一、目标成本控制的概念和特征

1. 目标成本控制的概念。目标成本控制是目标成本管理的中心环节。目标成本是根据市场销售价格和企业内部的目标利润等"倒算"的成本目标值。目标成本控制是以目标成本为依据，对企业的生产经营活动中所发生的各种耗费以及影响成本的各种因素加以监控，发现实际成本与目标成本的差距，及时采取纠正措施，以保证目标成本的实现。目标成本控制是在目标成本分解的基础上进行的。一般是通过各级责任中心，实行归口分级管理，既要依靠执行者自我控制，又要归口分级控制。经过层层监控，及时反馈信息，采取措施纠正偏差，实现目标成本。

2. 目标成本控制的特征。

（1）市场导向性。目标成本控制中所采用的销售价格的确定方法，是一种以市场营销和市场竞争为基础的定价方法。它是以具有竞争性的市场价格和目标利润"倒算"出的目标成本。因此，它体现了市场导向性。

（2）目标性。目标成本控制中的目标成本是企业一项重要的经营管理目标。目标成本是目标的一种具体形式。它是企业预先确定的在一定时期内所要实现的成本目标。控制要达到的目标成本水平、数值或指标，是企业成本管理工作的奋斗目标。

（3）成本性。这种控制目标的内容、实体是成本。目标成本控制的指标是预先制定的产品成本，即用货币表现的费用支出。它是一种低于目前成本和经过努力才能实现的成本。就其类型来说，是一种不同于会计核算成本的经营管理型成本。可见，目标成本控制是目标性与成本性控制的统一。

（4）全面性。产品成本发生于企业生产经营活动的全过程，诸如市场预测与调查研究、产品策划、设计开发、样品试制、加工制造、材料采购、产品销售和售后服务等各阶段和环节。所有这些活动都要发生成本支出，必须进行成本控制。

（5）人本性。人是管理的核心和动力，没有人的积极性，任何管理工作都不可能搞好。目标成本控制也不例外。因此，实行以人为本的成本控制是现代成本控制的重要特征之一。目标成本控制机制，要上下一致来确定目标，充分发挥被管理者积极参与成本目标制定，以成本效益目标来激励人们降低成本、提高效益的积极性，以目标来统一人们的行为等机制，都有力地保证了成本控制活动以人为中心。目标成本控制，通过发挥目标的多种功能，来激励人的工作热情，鼓舞人们的士气和斗志。同时，把目标成本的确定、实施、实现的过程与责权利相结合，促使人们齐心协力地去实现目标成本。

（6）系统性。在目标成本控制过程中，经过了"确定目标，层层分解"；"实施目标，监控考绩"；"评定目标，奖惩兑现"。由这三个环节形成一个紧密联系的封闭的目标成本控制系统。这一系统为目标成本控制取得高效能创造了重要条件。

二、确定目标成本的两种方法

确定目标成本，主要方法有两种，即"倒算法"和"正算法"。

1. "倒算法"。"倒算法"是根据用户可以接受的市场销售价格和目标利润倒扣算出目标成本。用公式表示为：

目标成本 = 目标销售收入 − 目标利润 − 税金

首先根据用户可以接受的市场销售价格乘以销售数量，则得到目标销售收入。其次根据企业的经营决策，确定目标利润。最后从目标销售收入减去销售税金和销售费用，再减去目标利润，则得到目标成本。如果销售税金和销售费用是通过编制预算来控制的，就不用减了。具体地说，计算销售收入所用的销售价格，可以根据国内外同类产品的市场情况，制定一个用户可以接受的销售价格，如果有国家统一价格也可以采用。销售税金根据国家统一规定的税率乘以销售收入计算。销售费用根据销售收入乘以销售费用率来计算。目标利润是根据企业在计划期的生产能力、技术水平、材料物资的供应状况、运输条件以及市场预测等因素确定的最优战略目标，也可用同类产品的销售利润率乘以销售价格求得。

2. "正算法"。"正算法"是直接制定出目标成本。首先建立制定目标成本的领导机构来负责这项工作。一般这个机构由总会计师领导，设计、工艺、生产、供应、劳动定额、成本会计等部门及人员参加。其次由企业各有关部门提供产品设计的蓝图、工艺流程等技术文件，以及材料和工时消耗定额、计划单价和预定工费分配率等"标准用量"和"价格"资料。最后各部门制定直接材料、直接工时、制造费用预算，并把上述资料综合可计算出目标成本。在确定目标成本过程中，一般以某一先进的成本水平为依据来比较确定。这一先进水平可为国内外同行业先进水平，也可依据本企业历史上的先进水平。另外，在确定目标成本时，一定要剔除不可比的价格因素，如原材料价格上涨等。

三、对目标总成本的日常控制

目标成本确定之后，为了实现预定的成本目标，就要根据全面性原则，加强全面成本控制。其中，首先要努力搞好目标总成本的控制工作。

对目标总成本的日常控制，根据成本控制的分级归口管理原则和责权利相结合原则，应将目标总成本层层分解，落实到基层，并按照落实到各基层的目标成本的具体项目及数额，进行日常的成本控制工作。在制造业的企业中，成本的形成主要涉及生产车间和班组。因此，目标总成本的日常控制的重点应放在车间和班组。从职工个人和生产班组开始，自下而上地进行成本控制，尽最大可能把各项成本的实际发生数控制在预定的目标成本值之内。

在具体实施时，生产班组和生产车间，可根据自身的具体情况，设计出相应的有关成本费用开支的记录表。该表可按项目、日期序时地记录所发生的成本费用，以便随时掌握成本目标完成的进度和其他有关情况。成本费用记录的格式，如表 10 – 7 所示。

表 10 – 7 生产耗费记录表

班组　　　　　　　　　　　2003 年 1 月　　　　　　　　　　单位：元

项目 \ 日期	1 日	5 日	9 日	12 日	…	本月实际成本合计	本月目标成本值
机油	120		30	10	…	290	300
物料	150	300			…	830	750
手套		90		18	…	250	250
…						…	…
…						…	…
合计						2 940	3 000

表 10 – 7 中的"目标成本值"是指车间分配落实到该班组的全年目标成本值按月分解的数值。在生产过程中，由有关人员根据各项费用的实际发生情况逐日进行登记。每月终了，应计算汇总各项目的全月发生额并分别与其目标成本值进行比较，计算出差异，然后分析、查找"例外"差异产生的原因，最后决定应采取的相应措施，以保证实际成本被控制在既定的目标成本之内。

生产车间对分厂，分厂对总厂，也应按照班组对车间的上述办法，层层分解，分项控制，逐级负责，在整个企业内形成目标总成本的日常控制系统。

四、目标总成本完成情况分析

1. 目标成本汇总表的编制。目标总成本完成情况的分析主要包括编制目标成本汇总表和进行目标总成本考核两项工作。

目标成本汇总表一般是按产品品种进行汇总编制。编制时要注意计量、汇总的具体项目应与目标成本及其分解项目相一致。目标成本汇总表的格式如表10－8所示。

表10－8　　　　　　　　　　　　目标成本汇总表　　　　　　　　　　单位：千元

产品名称		甲产品	乙产品	丙产品	丁产品
目标产量（件）		4 000	8 000	2 000	2 000
目标成本总额		9 760	15 040	4 480	3 040
成本项目 变动成本	直接材料	1 600	3 800	1 120	1 080
	直接人工	2 400	2 800	1 600	480
	其他	2 400	2 760	800	200
固定成本	折旧	3 200	5 440	640	800
	租金	80	—	—	—
	其他	80	240	320	480

2. 目标总成本考核。期末，应把本期发生的实际成本同目标成本按项目逐项进行对比，分别计量、分析每种产品的目标成本的完成情况。目标总成本的分析和考核，一般是在汇总编制的目标成本实际完成情况表的基础上进行的。假设与表10－8相应的目标成本实际完成情况如表10－9所示。

表10－9　　　　　　　　　　目标成本实际完成情况表　　　　　　　　单位：千元

产品名称		甲产品	乙产品	丙产品	丁产品
实际产量（件）		4 400	7 600	2 200	20 400
实际成本总额		12 760	14 720	5 400	2 920
成本项目 变动成本	直接材料	1 800	3 600	1 200	960
	直接人工	3 600	2 400	2 240	480
	其他	3 600	3 200	1 000	200
固定成本	折旧	3 200	5 440	640	800
	租金	240	—	—	—
	其他	320	80	320	480

从表10－8和表10－9中可知，甲、乙、丙、丁四种产品的实际产量均与其目标产量不同。在这种情况下，各产品的实际成本总额与其目标成本总额缺乏可比的基础。为使两者具有可比性，需对目标成本按实际产量进行调整。

具体的调整方法如下：对于变动成本项目，按实际产量调整其目标成本，而对于固定成本项目，则应根据其在相关业务量范围内保持不变的性质，对未超过相关业务量范围的项目不予调整目标成本，对超过相关范围的项目则根据具体情况进行调整。

例如，甲产品调整的方法为：甲产品在目标产量 4 000 件的情况下，目标变动成本总额为 640 000 元，因此，在实际产量为 4 400 件时，目标变动成本总额应为：

$$4\ 400 \times \frac{6\ 400\ 000}{4\ 000} = 7\ 040\ 000\ （元）$$

对于甲产品的目标固定成本，分成本项目进行调整。折旧费 3 200 000 元在相关范围内，应不做调整。租金因产量增加 400 件，需多租用一台设备，故增加 160 000 元，因此租金的目标成本应调整为 240 000 元。固定成本的"其他"项目也因产量的变动超出其相关范围而需调整为 160 000 元。因此，调整后甲产品的目标成本总额应为：

7 040 000 + 3 200 000 + 240 000 + 160 000 = 10 640 000 （元）

上述计算结果表明，甲产品的目标总成本为 10 640 000 元，而实际总成本为 12 760 000 元，成本超支 2 120 000 元，未能完成原定成本控制目标。应进一步按成本项目分析、查找差异产生的原因，分清各责任单位的责任并考核其控制实绩。

五、案例：邯郸钢铁公司成本管理的经验

邯郸钢铁公司（以下简称邯钢）在实践中有效地对生产成本实施了控制。邯钢经验早已在全国范围内引起了广泛的关注。虽然人们对邯钢经验的理解和认识不尽相同。但是，大家对邯钢基本经验的认识是趋同的。邯钢的基本经验可以概括为"模拟市场核算，实行成本否决"。邯郸钢铁公司从 1991～1995 年期间，以"模拟市场核算、成本否决"的成本管理模式，显著地提高了经营效率，取得了净增 10 亿元的巨大经济效益。这个经验的主要内容和做法是：市场、倒推、否决、全员。

1. 市场。市场是指模拟市场机制，把市场机制引入企业内部，以市场可以接受的产品价格为基准，考虑国内先进水平，提出目标利润。按市场价格算账，用市场来检验企业内部二级单位的生产经营成果。

这种以市场为导向，促进了观念的更新。

2. 倒推。倒推是指在目标成本计算过程和成本控制程序上采取倒推方法。这种计算方法与传统的"实际成本＋目标利润＝销售价格"不同，在产品设计生产前即确定市场销售价格，减去目标利润，求出目标成本。其计算公式为：目

标成本＝该产品的市场价格－目标利润－总厂应摊的管理费用。相比之下，可谓"倒算"。

在成本控制程序上，以目标成本作为企业经营管理的主要矛盾来抓，采取倒推手法，即以最终产品的目标成本为起点，从后向前，逐步控制降低成本，挖掘企业潜在效益。

3. 否决。否决是指实行"成本否决"的奖惩制度，即完不成成本指标，别的工作干得再好，也要否决当月全部奖金。连续没有完成成本指标，还要否决内部升级。其目的是以成本和效益决定分配和对干部业绩进行考评。

4. 全员。全员是把目标成本指标层层分解到分厂、车间、工段、班组直到每一个人。全公司核定出 50 多个主要品种、规格的内部成本和内部利润指标，实行全员、全过程的成本控制。目标成本控制贯穿产品的策划、设计、生产等过程，关系企业策划、设计、供应、生产、销售及服务等各个部门，充分显示出目标成本控制活动全员参加的特点。全员目标成本控制的实质是实行"人本管理"。

从上可见，邯钢经验中的成本否决和全员参与，具有目标成本管理活动的主要特征。邯钢经验不仅在经营管理实践中有推广意义，从某种意义上讲也是一个目标成本控制的经验。它对成本控制理论也颇有研究价值。

第四节　理论知识点二：标准成本控制

一、标准成本的特征和种类

1. 标准成本的特征。标准成本是按成本项目反映的单位产品的目标成本。它是事先制定的一种预定的目标成本。具体地说，标准成本是经过仔细调查、分析和技术测定，按成本项目而制定的，在正常生产经营条件下应该实现的，可以作为控制成本开支、评价实际成本、衡量工作效率的依据和尺度的一种目标成本。

采用标准成本时，成本预算应按标准成本编制，因此，标准成本与预算成本没有质的差别。就单位产品而言，往往将其称作标准成本或成本标准。

标准成本的特征是：客观性和科学性、正常性、稳定性、目标性和尺度性。客观性和科学性指它是根据实际情况的调查，用科学方法制定的。正常性指它是按正常条件制定的，并未考虑不能预测的异常变动。稳定性指它一经制定，只要制定的依据不变，不必重新修订，所以具有相对稳定性。目标性和尺度性指目标成本是成本控制的目标和衡量实际成本的尺度。

目标成本控制是指事先制定标准成本，把标准成本与实际成本相比较以揭示成本差异进行因素分析，并据以加强成本控制的一种成本控制系统。

2. 标准成本的种类。以什么为标准成本，众说纷纭，诸如消耗定额、费用预算、历史成本水平、估计成本水平、目标成本、计划成本、理想标准成本、正常标准成本和现实标准成本等。这里仅介绍其中后三种标准成本。

（1）理想标准成本。理想标准成本是根据理想的工作条件下，所能达到的标准而制定出来的标准成本，具体地说，它是最佳的生产技术条件、最优的经营状况，排除一切失误、浪费，无故障和无间歇等理论情况下所具有的成本。这种标准成本要求过高，很难达到，因此，实践中很少采用。

（2）正常标准成本。正常标准成本是指根据企业当前正常的生产经营条件而制定的标准成本。具体地说，它是根据正常的耗用水平、正常的价格和正常的生产经营能力利用程度制定的标准成本；也可以说，根据以往一段时期实际成本的平均值，删除其中生产经营活动中的异常因素，并考虑今后的变动趋势而制定的标准成本，它是经过努力可以达到的成本。由于正常标准成本在成本控制中能发挥其积极作用，因此在实际工作中得到了广泛的应用。

（3）现实标准成本。现实标准成本是指在现有生产技术组织条件下，根据下一个时期可能发生的生产要素耗用量、价格和生产经营能力利用程度制定的标准成本。这种标准成本，包括有时不可避免的某些不应有的低效、失误和超量的消耗，它是切实可行和接近实际的成本。因此，可用于成本控制，它适用于经济形势变化无常的情况下。

对于上述标准成本，企业应当采用哪一种，因不同企业而异。一般地说，采用正常标准成本的较多。但是，对于世界级企业不允许任何低效率，则应采用理想标准成本。

二、标准成本控制的运作程序

1. 制定单位产品的标准成本。单位产品标准成本的制定是标准成本控制的基础。单位产品标准成本的确定，通常是按照某产品在生产各阶段耗费的直接材料、直接人工和制造费用等项目，制定各成本项目的标准成本，然后把各成本项目的标准成本相加。确定单位产品标准成本的计算公式如下：

单位产品标准成本＝直接材料标准成本＋直接人工标准成本＋制造费用标准成本

2. 计算某种产品的标准成本。某种产品的标准成本等于该种产品的实际产量乘以单位产品标准成本。其计算公式如下：

某种产品标准成本＝产品实际产量×单位产品标准成本

3. 汇总计算产品实际成本。汇总计算产品实际成本，按照一般的成本核算程序，归集产品生产过程中实际发生的直接材料、直接人工和制造费用，据此计算出实际成本的发生额。

4. 计算成本差异。成本差异等于产品实际成本与产品标准成本之间的差额。其计算公式如下：

成本差异 = 实际成本 − 标准成本

当差值为正时，表示不利偏差，可反映在成本差异账户的借方；当差值为负值，则为有利偏差，反映在成本账户的贷方。

5. 成本差异的分析。成本差异的分析是标准成本控制运作程序中最关键的一个环节。只有通过具体分析成本差异的数额与其产生的原因，才能实现对标准成本的有效控制。对成本差异的分析，一般分为三个步骤：分析成本差异的类型，并确定其数额；分析产生差异的具体原因；明确有关责任人的经济责任。

6. 提出标准成本控制报告。通过上述成本差异的分析，找出产生差异的原因和明确有关人员的经济责任。以此为据，向有关方面负责人提出加强标准成本控制的建议，以便采取有效措施，纠正偏差，或对原标准加以修订，以保证实现成本控制目标。

上述标准成本控制的运作程序是一个有机整体，各程序之间的关系是密不可分的。

三、标准成本的制定

一般地说，产品的生产成本是由直接材料、直接人工和制造费用三大项目构成的。标准成本是针对这三大项目构成的。对于推销和管理费用，则采用编制预算的方法进行控制，通常不制定其标准成本。

虽然三大成本项目的具体性质各不相同，但是，其基本构成因素却是相同的，即"用量"和"价格"两个因素。由此则得，每一个成本项目的标准成本等于用量标准与价格标准的乘积。用量标准往往由工程技术部门制定，价格标准则由会计部门会同有关部门研究制定。

1. 直接材料的标准成本。用量标准，即材料消耗定额。制定用量标准时，应按各种直接材料分别计算。

价格标准，即材料的计划单价，是指采购部门事先根据供应单位提供的价目表确定的各种直接材料的单价，包括买价和运杂费。在制定价格标准时，也应按各种直接材料分别计算。

直接材料标准成本计算公式为：

直接材料标准成本 = 消耗定额 × 计划单价

2. 直接人工的标准成本。用量标准，即工时定额。在制定工时定额时，先按产品经过的车间、工序分别计算，再按产品品种分别加以汇总。

价格标准，即工资率或工资单价。在计件工资形式下，就是单位产品支付的直接人工工资（包括基本工资、各种津贴及社会保险费等）；在计时工资形式下，就是每一工时标准应分配的工资。其计算公式如下：

$$计时工资率 = \frac{预计支付直接人工工资总额}{标准总工时}$$

其中，标准总工时是指在现有生产技术条件下，可能实现的最高生产数量所需的标准工时总数。

直接人工标准成本计算公式如下：

$$直接人工标准成本 = 工时定额 \times 工资率$$

3. 制造费用的标准成本。当采用的成本计算方法为变动成本法时，在制定制造费用的标准成本之前，应先把制造费用各项目按其成本习性分为变动费用和固定费用两类。

若企业计算产品成本采用变动成本法，则固定制造费用应作为期间费用直接计入当期的利润表，不必在各产品之间进行分摊。在这种情况下，固定制造费用不包括在单位产品的标准成本之中。此时，只需制定变动制造费用的标准成本。与直接材料和直接人工相同，变动制造费用的标准成本也应考虑以下两个因素：

用量标准，即定额工时，与直接人工相同。

价格标准，即费用分配率，是每标准工时应负担的变动制造费用。其计算公式如下：

$$标准变动制造费用分配率 = \frac{变动制造费用预算总额}{标准总工时（或预计产量工时总额）}$$

变动制造费用的标准成本：工时定额 × 标准变动制造费用分配率

当企业采用全部成本法计算产品成本，则需制定固定制造费用的标准成本。这时应制定一个标准固定制造费用分配率，其计算公式如下：

$$标准固定制造费用分配率 = \frac{固定制造费用预算总额}{预计生产能力总工时（或台时数）}$$

固定制造费用的标准成本 = 工时定额 × 标准固定制造费用分配率

把由上述方法算出的直接材料、直接人工和制造费用的标准成本按产品品种加以汇总，即可确定各该产品的标准成本。

四、成本差异分析

为了实现对成本的控制，在进行成本差异分析时，首先，应该计算实际成本偏离标准成本的具体数额。其次，分析差异形成的原因，分清责任。最后采取相应的对策，纠正偏差，以保证标准成本目标的实现。

实际成本偏离标准成本的具体数额的计算公式如下：

直接材料成本总差异＝实际用量×实际价格－标准用量×标准价格

其中：

直接材料用量差异＝（实际用量－标准用量）×标准价格

直接材料价格差异＝（实际价格－标准价格）×实际用量

直接人工成本总差异＝实际工时×实际工资率－标准工时×标准工资率

其中：

直接人工工资率差异＝（实际工资率－标准工资率）×实际工时

直接人工工作时间（人工效率）差异＝（实际工作时间－标准工作时间）×标准工资率

变动制造费用差异总额＝实际工时×实际分配率－标准工时×标准分配率

其中：

变动制造费用效率差异＝（实际工时－标准工时）×标准分配率

变动制造费用耗费差异＝（实际分配率－标准分配率）×实际工时

计算出差异数额之后，还要分析差异产生的原因，如直接材料用量差异和价格差异分析。价格差异是由于进行材料采购时，实际支付的价款与标准支出金额之间的差额形成的。再进一步分析影响材料价格的因素，诸如采购批量、交货方式、运输条件、材料质量和信用条件等。其他项目都应类似这样的分析。

通过分析找出具体原因和责任者，制定措施，纠正偏差，保证实现标准成本目标。

第五节　模拟实验项目

实验一：生产成本控制数据资料准备

一、实验内容

要有效进行生产成本控制，基础性的成本控制数据资料准备是非常关键的，一方面这些数据是进行生产成本控制的出发点，另一方面也是制定生产成本控制标准的依据。根据本章所介绍的目标成本控制和标准成本的方法，提炼出生产成本控制所需的基础性数据资料类别，再依据企业运作仿真综合实习教程所给出的信息和本章第二节的信息，对每一类别的数据进行确定。

二、实验步骤

1. 根据本书介绍的生产成本控制理论知识点内容，结合公司的实际情况，设计出公司生产成本控制的要素体系。

2. 仔细了解本章第二节的内容，结合公司的其他信息，对生产成本要素体系的各要素进行数据确定。

三、实验要求

本实验要求科学合理地设计生产成本控制要素体系，做好基础数据的构建工作，最后用表格方式对基础数据进行汇总，与公司生产成本控制要素体系一起形成公司的生产成本控制文件。

四、问题与思考

1. 如何理解生产成本控制的重要性？
2. 生产成本控制体系的各要素是如何选择的？
3. 构建有效的生产成本控制体系有哪些关键点？
4. 怎样制定生产成本控制的措施？
5. 生产成本控制在实施中应如何进行？

实验二：目标成本控制

一、实验内容

依据目标成本控制的方法，结合本章实验一的数据，确定 P1、P2、P3、P4 四种产品的目标成本控制标准，根据企业运行的不同时段对目标成本控制的绩效进行评价。

二、实验步骤

1. 确定产品的市场销售价格和产品的利润目标。

2. 根据产品市场价格和利润目标，倒算出产品的成本指标，形成目标控制成本。

3. 根据第 2 步骤的结果，建立公司的目标成本控制体系。

三、实验要求

对产品的市场价格和利润目标进行合理的确定，运用本章介绍的目标成本控制方法，确定产品及生产过程各环节的目标成本控制额度，制订详细的目标成本控制计划。

四、问题与思考

1. 目标成本控制是一个什么含义？
2. 进行目标成本控制应做好哪些工作？
3. 目标成本控制的操作程序是怎样的？
4. 目标成本控制方法应如何实施？
5. 目标成本控制实施中的困难主要存在哪几个方面？

实验三：标准成本控制

一、实验内容

依照本章所介绍的标准成本控制方法，对上述四种产品制订详细的标准成本控制计划，包括理想标准成本、正常标准成本，然后对现实成本进行核算，与理想标准成本和正常标准成本进行比较，分析产生差异的原因并提出相应的解决措施。

二、实验步骤

1. 计算单位产品的标准成本，根据本章理论知识点二介绍的方法进行单位产品标准成本的确定。
2. 根据各产品的单位标准成本，确定产品的标准成本控制指标，由此形成公司的标准成本控制体系。

三、实验要求

仔细了解产品的构成、生产工艺、生产控制等各环节，认真查核材料采购成本、部件生产成本、产品制造成本等各种与生产成本有关的数据，再根据本章理论知识点二所介绍的方法制定公司的标准成本控制体系并实施。

四、问题与思考

1. 怎样理解标准成本控制？
2. 标准成本控制包含哪几个大要素？为什么？
3. 如何制定产品的单位标准成本？
4. 标准成本控制应如何进行实施？

5. 实施标准成本控制可能存在什么样的困难？

〔案例分析〕

长青公司的"职业杀手"

　　世界性的经济危机使得公司经营环境变得艰难起来，长青公司也不例外。虽然暂时客户的订单并没有明显的减少，但单价却比之前下滑了 20% 左右，公司已处在亏损的边缘。为了渡过经济寒冬，长青公司决定从内部挖潜，通过提升管理水平，提高资源利用效率，简化业务流程，降低用工成本等方式来节省公司运营费用，以此来渡过眼下难关。

　　为了控制生产成本，配合公司成本削减策略，长青公司生产部经理小军是异常的忙碌。因订单的减少，产能显得有些过剩，为此他首先关掉了一条手工生产线和两条柔性线，并利用这段时间对这三条生产线进行大修处理，同时将这三条线上的人员调整到其他生产线上。这样一来，其他生产线上所配备的人员立刻显得有些多余，为此他又将生产部人员的上班时间作出如下调整：第一，取消所有加班，如有特殊的加班需要，必须经过他的批准；第二，将生产线人员的班次由原来的四班三运转调整为三班两运转，以实现减薪不裁员的目的，但即使这样，人员还是有富余，该如何处理这些富余人员让生产部经理很是犯难。因为小军知道生产部的这些人员都是一些技术人员，公司为培养他们花费了大量物力和财力，也倾注了自己大量的心血，现在裁掉他们，将来经济形势好转时恐怕就很难再招回他们了，公司将要付出高昂的培训成本。从另外一方面讲，这些人都是他的部下，也是他的同事，大家多年在一起拼搏，工作绩效良好，为公司的发展作出了贡献，同时也与他们结下了深厚的友谊。他觉得要让自己决定裁掉谁都没有充分的理由，很可能还会被人误解为不公正，进而影响到整体士气。但如果不裁员，公司现时的订单只有现在产能的六成左右，也不知到何时经济形势才能好转，生产部的人力成本是公司的一大负担，他对公司也不好交代。

　　就在小军为这富余人员之事一筹莫展之际，有人提醒他可考虑利用当今职场上的"职业杀手"来帮助解决问题。小军知道，所谓"职业杀手"其实是因为金融危机而新兴的一种职业，其从业人员都具有人力资源管理理论背景和较为丰富的管理实践。那些想要大规模裁员，却又不愿直接面对被裁人员的公司一般会请他们这些人去操刀裁员，所以他们会被称为职场上的"职业杀手"。这些"职业杀手"一般会以项目小组或是优化小组名义进驻公司，在摸清公司人员组成、工资结构、成本占比以及公司的裁员政策之后，会向公司提出一个完整的裁员方案，公司高层批准之后，就由他们负责打发被裁人员。整个项目进行的时间短则一月，长则一年，裁员任务完成之后，这些"职业杀手"也随即被所雇公司解聘，拿钱走人。小军觉得这个方法不错，一来可实现裁员目的，为公司节省成本；二来也可保护公司留下的人员，避免受到被裁人员的攻击。生产部经理立即通过公司人力资源部聘请到了两位"职业杀手"，他将生产部的生产规划、裁员规划、生产部人员配置状况、人员的技术等级、工作年限、各人员的薪资情况向他们作了说明之后，"职业杀手"很快就拟订了一份据称可使生产部总成本最小化的裁员方案，报请公司批准之后立即付诸实施。

裁员方案实施之后，小军看到闲置的生产线，空荡荡的厂房，心里也感到很困惑：难道这就是我们的成本控制绝招吗？

案例评析

良好的成本管理是企业生存和发展的重要保证。全世界企业无一不将成本控制作为其管理的重要内容，真正意义上的成本管理应该建立在成本分析的基础上。案例企业只是进行了表面的成本管理，将企业的员工看作是成本的重要构成项，努力通过高明的裁员方式来减少人工成本。这种做法明显片面，其实每一位员工同时也是公司的活化资本，可以为公司创造更多的财富。并且纵观我国企业成本构成中，员工成本仅占很小比例，企业不宜在这方面大做文章，而应着力提升企业的核心竞争力，提高市场份额，依靠提高资源利用效率来化解成本压力，并且企业还应具有良好的社会责任意识，不应简单地将员工推给社会，增加社会压力，裁员应是企业成本削减的最后选项。

第十一章　企业产品销售管理

第一节　仿真模拟实习企业产品销售管理概述

销售管理在企业管理中是极为重要的管理工作之一。对于大多数公司而言，销售不仅是市场营销组合中最昂贵的要素，也是公司与消费者最直接的联系要素。现代企业销售活动已不像从前只通过个人的努力就能完成，而是从市场营销战略的大视野出发，通过精心组织、精心安排，将分散的个人销售活动变成有效的团体销售活动才能完成。因此，从企业营销战略出发，加强对企业销售活动的管理，已成为现代企业营销管理的重要内容。

一、销售的基本概念

销售是指企业把生产和经营的产品或服务出售给消费者（顾客）的活动。对生产企业而言，销售活动大多发生在与各种中间商的交易过程中；对经销商或零售商而言，销售是指向最终消费者出售商品或服务。

销售与营销和推销的概念不同，营销活动涉及企业所有的经营活动，销售只是其中的活动之一，营销的概念大于销售的概念；推销是一种说服顾客购买某种产品和服务，并协助满足其需要的一种活动。推销是一种"推"的策略，顾客在推销活动中一般处于被动地位，而销售不仅包括"推"的策略，而且还包括"拉"的策略，即通过广告、营业推广等促销手段，吸引消费者主动上门求购产品和服务。

二、销售管理的内容

1. 销售管理的含义。销售管理有狭义和广义之分，狭义的销售管理专指以销售人员为中心的管理；广义的销售管理是对所有销售活动的综合管理。西方国家由于市场发育成熟，其销售管理主要是指狭义的管理，而我国市场发育还不够成熟，企业销售活动的管理涉及人员管理、营业推广、分销渠道等的活动，所以，我们所界定的销售管理主要是指广义的销售管理。

基于以上分析，销售管理可以定义为对企业销售活动的计划、组织、训练、领导和控制的，以达到实现企业价值的过程。

2. 销售管理的内容。根据我国企业销售管理的实践，销售管理的内容可以划分为制订销售计划、设计销售组织、指挥和协调销售活动、评价和改进销售活动等四个方面。具体而言，销售管理必须围绕销售额增加这一中心，这是销售管理的核心所在；销售管理要对销售人员和客户进行重点管理，公司要选择优秀销售人员，对他们进行培训，组建高效的销售团队，以找到合格的、高利润的客户，客户资源是公司的资源，公司要把客户资源掌握在公司的手上，而不是掌握在销售人员的手上；销售的日常管理活动包括目标管理、行为管理、信息管理、时间管理和客户管理五个方面。

销售的目标管理包括销售额指标、客户指标、终端陈列指标、销售行政指标等；行为管理包括对销售人员的拜访计划、路线、频率、礼仪、拜访效率等进行管理；信息管理是对设计销售的所有信息的收集、分析和使用；时间管理是对销售活动的时间进行分配、使用和效率分析；客户管理是指对客户基本资料的管理、客户构成分析、客户关系的维系、客户信誉与风险等进行管理。

三、仿真实习销售管理的重要性

校内仿真实习是对企业现实经营活动高度仿真，包括了企业运作所涉及的生产、产品开发、营销、财务、人力资源、客户服务、供应链、金融服务等各种职能的管理活动。销售是企业营销管理的重要工作之一，对企业的仿真实习必然绕不开销售管理，通过模拟企业经营环境，使得销售活动过程能够在模拟环境中再现，创造了企业产品销售的平台，能够形成模拟环境下的销售活动展开和实施管理，是模拟企业运作非常重要的一个环节。

第二节　实验环境与条件

一、仿真市场构建

仿真市场由 8 家同属一个行业的生产制造公司、4 家向生产制造公司提供原材料和设备的供应商、8 家分属三个不同区域市场的购买生产制造公司产品的客户公司、1 家第三方物流公司组成。仿真综合实习以生产制造公司生产经营活动为主线展开，因此，仿真市场的中心是制造企业。8 家生产制造公司同属一个行业，是相互竞争关系，它们所处的市场环境完全相同，但每一家制造企业可以做出不同的决策。其他企业的业务主要是为配合生产制造公司开展相对完整的生产经营活动而设置，通过交易活动与生产制造公司发生业务联系。

市场管理与服务机构是为生产制造公司为主的仿真企业有序开展生产经营活动，协调不同经济主体的利益关系，规范仿真市场竞争环境，提供企业经营所需的信息、资金、人才、物资而设立的，主要包括工商行政管理部门、税务部门、人才交流服务中心、综合信息中心、银行、租赁公司、认证中心和会计师事务所等部门或公司。

二、销售规则

（一）建立产品购销关系

1. 产品的销售。生产制造公司销售产品（包括产成品和半成品）必须签订销售合同。产成品的销售需与客户签订销售合同，半成品只能销售给本市场的其他生产制造公司，需与采购的生产制造公司签订购销合同。无论哪种情况，公司只能根据有效销售合同销售产品，买卖双方可随时洽谈签约。

以下内容均针对产成品的购销。

每年年初召开由生产制造公司和客户参加的商品订货会，还可以根据生产制造公司和客户需要，买卖双方随时洽谈交易，在遵守既定规则的前提下，自由洽谈，达成一致意见以后，签订书面合同。有效合同将受到保护，以维护购销双方的正当利益。

2. 销售的产品与市场。

（1）销售的产品。生产制造公司可销售 P_1、P_2、P_3 和 P_4 的任何产品。

（2）销售市场。公司可在市场调研和预测的基础上，自主选择销售市场，可在本地市场、国内市场、国际市场中任意决策和组合。但公司的销售市场必须是本公司已开发成功的市场，公司未开发或未开发成功的市场，不得进入销售。

（3）向某一市场（即本地、国内、国际市场）出售产品，必须与属于该市场的客户公司洽谈签约，不得与该市场以外的客户公司交易。违反此规定的交易无效。

3. 客户开发与维护。生产制造公司要与某一家客户公司建立购销关系，需一次性投入客户开发费和每年支付客户维护费。

目前，公司已与本地市场的所有客户建立了购销关系，无须支付客户开发费。若公司今后有意与这些客户继续保持业务往来，需按规定支付客户维护费。

在已开发成功的市场上发展的新客户，首次签订合作协议时，需要一次性向该新客户支付客户开发费。将来公司与老客户继续保持业务往来，还需要按一定标准支付客户维护费。客户开发费和维护费的标准如表 11-1 所示：

表 11－1　　　　　　　　　　　　客户开发费与维护费标准

指　　标	计量单位	本地市场	国内市场	国际市场
客户开发费	万元/家	5	10	20
客户维护费	万元/家	2	5	10

与新客户首次签约的当年不需支付客户维护费，以后若要继续保持业务往来，需每年向该客户支付客户维护费，直至完全终止交易关系。需要说明的是，即使公司某年未与已建立交易关系的客户发生产品销售业务，仍需交纳客户维护费，否则，今后如要与该客户签约销售产品，必须重新开发，支付客户开发费。客户维护费由销售方公司在与购货方客户签订当年第一份购销合同时，支付给该客户。若销售方拒绝按规定支付客户维护费，客户不得与其签订销售合同，若已签订合同，则视为无效，由此造成的经济损失由销售方承担。

（二）影响产品销售量的主要因素

生产制造公司产成品的销售量主要受到以下因素的影响：市场需求、销售价格、广告、预计的市场偏好、销售人员数量、产品生命周期、投入市场的其他费用等。

公司在进行销售预测、制订销售计划和实施策略时要全面考虑上述因素。

1. 市场需求。市场需求决定公司的销售。公司应首先对未来各市场的需求情况做出预测。各种产品未来几年的市场需求情况可以参见第四章中"客户与交易规则"的相关内容。

2. 销售价格。生产制造公司与客户均有定价自主权。公司定价应充分考虑供求关系、商业折扣、市场竞争等因素。定价是否合理，对销售会有很大影响。成交价格由买卖双方洽谈确定，以购销合同为执行依据。

（1）不同生产线生产的同一种产品的基本销售价格是一样的。公司要在对未来价格预测的基础上，首先确定拟销售产品的基本价格。

（2）产成品销售价格一律为不含税价，增值税率为 17%，计算并交纳增值税。销售商品需要开具增值税专用发票。

（3）公司销售产品有可能向客户提供商业折扣。折扣标准为：每种产品每次销售数量在 1 000 件以下，无商业折扣，按双方确定的基本销售价格执行；1 001 ~ 1 500 件，商业折扣为基本销售价格的 1%；1 501 ~ 2 000 件，商业折扣为 2%；2 001 ~ 2 500 件，商业折扣为 3%；2 501 件以上，商业折扣为 5%。

3. 广告。生产制造公司每年需投入一定的广告宣传费用，以提高公司知名度、美誉度，维持和促进产品销售。公司每年投入的广告宣传费用数额及财务核算，应遵循国家税法有关规定。税务部门在计税时，也应按相关规定执行。工商行政管理部门应对公司的广告活动进行监督管理，有权查处公司的违规行为。

（1）公司每年投入的广告宣传费不得低于上年销售额的3%。在此前提下，可自主决定广告宣传费用的投入总额及在不同产品、季（月）度、不同市场的分配。

（2）从历史统计数据看，公司所属的电子行业广告宣传费用一般占年销售额的3%~7%。

（3）广告宣传对产品销售具有促进作用，这种促进作用主要体现在以下两个方面：第一，每年年初订货会上，公司要进行广告宣传，并发布当年广告宣传投入情况（包括总额、在产品、市场和时间上的分布）。客户公司可根据广告投入和广告宣传内容评选出"市场推广优秀公司"，获得"市场推广优秀公司"的生产制造公司可优先选择客户进行谈判。客户公司也可以根据生产制造公司的广告宣传选择洽谈交易对象。第二，两个（包括两个）以上公司在与客户公司协商的交易条件相同的情况下，广告宣传费用投入多的公司有签约优先权。若客户公司拒绝执行，生产制造公司可提请工商行政管理部门仲裁。

（4）由于广告宣传效果的滞后性，上年广告宣传投入将影响本年销售情况。本规则将两者的关系规定为：公司上年在某市场的广告宣传费用，若高于同期行业在该市场广告投入平均水平的1%，当年第一季度销售量在合同交易量的基础上可自动提高0.5%；高于2%，销售量提高1.5%；高于3%以上，销售量提高2%。当然，公司有权放弃这部分自动提高的销售量。

4. 销售人员。公司有自己的销售人员，他们承担联系客户、沟通信息、签约销售等工作。人数适度的销售队伍是提高销售量的积极因素。

销售人员数量与销售量。销售人员所能承担的最高业务量有一定的限制。一个销售人员在同一市场可销售一种或多种产品。销售一种产品时，每人的销售量不得超过规定的该产品的最高业务量；销售多种产品时，不得超过所销售产品最高业务量的平均值。因此，公司如果要扩大在某一市场的销售量（或占有率），就必须相应增加销售人员。生产制造公司可以根据"销售人员的确定标准"和公司年度销售计划，确定所需的销售人员数量及其工作定额。

5. 其他销售费用。公司在开展销售业务中，除上述销售人员报酬、广告宣传费用、客户开发与维护费以外，还会发生其他销售费用，主要有差旅费、招待费、市场调研费等。这些费用的开支标准及其对销售量的影响，具体规定如下：

（1）差旅费。市场部有关人员外出洽谈业务、开拓市场，视为出差行为，需要使用差旅费。差旅费分为固定差旅费和变动差旅费两部分。固定差旅费按出差人次数计算支付；变动差旅费按照当年已签订销售合同销售额的一定比例开支。固定差旅费出差时支付，变动差旅费年末一次性支付。

表 11 - 2   差旅费标准

市　　场	固定差旅费（元/人/次）	变动差旅费（%）	备注
本地市场	1 000	0.5	变动差旅费按合同销售额的%计算
国内市场	5 000	1.0	
国际市场	10 000	1.5	

注：出差次数以签订合同次数为计算依据。出差人数为实际参加订货会人数、每次与客户洽谈人数相加之和。

公司参加订货洽谈会的固定差旅费需在参会前交纳，参会人员持差旅费交费收据参加订货洽谈会，无故不交纳差旅费的人员不得参加。

（2）业务招待费。公司当年的业务招待费应不低于上年销售额的 1%。保证和追加业务招待费可能会增加销售量。与客户公司谈判时，可告知招待费数额，要求客户考虑这一因素。

（3）市场调研费。公司每年最低市场调研费为 15 万元。每增加 2 万元，当年销售量可提高 0.1%。此项费用可用于委托信息中心调研的项目。

每年发生的上述三项费用可在年初预算，按季分摊，于每季初交银行专门账户。

（三）销售产品的交易规则

公司在销售产品时，必须了解和遵守市场交易规则。交易规则的具体内容请参见其他相关系列教材。

（四）交货与回收货款

公司应按销售合同要求按时交货。销售主管要将发货信息及时传送至物流部，由物流部具体执行，并将执行结果反馈市场部。

公司提供给客户几种支付货款方式。具体付款期限和付款方式由交易双方协商后约定，以购销合同相应条款为执行依据。

一是支付现金。公司根据购销合同约定的交货时间交货，如果客户立即付现，可以享受 5% 的现金折扣；第二个月付现，现金折扣为 2%；第三个月付现，现金折扣为 1%；第四个月以后付现，无现金折扣，收取全额价款。

二是商业汇票。商业汇票分无息和带息两种。带息商业汇票的利率由双方协商议定，但是不能超过银行公告的一年期利率。

三是托收承付。托收承付结算方式不计算利息。

（五）销售业务管理规则

1. 期初必须制订销售计划。

2. 合理计划和安排销售人员数量与工作。

3. 公司实行订单管理，每笔交易必须签订销售合同，并填制销售订单。

4. 以销售订单为基础的销售计划及临时订单，要及时传送至生产部。

5. 跟踪订单执行情况。销售合同的发货信息要及时传送至物流部，并跟踪发货情况，收集客户意见。同时，要及时了解货款回收情况，协助财务部做好货款回收工作。

6. 期初必须进行销售费用预算，并与财务部沟通，按时支付各项费用。

7. 期末要进行销售费用统计，并报财务部。

（六）销售人员职责要求

1. 开拓市场，联络与维护客户。

2. 及时了解客户需求，寻找市场机会。

3. 签订销售合同，跟踪销售订单执行，催收货款。

4. 上述业务活动的记录与分析。

第三节　理论知识点一：销售计划管理

企业销售能否达到销售目标，取决于如何进行销售。为此，销售部门应当制订销售计划。销售计划是实现销售收入和目标的一连串销售过程的安排。即：依据销售预测、设定销售目标，编制销售配额和销售预算。

一、销售目标管理

1. 销售目标的内容。在销售计划管理中，销售目标的制定相当重要。一个好的销售目标必须与公司的整体营销目标相配合，它要成为能够实现公司的经营方针、经营目标以及发展计划的整体内容才行。好的销售目标能指导销售行为、激励销售人员、降低销售成本、增加企业利润、提高管理效率。正因为如此，销售目标管理（Selling By Objectives，SBO）成为销售经理管理销售活动的有效手段。

企业的销售目标应包括以下几方面的内容：

（1）销售额指标。销售额指标包括部门、地区、区域销售额，销售产品的数量，销售收入和市场份额。

（2）销售费用的估计。其内容包括旅行费用、运输费用和招待费用等，费用占净销售额的比例，各种损失。

（3）利润目标。其内容包括每一个销售人员所创造的利润，顾客的类型与利润，区域利润和产品利润等。

（4）销售活动目标。其内容包括访问新顾客数，营业推广活动，访问顾客总数，商务洽谈等。

销售目标又可按地区、人员、时间段来分成各个子目标，在设定这些目标时，必须结合企业的销售策略。企业销售经理可根据以上内容制定部门销售目标。

2. 销售目标值的确定方法。销售目标值往往是在销售预测的基础上，结合本公司的营销战略、行业特点、竞争对手的状况及企业的现状来制定的。

确定销售收入目标是决定整个企业的销售目标的核心。决定销售收入目标值的方法主要有以下几种。

（1）根据销售增长率确定。销售增长率，是今年销售实绩与去年实绩的比率。其计算公式如下：

$$销售增长率 = \frac{今年销售实绩}{去年销售实绩} \times 100\%$$

有时，企业决定销售增长率极为简单。例如最高经营阶层者下达指标：明年的销售收入额需达到今年的120%。此时就不需任何计算了，使用上述的数值即可。

但若想求精密的增长率，就须从过去几年的增长率着手，利用趋势分析推定下年度的增长率，再求出平均增长率。此时所用的平均增长率并非以"期数"（年数）去除"增长率"，因为每年的销售收入是以几何级数增加的，其平均增长率的求法如下：

$$平均增长率 = \sqrt[n]{\frac{今年销售实绩}{基年销售实绩}}$$

n 值的求法：以基年（基准年）为 0，然后计算当年等于基年的第 n 年，如果是第 3 年，则 n 为 3。

有时，以"经济增长率"或"业界增长率"来代替销售增长率。但无论采用什么方法，均需要运用下列公式求算销售收入的目标值：

下年度的销售收入 = 今年销售实绩 × 销售增长率

（2）根据市场占有率确定。市场占有率，是企业销售收入占业界总的销售收入的比率。其求法如下：

$$市场占有率 = \frac{本企业销售收入}{业界总销售收入} \times 100\%$$

使用这个方法，首先要通过需求预测求出整个业界的销售收入。

下年度的销售收入目标值 = 下年度业界销售收入 × 市场占有率目标值

（3）根据市场增长率（或实质成长率）确定。这是根据企业希望其市场的地位扩大多少来决定销售收入目标值的方法。如果企业想保住本企业的市场地位，其销售增长率就不能低于业界市场增长率。公式如下：

$$市场增长率 = \frac{今年市场销售总额}{去年市场销售总额} \times 100\%$$

下年度的销售收入目标值 = 今年销售额 × 市场增长率

（4）根据损益平衡点公式确定。销售收入等于销售成本时，就达到了损益平衡。损益平衡时对应销售收入公式推导如下：

销售收入 = 成本 + 利润

销售收入 = 变动成本 + 固定成本 + 利润

销售收入 = 变动成本 + 固定成本（损益为 0 时）

销售收入 – 变动成本 = 固定成本

变动成本随销售收入（或销售数量）的增减而变动，故可通过变动成本率计算每单位销售收入的增减率：

变动成本率 = 变动成本/销售收入 × 100%

销售收入（X）– 变动成本率(V) × 销售收入(X) = 固定成本（F）

可利用上述公式导出下列损益平衡点公式：

$$损益平衡点上的销售收入(X_0) = \frac{固定成本（F）}{1 - 变动成本率（V）}$$

（5）根据经费倒算确定。企业各项经营活动的展开，例如开拓市场，必须投入一定的资金。企业要收回投资就要有一定的销售收入。因此，根据经费的投入来确定销售收入是保证企业稳步发展的基础。其具体计算方法如下：

$$销售收入目标值 = \frac{投入销售费用 + 预期纯收益}{1 - 销货毛利率 - 变动成本率}$$

式中，

销售毛利率 = 销售毛利/销售额 × 100%

毛利率一般根据上一年或同行业数据计算。

变动成本率 = 变动成本/销售收入 × 100%

这一数据也是根据以往的资料进行计算。

（6）根据消费者购买力确定。此法适合零售商采用，是估计企业营业范围内的消费者购买力，用以预测销售额的方法。

首先需要设定一个营业范围，并调查该范围内的人口数、户数、所得额及消费支出额，另外再调查该范围内的商店数及其平均购买力。

（7）根据销售人员确定。

① 根据销售人员人均销售收入的求法。这是以销售效率或经营效率为基数求销货收入目标值的方法。其中最具代表性、简易的方法是：

销售收入目标值 = 每人平均销售收入 × 人数

总计每人平均销售收入就是下年度的销售收入目标值。当然，以过去趋势作单纯的预测或以下年度增长率为基准来预测也可以。

② 根据每人毛利的求法。这是以每人平均毛利额为基数，求算销货收入的方法。公式如下：

$$销货收入目标值 = \frac{每人平均毛利 \times 人数}{毛利率}$$

③ 根据销售人员申报确定。这是逐级累积第一线销售负责人的申报，借以求算企业销售收入目标价值的方法。由于第一线销售人员（如推销员、业务人员等）最了解销售情况，所以，通过他们估计而申报的销售收入必须是最能反映当前状况，而且是最有可能实现的销售收入。当然，如果第一线销售人员的总预测值和经营者的预测一致的话最为理想。当采用本法时，务必注意以下三点：一是申报时尽量避免过分保守或夸大；二是检查申报内容的市场性，即观察申报内容是否符合过去趋势以及市场购买力；三是协调上下目标。由销售人员申报是"由下往上分配式"，但是一线销售人员往往过于保守，其销售目标值较低，不能达到公司的销售目标要求。因此，销售经理还要采用下达销售目标的"由上往下分配式"来调整销售目标，并做好协调工作。

销售目标管理范例见表 11 – 3。

表 11 – 3　　　　　　　　　　**销售目标管理的过程与目标值**

目标管理（MBO）：提高生产力的 9 个步骤	
示　例	
1. 制定目标	每月售出价值 10 万美元的产品，成为公司的优胜者
2. 明确关键性成果	每月成交 2 笔新业务
3. 评估优劣势	虽拥有可靠的安装基础，但竞争对手的新产品价格更具优势
4. 确立行动方针	采取电话销售攻势，以挖掘新客户，并成立一个"用户群"，以帮助自己调整销售时间
5. 规划资源（时间、人力和资金）	把 80% 的销售时间用于现有客户，20% 的时间用于开拓新业务
6. 确立达标期限	8 月 1 日之前实现销售目标
7. 编制计划	已经编制好计划，并且做好了销售活动的时间安排
8. 监督结果	与销售经理每周审核一次进展程度
9. 落实奖赏	一旦成为优胜者，就带全家人外出旅行一周

资料来源：道格·代顿，微软营销，北京：西苑出版社，2000.7

二、销售配额与预算

1. 销售配额确定的程序。设置配额通常是一件困难的事情，需要认真对待。

作为销售经理，首先要确定配额的类型，然后根据类型的不同确定相关的配额；其次确定配额基准，逐一制定任务标准；最后，根据销售人员所在区域的情况进行调整。

销售配额体系是销售管理的重要职能，但是有了销售配额体系不一定能保证销售人员完成任务。因此设计销售配额时，必须使之能够激励销售人员完成个人和公司的销售目标。

好的销售配额体系应体现以下原则：

（1）公平原则：配额真实地反映销售的潜力。

（2）可行原则：配额可行并兼顾挑战性，有些公司设定基数较低，因而起不到对销售人员的鼓励作用。

（3）综合原则：与销售量配额相关的各种其他销售活动配额应同时明确。

（4）灵活原则：配额要有一定的弹性，要依据环境的改变而变化，这样才能保持销售人员的士气。

（5）可控原则：配额要有利于销售经理对销售人员的销售活动进行检查，同时要便于销售经理对偏离销售目标的行为采取措施。

销售配额一般体现在销售计划及销售进度表中。

2. 销售配额的类型与分配方法。

（1）销售配额的类型。通常有五大类型配额：销售量配额、销售利润配额、销售活动配额、综合配额和专业进步配额。对任何一个具体的销售工作都可以选择那些与工作密切相关的配额（见表 11 – 4）。

表 11 – 4　　　　　　　　　　　　　配额基本类型表

销售量配额	销售利润配额
1. 金额（元）	1. 销售总费用
2. 数量（单位）	2. 每区（部门）销售费用
3. 消费者类型	3. 总毛利
4. 消费者规模	4. 按消费者划分的毛利
5. 每种产品销售量	5. 按产品划分的毛利
6. 每顾客平均销量	6. 净利润
销售活动配额	专业进步配额
1. 访问次数	1. 销售技巧
2. 新顾客数量	2. 销售态度
3. 新准顾客数量	3. 销售准备
4. 市场调研	4. 销售计划
5. 参加会议	5. 产品知识
6. 展示安排	6. 消费者知识

续表

7. 服务电话	7. 竞争知识
8. 收集情报	8. 销售培训
9. 汇报	
10. 消费者抱怨处理	

（2）销售配额确定的方法。分配目标销售额的具体方法大体如下：

① 根据月份分配。将年度目标销售额按一年十二个月或四个季度来平均分摊的方法。这一方法还可将销售人员所在地区、商品特征与月份结合起来，效果更好。

② 根据业务单位分配。根据业务单位分配配额的方法，是指在分配销售配额时，以小组或小区为单位进行分配。

③ 根据地区分配。根据业务员所在地区大小与顾客购买能力进行销售配额分配。

④ 根据产品分配。根据业务员推销产品的不同来进行分配销售配额的方法。

⑤ 根据客户分配。根据业务员所面对的客户多少和性质来决定配额大小。

⑥ 根据业务员分配。根据业务员的能力大小来分配配额。

3. 销售预算管理。

（1）销售预算的作用。销售预算是指完成销售计划的每一个目标的费用分配。完成一定的销售量需要一定的销售费用，它构成了公司内的最大费用之一。企业增加销售利润一般是通过销售预算来实现。例如规定销售人员每月完成某一销售量有 2 000 元的费用，用于产品样品、展示、手册、促销展览和一些具体的项目花费如笔、纸张等。

（2）销售费用的控制。销售预算的目的在于控制销售费用。销售经理要加强对销售预算的管理，以达到增加销售量和销售利润的销售目标。

销售费用预算的管理首先要明确销售费用包括的内容。销售费用包括基本工资、佣金、差旅费等（见表 11 – 5）。

（3）制定销售预算的方法。虽然制定销售预算的方法并没有固定的财务公式，但有三种可用的方法。

① 依销售额分配预算，即按销售额的百分比来设置销售费用预算；

② 采用经理判断法；

③ 依据销售人员的运作成本来分配销售预算。

表 11 –5　　　　　　　　销售人员的运作成本

● 基本工资	● 培训费
管理人员	● 产品样品费
销售人员	● 销售辅助工具
● 佣金	● 其他费用
● 特别奖励	社会安全保障
● 办公费	医疗保险费
● 交通费	
● 招待费	
● 差旅费	

（4）要科学制定销售预算。在设置费用预算时一定要注意，设置费用预算是为了控制过多的费用，而销售人员往往高估他们的费用。另一方面销售经理必须保证销售人员有足够的资源来有效地配合客户的需要。因此，销售经理制定的销售费用预算要与主管领导、销售人员等协商，以得到各方认可。

第四节　理论知识点二：销售程序

销售在很大程度上是由销售人员的销售活动完成的，因此如果我们单纯从销售人员与其销售对象接触和交往的时间顺序来看，一个完整的销售程序包括六个步骤：销售准备、销售接洽、销售陈述、处理异议、促成交易和售后服务。其销售流程如图 11 –1 所示。

1. 销售准备。销售准备是至关重要的，销售准备的好坏直接关系到销售活动的成败。一般来说，销售准备工作主要包括四个方面：第一是进行市场调查，寻找潜在客户；第二是从潜在顾客中筛选客户，确定最有可能的客户作为重点推销对象；第三是做好销售计划；第四是进行有关方面的知识和推销工具准备。

2. 销售接洽。在进行推销活动时，通常需要先取得"面谈约会"的机会，然后照约定的时间去访问，同时再做好下次面谈的约会工作。随着销售技术的发展和人际交往的增多，销售约见的方式有电话约见、信函约见、访问约见、介绍约见和网络约见等五种形式。

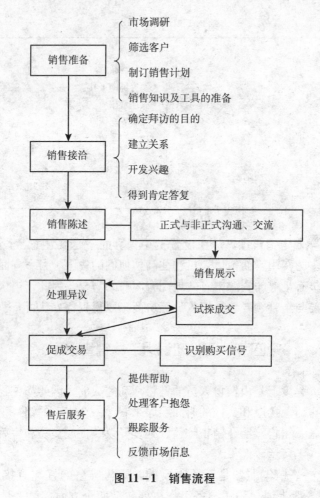

图 11 - 1   销售流程

3. 销售陈述。销售陈述，是销售员向推销对象传递信息、沟通思想的过程，是促使推销对象形成购买行为的特定过程。因此，它就是一种复杂的活动，是一种有的放矢的活动，而不是随心所欲的活动。

4. 处理异议。异议就是潜在客户对销售员的陈述提出的反对意见。潜在客户在销售的任何阶段都有可能表示异议。异议不能限制或阻止，而只能设法加以处理或控制。

5. 促成交易。成交是一个独特的推销阶段，它有两层含义：一是表示一种状态，即顾客接受销售员的劝说或建议购买推销品，或者说是交易成功；二是指销售员在作了一系列准备工作以后，在条件成熟的前提下，建议和引导顾客立即采取购买行动的过程。

6. 售后服务。交易顺利达成，销售员千万不要让顾客感觉出你的态度开始冷淡。一旦买卖做成，就开始敷衍顾客，这会让顾客失去安全感，从一个生意人手中买下商品的感觉和从朋友手中买下商品的感觉是大相径庭的。因此一定要让顾客记住你的情意，感到购买你的商品是明智的决定，是幸运的。为了做到这一点，在商品出售后必须稳定顾客的情绪，让他保持平静，找一些大家共同关心的问题聊一小会儿，当然最好不要提商品，这样会使顾客的心境平和下来。在成交之后不要急于道谢，在临别时不妨感谢顾客几句，但不要太过分，使人感觉亲切就可以了。同时在道别时最好与顾客握握手以表达谢意，记住一些充满情意的举动，一定会使顾客对你和你的公司留下美好的印象。销售员一定要善始善终，丝丝人情会为你编结一张销售网络，从而使你的销售额成倍增长。

第五节　理论知识点三：销售技术

一、开发客户的方法

1. 销售漏斗理论与客户开发。销售的最基本原则是积极开发新客户，同时整理信用较差的客户，适时淘汰。任何行业的销售都必须持续不断地开拓新市场，若没有持续开拓新市场，每年将会失去30%、40%的客户，必须多开拓新客户才能维持足够的客户量。公司的成长视客户开拓的历史及数量多少而定，若仅维持旧客户的关系，业绩的成长将缓慢。即使优秀的销售员也不能说他已经百分之百地控制了所辖区域的顾客群。因此，必须用更多的时间去开拓新的客户，不管对方是什么类型的客户，都要全部开拓并变成新客户。因此，制造业、贸易业、服务业的销售都是一样的情况，必须积极展开新客户的开拓行动。

在销售过程中，所有的潜在客户并不能全部变成现实的客户，只有很小比例的潜在客户才能最终变为现实的客户，其中大量的潜在客户在销售过程中就流失了，这样的现象称为销售漏斗理论。即漏斗的顶部存在大量的潜在客户，随着销售的不断进行，潜在客户不断流失，到最终的漏斗底部，仅有少量的潜在客户变为真正的客户。基于这样的一种现象，销售人员在销售的不同阶段应采用不同的销售策略，确保销售工作获得尽可能高的业绩。

2. 寻找潜在客户的方法。要完成销售任务，就必须勇敢面对客户，在充分市场调研的基础上，分析并筛选顾客，以寻找更多准顾客，从事最有效的访问，这是在销售活动中获得成功的必须方法，也是接近顾客的前期重要工作。

寻找潜在客户的方法有很多种，主要包括挨户访问法、电信访问法、名簿利用法、连锁介绍法、社团组织利用法、报刊利用法、广告拉引法、信函开拓法等。

3. 制订拜访潜在客户的计划。制订销售访问计划是成功的关键。我们常见到一些出色的销售员轻松地接连转移他们的销售阵地，他们工作得很出色，但并不艰苦；同时也常看到另一些销售员往往手忙脚乱，精神疲惫地穷于应付，他们的工作虽很努力，但销售成果并不理想。这主要在于他们销售活动的组织安排和计划上的差异。制订销售访问计划有助于销售员建立信心，在买卖方之间营造友好的氛围，节省时间以及增加销售额。优秀销售员用于准备、开拓新客户和接触及交易的时间多，而业绩不佳的销售员用于等候面谈和聊天的时间多。

二、销售异议的处理

1. 顾客异议的类型。

（1）需求异议。需求异议是指顾客自认为不需要销售员所推销的商品。产生需求异议的原因有三种，一是顾客确实不存在对推销商品的需求；二是顾客不愿直接回答销售员的问题，而捏造借口；三是顾客存在着对推销商品的需求，但他本身没有意识到。因此，当潜在客户认为你的产品不符合他们的需要时，销售员应努力找到原因，最好要找出你的产品与他们当前使用的产品之间的差异。

（2）货源异议。货源异议是指顾客自认为不能购买销售员所推销的产品或服务。潜在客户可能会认为销售员的产品从总体上看可以满足他的需要，但他们不放心，怕质量不过关，服务不到家，更怕他们的客户和消费者使用后投诉，因此异议经常针对销售员所推销的特定产品和服务；或者是潜在客户曾有耳闻目睹，对推销的产品产生了不良印象；等等。

（3）价格异议。价格异议就是顾客认为销售员推销的商品价格过高，不能接受。如果价格比相似产品的价格偏高，那么就会出现价格异议，这时候潜在客户可能拒绝销售员正在销售的产品，而转向更具竞争性的低价产品。

（4）销售员异议。销售员异议即顾客拒绝接待某一特定销售员和拒绝购买他所推销的商品。顾客的销售员异议往往使销售员感到尴尬，而难以进一步开展商品推销活动。应该说销售员异议具有积极意义，它会促进销售员改进自己的工作。

（5）时间异议。时间异议是指顾客对购买产品时机提出的一种看法，如顾客会说："我想要，但不是现在购买"。购买时间异议实际上是顾客的一种拖延战术。产生购买时间异议的原因也很多，可能是顾客对产品缺乏信心，害怕上当受骗，一时拿不定主意；也可能是顾客一时资金周转有困难；还可能是这位顾客生性优柔寡断，办事没有主心骨。克服购买时间异议必须有耐心，有时不得不等待。潜在客户说他们需要更多的时间来考虑，其实他们是在强调他们需要更多的信息。

如果销售员不能及时发现并处理隐含的异议，就难以达成交易。把隐含异议挖掘出来，常常不是一件容易的事。因此要仔细观察潜在客户的面部表情和举手投足，密切注意潜在客户说的话，并通过前后的关系找出隐含的异议。

2. 处理客户异议的原则。客户异议是销售员随时随地都会碰到的推销窘境。据统计，一次推销成功的可能性只有不到8%。如果一个销售员一次访问了100位客户，其中8位愿意购买他的产品就算不错了，其他那90多位会用各种各样的方式拒绝推销品。

然而，异议又是成功推销的阶梯，突破异议则是成功的关键。处理和突破异议时需要遵循一定的原则。

（1）避免争论；（2）倾听顾客异议；（3）避开枝节问题；（4）处理异议不伤感情；（5）回答异议简明扼要；（6）选择好处理异议的时机；（7）以防为主；（8）及时总结。

三、促成交易的技术

1. 保持正确的态度。销售员的态度是与顾客会谈成功的基础。销售员必须时刻记住，并时常提醒自己：千万不要盛气凌人，不要用教训人的口吻与顾客谈话；顾客是推销的对象，是你有求于他（她），能否成交，决定权在他（她）手中；对顾客应注意礼貌，给人一种谦和的感觉；顾客接受了你，也就有了接受你的产品的可能。同时，在成交阶段尤其应保持坦然、平静而又积极的情绪。不要急于求成，更不要流露出迫不及待的心情，因为这样必然会引起顾客的疑心。他们会认为，你的产品没有人要，卖不出去，你急于脱手，而且其中必有缘故。应当利用适当的方式向顾客暗示，推销这件产品对你说来是一件十分平常的事。因此，在客户做决定、采取行动时，销售员应不动声色，压抑住心中的兴奋与欢喜，这样反而更能刺激潜在客户对企业产品和服务产生热情和信心，从而使终结成交更容易。

2. 注意顾客的成交信号。成交信号是指顾客在接受推销过程中，有意无意流露出的购买意向，它可能是一种成交的暗示。成交信号形式多样，有正的，也有负的。销售员应随时观察和捕捉顾客发出的成交信号，趁热打铁，促成交易，或者（如果是负信号）冷静分析，决定下一步的工作。顾客成交信号见表11－6。

表 11 – 6　　　　　　　　　　　　　　　　顾客成交信号

正　信　号	负　信　号
微笑	皱眉
漫不经心地看销售合同	打哈欠
下意识地点头	摇头
显得兴趣盎然	显得精力分散、不耐烦
眼睛正视对方	眼神游移不定
请求对商品进行操作示范	坐在椅子上辗转不安
手臂放松	手臂交叉
提出有关问题	陈述反面意见
提出要求	保持沉默
身体前倾	身体后仰
有意压价	离谱地杀价
赞成你的意见	捏造借口

3. 诱导顾客接近目标。终结成交的时刻虽然是销售员所刻意追求的，然而其妙在自然形成；前提是销售员方法正确，能引起潜在客户对企业产品的兴趣和购买的欲望，这样当终结成交的时刻来临时，也就是潜在客户乐意购买的时候。因此，在销售陈述中，销售员适当提出一些建议，并围绕建议将产品效用与客户利益再简述一次后，就注视着潜在客户，用提问来试探顾客，并将客户的回答填写进客户情况表里。这样可消除潜在客户的防卫心理或不想马上终结成交的心理。然后，再提出若干潜在客户只能做肯定回答的问题，最后，让顾客做出购买决定。

4. 利用异议。销售员要学会利用顾客的异议促成交易。没有异议的潜在客户可能永远成不了你的客户，而有异议的潜在客户则最有可能成为你的客户。对有经验的销售员而言，很多反对意见其实是潜在客户决定购买的信号，比如潜在客户说道："你们企业产品好是很好，但是我们买不起，下次再说吧。"或者说："我还得考虑考虑……"，"我得和我太太讨论讨论……"当潜在客户这样表达时，其实是在说他很想购买，只不过还需要销售员再推一把、拉一下。所以，此时销售员应抓住潜在客户的兴趣，通过横向比较和出示证据，并坚持在这一点上发起攻势，则终结成交的局面不难出现。只要真心诚意地对待潜在客户，潜在客户一般不会感到不快，反而更尊敬这样的销售员，从而更易于达成交易。

第六节 理论知识点四: 客户管理

一、客户管理概述

1. 客户管理的对象。客户管理是指对客户的业务往来关系进行管理，并对客户档案资料进行分析和处理，从而与客户保持长久业务关系。为加强服务与促销，企业必须对"产品使用者"加以有效的管理，不仅可以提升客户的满意度，而且可以增加销售机会，提高经营绩效。

在客户管理中我们可以使用"80/20"原则服务于客户。"80/20"原则告诉我们：企业的 80% 的利润来自于 20% 的客户；企业 80% 的麻烦来自于 20% 的客户；企业付出的 80% 的时间只带来 20% 的优质服务。因此通过"80/20"原则对客户进行分析，以发现其中的某些客户及其给企业带来的影响，以便找出不同类型的客户：给企业带来大部分利润的客户；只买某些商品或享受某种服务的客户；需要最多服务的客户及最少量服务的客户。得到这些信息后，就会发现：企业最费时间（而且又花费很高）的服务，是为很小一部分客户提供的服务；企业的最大宗的买卖及最大的利润来自相对很小一部分客户。当知道某些客户比其他客户给企业带来的影响更大时，管理者就可以做出正确的决定：如何使用有限的资源来进行更加有效的、针对性的服务。

为此，要按照不同的方式划分出不同类型的客户，因为其需求特点、需求方式、需求量等不同，所以对其管理也要采取不同的办法。划分客户意味着企业将为不同的客户提供不同的服务，采用不同的销售模式。

2. 客户管理的内容。客户管理的内容是丰富多彩的，但归纳起来，主要有以下几项：

（1）客户基本资料的管理。客户基本资料管理的内容见表 11 – 7。

表 11 –7　　　　　　　　　　　客户基本资料的内容

公司的基本资料	主要负责人的基本资料
公司名称、公司地址、电话号码、业别、法人代表、经营负责人、合伙人、员工人数、资本金、销售额、业界信用、市场占有率、销售对象、主要供货厂商、采购主管、创立年月日、与公司开始交易日、交易实绩、信用状况、往来银行。	姓名、年龄、住址、电话、服务部门、职位、兴趣、喜爱运动、配偶情况、子女情况、学历、性格特征、个人声誉。

这些资料是客户管理的起点和基础，它们主要是通过销售员进行的客户访问

搜集来的。在档案中要反映客户的特征，主要包括服务区域、销售能力、发展潜力、经营观念、经营方向、经营政策、企业规模、经营特点等。

（2）交易状况的管理。交易状况管理的内容首先要包括销售实绩、经营管理者和业务人员的素质、与其他竞争者的关系、货款回收情况、交易条件、与本公司的业务关系及合作态度等，然后是反映客户的销售活动现状、存在的问题、保持的优势、未来的对策、企业形象、声誉、信用状况、交易条件以及出现的信用问题；交易记录等方面。

（3）客户关系管理。客户关系管理就是要追求客户满意，培养客户的忠诚，在此基础上，最终建立起比较稳定、相互都受益的伙伴关系。结果，客户获得了满意的服务，而你则获得了利润。更为重要的是在满意的服务中，客户最终赢得了他的客户，实现了他的盈利目标：销售额增加，销售费用降低，建立了他自己稳定的客户关系网络。此外，由于你的服务，他在很多方面都相继受益，诸如缩短了决策时间，减少了冲突，节省了费用，盈利增加。因此。客户关系管理一是加强与客户的感情沟通和售后服务；二是关心客户购买产品后是否真正获得了利益，必要时还应加强对客户的业务指导和帮助；三是处理好客户的抱怨，达到客户满意最大化。

（4）客户风险管理。客户风险管理是指控制货款的回收，防止因客户倒闭和有意逃债而引发的销售风险。在市场经济条件下，企业对中间商的销售大多是先货后款，赊销和信用销售占有相当比例，在货物发出后，货款的回收就存在着风险。因此，客户管理的内容之一就是要控制风险。为此，企业要制定相应的风险管理制度，以将销售风险减小到最低程度。

3. 客户管理的方法。对客户进行管理，需要采用科学的管理方法。一般来讲，客户管理方法主要有巡视管理、关系管理与筛选管理。

（1）巡视管理。管理客户，首先必须了解客户。而要了解客户，就要多与客户进行接触，倾听客户意见。接触的途径就是实施巡视管理。

（2）关系管理。关系管理能指导销售员如何与客户打交道。销售员能与客户搞好关系，那么他就能与客户做成交易，进而培养客户的忠诚，建立长久的业务关系。

（3）筛选管理。筛选管理是指企业销售员每年年末时对手中掌握的客户进行筛选。筛选是将重点客户（大客户）保留，而淘汰无利润、无发展潜力的客户。在筛选时销售员应将客户数据调出来，进行增补删改，将客户每月的交易量及交易价格详细填写，并转移到该客户明年的数据库里。有些客户数据库里仅填写了客户名称及地址，其他交易情况则空缺，此时就应将该客户有关情况记录进去，诸如客户组织中主管人员的性格志向、营业情况、财务状况，甚至将竞争对手情形一并记入，这些数据资料十分重要，是销售员开展销售工作不可或缺的。

4. 客户管理的原则。在客户管理的过程中，需要遵循以下原则。

（1）动态管理。客户是多层次、多类型的，客户同时又是变化的。因此，客户档案建立后，就应当及时维护和更新。针对客户情况的不断变化，要对客户的资料加以调整，剔除过时的或已经变化了的资料，及时补充新的资料，对客户的变化进行跟踪，使客户管理保持动态性。另一方面，要注意对客户的筛选，留住大客户，淘汰无利润、无发展潜力的客户。

（2）突出重点。销售人员要透过客户资料找出重点客户，重点客户不仅要包括现有客户，而且还应包括未来客户或潜在客户；应建立不同的客户档案，客户购买企业产品后有两种情况，一是再销售，二是自己直接使用，因此客户要区分为两种"资料卡"加以建档管理，即针对销售店的"经销商资料卡"和针对使用的"客户资料卡"两种，以免主次不分，造成管理缺陷而降低了管理绩效；对不同类型的客户应采用不同的销售策略和管理办法，因为企业的资源有限，应将有限的资源用在最有效益的客户身上，销售管理的重点也应放在大客户身上。

（3）灵活运用。客户资料的收集管理，目的是在销售过程中加以运用。所以，在建立客户资料卡或客户管理卡后，不能束之高阁，应以灵活的方式及时全面地提供给销售人员及其他有关人员，使他们能进行更详细的分析，使死资料变成活材料，提高客户管理的效率。销售员在开展客户管理工作中应分析每次预订、每次销售的情况，注重改进销售质量，更好地为客户服务，使与客户的长期交易关系更为稳固和可靠。

二、客户分析

1. 客户分析的内容。进行客户管理，不仅只是对客户资料的收集，而且还要对客户进行多方面的分析。分析的内容很多，但是至少应包括以下内容。

（1）客户与本公司交易情况分析。包括客户构成分析、客户与本公司的交易业绩分析、不同商品的销售构成分析、不同商品毛利率的分析、商品周转率的分析、交叉比率的分析（计算公式为：交叉比率＝毛利率×商品周转率）、贡献比率的分析（计算公式为：贡献比率＝交叉比率×销售额构成）等。

（2）客户信用调查分析。客户信用调查可利用多种方式进行。包括：①通过金融机构（银行）进行调查；②利用专业资信调查机构进行调查；③通过客户或行业组织进行调查；④内部调查，等等。

在调查客户信用时，可以调查该客户的资金筹措状况和货款支付情况，应注意是否存在以下情况：手持现金不足，提前收回贷款；将票据贴现；为筹资而低价抛售；提前回收赊销款经营其他；经常奔走于各类金融机构；银行账户被冻结；不能如约付款；推迟现金支付；托词本公司的付款通知书未到；要求延长全部票据的支付期限。

调查完成后，应编写客户信用调查报告。因为对客户的管理是一个动态的过程，所以要定期写成书面的《客户信用调查报告》，及时报告给主管领导。平时还要进行口头的日常报告和紧急报告。

定期报告的时间要求依不同类型的客户而有所区别。

对于 A 类客户每半年一次。A 类客户是指规模大、信誉高、资金雄厚的客户。

对于 B 类客户每三个月一次。B 类客户是指信用状况一般、信誉较好的客户。

对于 C 类客户要求每一个月一次。这类客户主要包括一般的中小客户、新客户、口碑不佳的客户。

（3）交易开始与中止的分析处理。

① 交易开始。公司应制订详细的销售员客户访问计划。销售员如访问某一客户五次以上，而无实效，则应从访问计划表中删除该客户。

在交易开始时，应先填制客户交易卡。客户交易卡由公司统一印制，一式两份，有关事项交由客户填写。

客户交易卡的主要项目包括：客户名称、总部所在地、交易对象所在地、通讯地址及电话、开业时间、资本额、职工人数、管理者人数、设备、经营者年龄、信用限度申请额、基本约定、回收条件。

向业务经理提交交易卡，得到认可后，向主管经理提交报批手续，然后才能与新客户进行交易。业务主管每周至少检查销售员的客户记忆卡一次。

② 中止交易。在交易过程中，如发现客户存在问题和异常之点，应及时报告上级。作为应急处理销售员可以暂时停止供货。

当客户的票据或支票被拒付或延期支付时，销售员应向上司详细报告。要尽一切可能收回货款，将损失降至最低点。销售员根据上司的批示，通知客户中止双方交易。

2. 客户分析的流程。客户管理分析的流程主要包括整理资料、销售业绩分析、划分客户等级、客户名册登记、对客户进行路序分析、确定客户访问计划和客户资料管理等内容。

（1）整理资料。将销售员的销售业绩和客户访问资料整理后列在表格中。格式见表 11-8。

表 11 – 8　　　　　　　　　销售业绩和客户访问资料

序号	客户代号	销售额	累计	访问次数	累计	销售员代号
1						
2						
3						
⋮						
n						

（2）客户构成分析。将客户的购买量累计，然后分析每个客户购买额所占比例。按照"80/20"原则，找出重点客户，以提高销售效率。

（3）划分客户等级。依据客户的销售额，可以将客户分为 A、B、C 三级。具体分法是：

① 将客户连续 3 个月（或 4~6 个月）的每月销售额累计后平均计算，求出客户的月平均销售额（见表 11 – 9）。

表 11 – 9　　　　　　　　　销售额

月份	销售额	累计	月平均销售额
4	6 000		
5	4 500	10 500	18 000 ÷ 3 = 6 000
6	7 500	18 000	

② 将月平均销售额按大小排序（见表 11 – 10）。

表 11 – 10　　　　　　　　　销售额按大小排序

序号	客户代码	月平均销售额	备注
1			由大到小排列
2			
3			
⋮			
n			

③ 依据某个月平均销售额为"等级标准额"，再将全部客户划分为若干等级。

如以排位第四的客户的月平均销售额作为 A 级客户标准额，在此标准额以上的客户均为 A 级客户。依此类推，确定 B 级、C 级客户。"等级标准额"的确定依据"80/20"原则进行。

（4）客户名册登记。将全部客户分级后应分列成册。其中：

① 按客户开拓（或拜访）顺序先后，列出"客户开拓名册"（见表 11 – 11）。

表 11 – 11　　　　　　　　　　　客户开拓名册

次序＼项目	客户名称	业种	负责人	联系人	地址	电话号码	拜访日期

根据表 11 – 11，设定严密的访问计划，并检讨访问次序、访问日期、访问时间、访问结果，以提高访问效率。

② 可按客户等级各业种分类，编制"客户等级分类表"（见表 11 – 12）。

表 11 – 12　　　　　　　　　　　客户等级分类表

客户等级分类	A 级	业种			
		客户代码			
	B 级	业种			
		客户代码			
	C 级	业种			
		客户代码			

（5）对客户进行路序分类。路序是指为便于巡回访问、送货、催付款等将客户按地区和最佳交通路线划分的线路顺序。

① 按组别将所负责的客户划分为若干个区域（见表 11 – 13）。

表 11 – 13　　　　　　　　　　　区域路序表

组别	区域代号	所辖区域名称	区域界限	客户数
1				
2				
3				
4				

② 按客户所在地区，划分为不同的路序（见表 11 - 14）。

表 11 - 14 　　　　　　　　　　　按区域划分的路序　　　　　　　　　　　销售员：

	区			区			区	
路线			路线			路线		
级别			级别			级别		
客户			客户			客户		
代码			代码			代码		

（6）确定客户访问计划。企业各级销售主管及销售人员对所负责地区客户的访问销售工作应有周密的访问计划。访问次数依客户的不同级别而有所不同，参考表 11 - 15 的内容，各企业可根据实际进行调整。

表 11 -15 　　　　　　　　　　　　　客户访问计划

项目 级别	销售员		小区经理	大区经理	销售经理	总经理 副总经理
	访问	电话				
A 级	每月 2 次	每月 2~3 次	每月 1 次	1~2 个月 1 次	半年 1 次	1 年 1 次
B 级	每月 2 次	每月 1~2 次	1~2 个月 1 次	2~3 个月 1 次	6~12 个月 1 次	有必要时
C 级	每月 1 次	每月 1 次	有必要时	有必要时		

三、客户投诉的处理

1. 客户投诉案件的受理。客户投诉是客户对商品或服务品质不满的一种具体表现。企业对外应化解客户投诉，圆满解决；对内应利用客户投诉，充分检讨与改善销售行为，将其化为提升企业素质的良机。

企业经营常会碰到"客户投诉"，一旦处理不当，会引起不满和纠纷。其实从另一个角度来看，客户投诉是最好的产品情报。销售部门不仅要利用客户投诉找出症结所在，弥补客户需求不满，同时必须努力恢复客户的信赖。

遇到客户投诉的案件，应以机警、诚恳的态度加以受理；各级人员对客户的投诉案件，应以谦恭礼貌的态度迅速处理。

2. 客户投诉处理的程序。凡遇处理客户投诉，应填写"客户投诉处理表"，并注意该表单的流向。此表的联数多少，视企业规模大小、组织结构而自行统筹规范。表格必须填写日期，而且各部门处理情况，也应在其上注明日期；为防止工作漏失，应有流水编号的控制。

3. 客户索赔的处理。当客户提出投诉并要求索赔，公司内部必须细心应对，避免事件扩大，损及企业形象。再者，索赔事件若处理得当，不仅可消除企业危机，甚至可望得到客户长期的支持。

为应付客户索赔，在企业内部要建立相应的体制：

（1）明确划分有关部门、有关人员的职责范围。

（2）培养全体员工共同合作、协力解决索赔问题的精神。

（3）整理索赔有关资料。应利用管理系统和索赔的记录资料，并依照一定的规则，将索赔发生至处理完毕的经过详细记录下来（见表 11 – 16）。

（4）公司内有关人员和有关部门要共同处理索赔问题，并建立相应的索赔处理机制。

表 11 – 16　　　　　　　　　　索赔记录表

案名		发生日期	年　月　日
负责人		接听电话者	
对方公司名称		对方的负责人	
索赔内容			
		（不够书写，另纸连续）	
对方要求			
索赔的原因			
索赔的处理过程			
问题			
解决日期	年　月　日	签章	

第七节　理论知识点五：销售分析

一、销售分析的含义

销售分析是指通过对企业的销售数据进行收集、分类、比较及研究，对企业的整体销售努力的成果进行评价和总结。销售分析在企业销售管理领域得到了广泛运用，其应用领域已超出销售业绩考评范围，扩展到了包括营销战略管理在内的其他管理领域。

进行销售分析最明显的好处是通过销售分析使得企业销售活动集中的产品、顾客、订单或区域等方面的情况得以突出表现，企业可以从中找出其销售不佳的症结所在。在销售管理中，这种产品、顾客、订单和区域集中的现象颇为普遍，它们遵循"80/20"原则。这一原则同样适用于销售额在订单和销售区域中的分布。当然，"80/20"这一比率只是用于泛指这种分布规律，确切的比率因事而异，但总趋势会接近"80/20"这一比率。

二、销售分析类型

销售分析评价体系有两种类型，即简单销售分析和比较销售分析（也称作业分析）。

1. 简单销售分析。在简单销售分析中，仅仅只是陈列事实及数据，不做任何比较；在比较销售分析中，则依据特定的目的选择各种基准进行比较。如表11-17所示，第（1）列即是一个简单销售分析，它只是罗列了销售人员完成的销售额，从中我们不难看出推销员 C 业绩最佳，而销售员 A 业绩最差。但比较分析则试图将简单分析罗列的数据与某些标准进行比较。第（2）列列示出了每个销售员的销售定额。第（3）列是每个销售人员的业绩指数。由业绩指数来判断，表现最好的是推销员 B，而不是 C，并且恰恰是 C 未完成任务。由此可见，比较销售分析能提供更为确切的信息。

表 11-17　　　　　　　　简单销售分析与比较销售分析　　　　　　单位：千元

销售人员	（1）销售额	（2）销售额	（3）=（1）/（2）
A	745.5	710	1.05
B	805.0	700	1.15
C	862.4	880	0.98
D	811.2	780	1.04
E	760.0	760	1.00

2. 比较销售分析。进行比较销售分析时，要注意以下两点：一是比较的标准。销售定额仅仅是进行比较最常用的一个标准。但以定额为标准，要求定额的制定应客观科学。然而事实上很难做到这一点。因此，除了定额外，许多企业还选择一些其他的比较标准，比如以上两年度的销售额或以前若干年度销售额的平均数为标准，等等。二是报告体系的类型。选定了某种标准进行比较以后，需要将比较结果以报告形式反映出来，提供给有关人员。报告体系的两个极端是反映全部比较结果。因此，如果是以销售定额为比较标准并且同时假定以销售人员为单位进行销售分析，则报告中须反映每个销售员完成的销售额、销售定额、销售额与定额的差异以及业绩指数等。如果一个企业有成百上千甚至更多个销售员，那么这种报告体系将使销售经理在一大堆数据前不知所措，也就无法对此报告加以有效地运用。报告体系的另一个极端是只反映那些明显偏离常规的信息。比如说只反映至少偏离标准 10% 的情况。按照这一条件，在表 11 – 17 中，只有推销员 B 的数据才报告给销售经理。因为这种报告体系只反映显著差异，不能提供某些必需的细节，从而也难以实现考评工作的有效性。

三、分级销售分析

通过一个例子来说明分级销售分析。例如，ABC 公司在 1999 年的区域销售报告如表 11 – 18 所示。该公司认为其销售额与人口、收入及各地区零售一般水平正相关。因此，公司通过权威机构公布的购买力指数（BPI）来判定各销售区域的市场潜力，然后用 BPI 乘以公司预期的市场份额来推算各销售区域的销售定额。

表 11 – 18　　　　　　　　　　ABC 公司 1999 年销售报告

销售区域	BPI（占全国百分比%）	销售定额（百万元）	销售额（百万元）	差异 = 销售额 – 销售定额（百万元）	业绩指数% =（销售额/销售定额）×100%
1	5.889 3	24.44	25.03	0.59	102.4
2	18.385 6	77.22	78.19	0.97	101.3
3	20.141 9	84.60	79.48	− 5.12	94.0
4	7.398 2	31.07	30.51	− 0.56	98.2
5	14.752 5	61.96	64.07	2.11	103.4
6	5.257 1	22.08	23.20	1.12	105.1
7	9.202 2	38.65	38.42	− 0.23	99.4
8	4.819	17.98	17.73	− 0.25	98.6
9	14.144 2	62.00	64.60	2.60	104.2
合计	100.00	420.0	421.23	1.23	100.3

从表 11 - 18 可以看出，1999 年 ABC 公司销售定额为 42 000 万元，而完成的总销售额达 42 123 万元，超额完成任务。从各个区域来看，其中有 5 个区域业绩指数超过 100，其余 4 个中有 3 个非常接近 100，只有区域 3 相差近 6 个百分点，但其销售额为 7 948 万元是各区域中最高的。此时，很容易让人觉得似乎一切表现良好。可以采取的行动最多不过是督促区域 3 的经理激励销售队伍更加努力。实际情况要等分析区域 3 的销售报告以后才能判断。区域 3 的销售报告见表 11 - 19。

表 11 - 19　　　　　　　　　　区域 3 的销售分析报告

销售区域	BPI（占全国百分比%）	销售定额（百万元）	销售额（百万元）	差异 = 销售额 - 销售定额（百万元）	业绩指数% =（销售额/销售定额）×100%
3A	6.003 7	25.22	24.30	- 0.92	96.4
3B	2.410 3	10.12	10.24	0.12	101.2
3C	4.640 1	19.49	17.77	- 1.72	91.2
3D	4.976 4	20.90	20.43	0.47	97.8
3E	2.111 4	8.87	6.74	- 2.13	76.0
合计	20.141 9	84.60	79.48	- 5.12	94.0

从表 11 - 19 可以看出，在区域 3 包括的 5 个省份中，除了 B 省完成销售定额之外，其他 4 省业绩指数均低于 100。E 省的偏差最明显。为了找到 E 省销售业绩不佳的原因，我们有必要进一步分析 E 省各地区销售代表的销售报告。E 省销售代表的销售报告见表 11 - 20。

表 11 - 20　　　　　　　　区域 3E 省各地区的销售分析报告

销售区域	BPI（占全国百分比%）	销售定额（百万元）	销售额（百万元）	差异 = 销售额 - 销售定额（百万元）	业绩指数% =（销售额/销售定额）×100%
3E 甲	0.095 3	400.2	392.6	- 7.6	98.1
3E 乙	0.133 2	559.4	501.0	- 58.4	89.6
3E 丙	0.132 6	556.5	512.4	- 44.1	92.1
3E 丁	0.202 1	848.8	768.7	80.1	90.6
3E 戊	0.259 6	1 090.3	969.3	- 121.0	88.9
3E 己	0.338 4	1 421.3	1 340.3	- 81.0	94.3
3E 庚	0.697 5	2 929.3	1 285.0	- 1 644.5	43.9
3E 辛	0.252 8	1 061.8	970.5	- 91.5	91.4
合计	2.111 4	8 867.8	6 939.8	- 2 128	76.0

从表 11 – 20 可以看出，E 省包括的 8 个地区销售额都低于定额。这意味着 E 省存在一个实质性问题，或许是该省经济不景气，或许是该省竞争异常激烈，或许是 E 省销售代表们严重缺乏激励，士气低落。其中又数庚地区的情况最糟。要弄清楚原因我们可以进一步分析该地区的产品销售报告，见表 11 – 21。

表 11 –21　　　　　　　　　　E 省庚地区的销售分析报告

产品	销售定额（千元）	销售额（千元）	差异 = 销售额 – 销售定额（百万元）	业绩指数% =（销售额/销售定额）×100%
#1	– 212. 0	124. 5	– 87. 5	58. 7
#2	– 486. 0	237. 5	– 231. 5	50. 6
#3	627. 0	176. 0	– 451. 0	28. 1
#4	604. 0	159. 2	– 444. 8	26. 4
#5	573. 0	340. 0	– 233. 0	59. 3
#6	445. 5	248. 3	– 197. 2	55. 7
合计	2 929. 5	1 285. 0	– 1 144. 5	43. 9

从表 11 – 21 中可以得知，地区销售最困难的产品是#4 产品。是#4 产品本身存在的问题呢，还是庚地区销售代表的责任呢？公司通过对购买#4 产品的顾客进行分析，发现大百货公司的购买量显著减少，并且这并不是庚地区的销售代表一个人遇到的问题，而是整个区域 3 所有销售代表面临的共同问题。原因是公司的主要竞争对手在该地区投入大量广告并提供优惠购买回扣来提高其市场份额，大大挤占了 ABC 公司#4 产品在区域性市场的份额。这种冲击在 E 省其他 7 个地区表现并不十分明显，只是因为其他产品的销售在一定程度上弥补了#4 产品的损失。庚地区销售代表业绩最差只是因为其他产品的销售没能弥补#4 产品销售额的减少。因此，真正的原因不是庚地区销售代表的能力问题，而是由于该地区竞争异常激烈。这种状况不通过分级销售分析是很难反映出来的。

第八节　模拟实验项目

实验一：销售计划制订

一、实验内容

制订公司产品的销售计划，包括以下几个方面：产品组合、销售目标、销售量配额、销售利润配额以及销售预算。

二、实验步骤

1. 销售目标制定。销售目标包括销售额指标、销售费用估计、利润目标和销售活动目标四个部分。

2. 销售配额确定。本实验要求对销售量、销售利润和销售活动进行配额。

3. 制定销售预算，采用本章所介绍的方法进行销售预算管理。

三、实验要求

本实验销售计划要求体现实验内容所界定的几个方面，即销售目标、销售配额和销售预算三个方面，由上述三个方面构成完整的销售计划书。

四、问题与思考

1. 销售目标由哪几个要素构成？
2. 销售配额制定有什么样的原则与要求？
3. 销售预算如何来进行？
4. 销售计划对公司的重要性如何认识？
5. 销售计划实施的难点主要体现在哪些方面？

实验二：客户管理

一、实验内容

客户管理包括客户基本资料维护、进行客户分析和客户投诉的处理三个方面，实验中围绕这三个部分制定翔实的客户管理内容。

二、实验步骤

1. 详细了解客户群资料，对客户群基本资料进行整理、分析，形成完备的客户资料后存档。

2. 进行客户分析，包括客户与公司交易情况分析和客户信用分析。

3. 客户投诉处理，对客户投诉进行分类整理，包括投诉的客户、投诉的内容、投诉处理的及时性、客户对投诉处理的意见等信息，分析这些信息并提出降低客户投诉的策略。

三、实验要求

对实验步骤中三个部分进行认真对待，每个部分形成翔实可靠的内容，最后整合成完整的客户管理资料。

四、问题与思考

1. 对公司来说，客户管理工作非常重要吗？为什么？
2. 客户基本资料的收集要通过什么方法来进行？
3. 通过客户分析能够给公司带来什么样的作用？
4. 公司应如何对待客户投诉？
5. 客户管理在实施中有哪些难点？应怎么解决？

实验三：销售分析

一、实验内容

通过对公司销售情况的分析，利用本章介绍的销售分析方法，对公司的销售业务进行简单销售分析和比较销售分析，当条件具备时就需要开展分级销售分析。

二、实验步骤

1. 对公司销售业务情况进行详细的收集分析。
2. 对收集的公司销售业务进行简单销售分析和比较销售分析。
3. 提交销售分析报告，销售分析报告必须包括对已有销售分析的总结。

三、实验要求

实验中要求认真进行销售分析工作，销售分析的资料对象必须是真实可信，不能加入猜测成分，最后形成的销售分析报告要能对公司的后续销售工作有指导意义。

四、问题与思考

1. 销售分析对公司来说具有什么意义与作用？
2. 简单销售分析和比较销售分析应怎样展开？
3. 分级销售分析适用于什么样的公司情况？
4. 销售分析报告是怎样对公司发生作用的？

5. 本实验的销售分析工作存在什么样的难点？应如何解决？

〔案例分析〕

难以攻破的客户联盟

　　模拟实习如火如荼地进入到了第十年，市场中各公司都在紧张而又忙碌地高速运转着，朝着各自所确立的目标稳步推进。但腾云公司却遇到了一件让公司上下都非常郁闷之事，那就是之前与公司签订有产品购销合同的客户来电通知说需要就所签订单重新展开谈判。这不啻于一瓢冷水浇到了大家头上。公司原先依据订单所制订的原材料采购计划、生产计划、人员配备安排以及公司资金安排等都得要重新审订了。腾云销售部经理李浩自知责任重大，公司经营业绩的好坏，甚至公司全体管理层的业绩评价等都系于他一身了。为了弄清客户公司的真实意图以及合同重新谈判的原因，他决定亲赴客户处拜访。

　　李浩来到客户办公处，一番客套之后，平静地对客户说："我们腾云公司同贵公司所签订的购销合同是在上次整个市场组织的订货会上经过了沟通、谈判及双方协商之后所签订的，是具有法律效力的，我们应该按照之前所签订的合同履行各自的义务，重新对已经签订的合同进行谈判是不恰当的"。客户解释道："我们之前确实签订过正式合同，但现在的市场情况与当初签订合同时已有很大的变化。你知道，现在市道不好，我们电子行业受到的冲击就更为严重了。虽然说我们公司的销售情况目前还没有受到明显的影响，但我作为公司的采购人员，必须要具备相应的风险意识，在这个时期我不能与你们签订采购量又大、供货期又长的购销合同，所以我希望能将之前的合同撤销，根据现在的市况重新签订新的合同。你我作为各自公司的高层管理人员，我想对这一点你应该是能够理解的。"李浩心里清楚，虽然外界的经济危机闹得沸沸扬扬，但对我们这个相对封闭的市场并没有造成什么影响，客户公司这样做只不过是借危机之名来争取更大的利益而已，于是便拒绝了客户公司要求重新谈判的提议。客户公司见无法说服李浩，便开门见山地说："实话告诉你，我们与客户公司之前在签订合同时，并不十分清楚有关我们自身的业绩评价标准，但现在我们清楚了，所以必须要保护我们自身的利益。并且我们与客户公司之间形成了一种默契，就是按现有的产品价格向下浮动20%左右，我们所有的客户公司都会这样执行的。"李浩听完客户公司的不成为理由的理由之后，再也按捺不住心中的火气，愤然说道："你们客户公司这样形成价格联盟是一种垄断行为，不符合我们市场精神，也是我们市场所不允许的，我们公司坚决拒绝修改之前的合同。"客户公司这时态度也变得异常强硬起来："你不同意我也没办法，但我明确告诉你，我们公司不再接收你的产品了，并且立即停止支付货款，你们爱生产就生产去吧。"听到客户公司的这番言词，李浩彻底无语。作为销售经理的他非常清楚，如果接受客户的要求，虽然说公司可以开工生产，维持公司运作，但每生产一件产品，公司就会亏损 2 元左右，但如果拒绝客户要求，则公司生产的产品又往哪儿销呢，况且这货款的收回恐怕也是遥遥无期了，这同样会严重影响到公司的正常经营。

心情沮丧的李浩回到公司之后，对同事慨叹说："我们之前在课堂里所学的有关价格谈判策略、与客户打交道的技巧等知识怎么就在这家客户面前不管用了呢？"

案例评析

购销合同的谈判是一件极为复杂的企业管理活动，它需要运用到市场营销理论知识、心理学知识以及必不可少的社会经验。本案例中的两家企业本来已签订了购销合同，但因市场情况的变化，影响到了合同的执行。作为企业来讲，一方面应制订应变预案，争取能将不利因素予以消化吸收，同时也应据理力争，维护自身的合理合法权益。案例中因客户形成联盟，进而导致垄断，最终使合同无法履行的情形在实际企业经营中是极为个别的事例，毕竟诚信乃企业的立身之本，也绝不能因极个别的情形而否认理论知识的适用性。本案例的生产企业可以通过工商局、指导部等途径寻求解决方案。

参 考 文 献

1. 哈罗德·孔茨、海因茨·韦里克，管理学（第十版），经济科学出版社，1998.7

2. 陈荣秋、马士华，生产与运作管理（第二版），高等教育出版社，2005.12

3. 潘家绍、曹德弼，现代生产管理学（第二版），清华大学出版社，2003.9

4. 蔡世馨、于晓霖，现代生产管理，东北财经大学出版社，2004.7

5. 鞠颂东、徐杰，采购管理，机械工业出版社，2005.1

6. 熊银解、[美] 查尔斯·M·富特雷尔，销售管理（第二版），高等教育出版社，2005.7

7. 刘良惠、赵小宁，企业运作仿真综合实习教程，高等教育出版社，2007.8